本书的出版得到

国家重点文物保护专项补助经费资助

河南省文物考古研究院田野考古报告甲种 第61号

三门峡虢国墓

（第二卷）

第一册

河南省文物考古研究院
三门峡市文物考古研究所　编著
三门峡市虢国博物馆

文物出版社
北京·2023

图书在版编目（CIP）数据

三门峡虢国墓，第二卷 / 河南省文物考古研究院，
三门峡市文物考古研究所，三门峡市虢国博物馆编著. --
北京：文物出版社，2023.1

ISBN 978-7-5010-7458-7

Ⅰ. ①三… Ⅱ. ①河… ②三… ③三… Ⅲ. ①周墓—
发掘报告—三门峡 Ⅳ. ①K878.85

中国版本图书馆CIP数据核字（2022）第015431号

三门峡虢国墓（第二卷）

编　　著：河南省文物考古研究院
　　　　　三门峡市文物考古研究所
　　　　　三门峡市虢国博物馆

主　　编：姜　涛　杨海青
副 主 编：王龙正

封面题签：张文彬
责任编辑：蔡　敏　张庆玲
封面设计：周小玮
责任印制：张道奇

出版发行：文物出版社
社　　址：北京市东城区东直门内北小街2号楼
邮　　编：100007
网　　址：http://www.wenwu.com
经　　销：新华书店
印　　刷：天津图文方嘉印刷有限公司
开　　本：889mm×1194mm　1/16
印　　张：99.25
插　　页：2
版　　次：2023年1月第1版
印　　次：2023年1月第1次印刷
书　　号：ISBN 978-7-5010-7458-7
定　　价：2300.00元（全五册）

The Guo State Cemetery in Sanmenxia (Vol. 2)

(I)

(With an English Abstract)

by

Henan Provincial Institute of Cultural Relics and Archaeology
Sanmenxia Municipal Institute of Cultural Relics and Archaeology
Sanmenxia Municipal Museum of Guo State

Cultural Relics Press
Beijing · 2023

目　录

插 图 目 录

彩 版 目 录

（以上第五册）

第一章　绪言

第一节　地理位置与历史沿革

三门峡市位于河南省西部，介于东经 110°21′42″ 至 112°01′24″ 与北纬 33°31′24″ 至 35°05′48″ 之间，处于秦岭山脉东延与伏牛山、熊耳山、崤山交汇地带。地质构造属华北地台西南隅与昆仑—秦岭地槽东延部分（亦称豫西地台）。地貌为山地、丘陵与川塬类型，平均海拔为 300 ~ 1500 米。

三门峡市区坐落在黄河南岸一个东西狭长、北高南低的台地上。台地紧邻黄河，黄河河道与岸边台地形成高达百余米的峭崖。市区北隔黄河与山西省平陆、垣曲、芮城三县相望；南与河南省西峡县，东南与河南省栾川县，西南与陕西省洛南、丹凤、商南县为邻；西与陕西省潼关县为界；东临河南省宜阳和洛宁两县；东北接河南省新安县。独特的地理环境与位置使三门峡自古以来便是东、西部的交通咽喉之地。黄河水系与长江水系哺育了这块土地上的人类。相传夏禹在此凭鬼斧神工，劈开拦阻洪水的三道河门，使得黄河至此，分为三派，流出其间，三门峡因此而得名。夏属《禹贡》所载豫州之域。商时为髳国地。周人灭殷封邦建国之初，此处成为东、西两大统治区域的分界线，"自陕以东，周公主之；自陕以西，召公主之"[1]。稍后，这里又先后成为焦国、虢国的属地。春秋早期晋灭虢后（公元前 655 年）属晋，战国时期隶魏。秦庄襄王元年（公元前 249 年）设三川郡。公元前 205 年改三川郡为河南郡。西汉元鼎四年（公元前 113 年）始置弘农郡。北魏献文帝时（466 ~ 471 年），因避讳改弘农郡为恒农郡；太和十一年（487 年），郡治由恒农迁到陕城，郡属陕州。隋朝时恢复弘农郡。唐武德元年（618 年），改弘农为陕州，置虢州。唐贞观八年（634 年）废鼎州入虢州，领弘农、卢氏、朱阳等六县。宋时陕州领七县，虢州领虢略、卢氏等四县。元至元八年（1271 年）陕州属河南府路，废虢州。明时陕州属河南府。清雍正二年（1724 年）升陕州为直隶州。民国二十一年（1932 年）设河南省第十一行政督察专员公署，管七县。1945 年 1 月，建立中国共产党领导下的豫西第二专员公署。1957 年 3 月，国务院批准建立三

---

[1]（汉）司马迁：《史记》卷三十四，中华书局，1982 年。

图一　三门峡虢国墓地位置示意图

门峡市。1961 年降为县级市。1986 年复升为地级市至今（图一）。

三门峡不仅是豫、陕、晋三省交界处经济文化交流的中心，在古代也是战略要塞，是中原与关中的咽喉之地。1990 年虢国墓地出土的一把玉柄铁剑，年代距今 2800 余年，目前是中原地区发掘出土最早的铁器。

第二节　墓地概况

虢国墓地位于三门峡市区北部一道略呈西北—东南走向的土岭——上村岭上。墓地北部边缘距现黄河岸边 600 米，距现黄河河床 1200 米；南面位于春秋路路南 100 余米处；东以茅津路为界；东北为会兴沟所在；西至上村沟东口。整个墓地南北长 590、东西宽 550 米，占地 32.45 万平方米。墓地现状：北面尚有大块空旷的农田，西侧北端有少许空地。墓地南部以 20 世纪 90 年代新发现墓葬区计，其南 50 米处已被厂房、仓库、铁路等现代建筑占去；东面以茅津路计，现代建筑已向西占去 280 米宽的地段（彩版一）。

虢国墓地发现于 1956 年。20 世纪 50 年代起至今，先后进行了四次钻探及两次大规模发掘工作，使我们对墓地全貌和性质有了完整的认识与了解。虢国墓地是一处等级齐全、排列有序、独具特色且保存完好的大型邦国公墓墓地。墓地内所有墓葬依其规格及墓主人身份高低，由北向南各自成组、顺序排列。各位国君的墓葬位于整个墓地的最北端。

从已获考古资料可以判明，墓地墓葬的总数在 500 座以上（含车马坑和祭祀坑）。依各墓葬的排列情况大致可分为八组：第一、二、三组位于 1956 年至 1957 年的发掘区内，可称为南区；20 世纪 90 年代发掘及新发现的墓葬区可称为北区，即第四组至第八组。八组墓葬是依墓主身份的高低从北向南依次排列的。分布于墓地最北端的第七、八组墓葬规格最高，墓主身份也最高（图二）。

1990 年后新发现的北区墓葬共有五组，有一道东西向界沟将其分为南、北两大部分，位于界沟以北的墓葬有二组，位于界沟以南的墓葬有三组（图三、四）。

第七、八组墓葬位于北区界沟以北，处于整个墓地的最北端。目前已查明有 116 座大、中、小型墓葬和车马坑、祭祀坑，是整个墓地中最为重要的墓葬区。这里埋葬着数位国君、众多的高级贵族以及为他们祔葬的车马坑和祭祀坑等。

第七组墓葬位于北区西部，称为虢季组墓葬。已发掘的虢季墓（M2001），墓主身份为国君，乃此组墓葬的代表，为其祔葬的车马坑长达 47.6 米，充分显示出诸侯国君的权势与气派。此组墓葬及车马坑的数量约为 27 座（包括未发掘部分）。

第八组墓葬位于北区东部，称为虢仲组墓葬。已发掘的虢仲墓（M2009），墓主身份为一代国君。虢仲墓北、东、西三面的墓葬、车马坑和祭祀坑排列密集而有序，它们多数可能与虢仲氏有关。此组墓葬及车马坑的数量约为 89 座（包括未发掘部分）。

在虢季组墓群的东侧偏南处，探明有一座南北长 43、最宽处达 10 米的大型墓葬。其平面呈不规则长方形，墓底由北向南呈斜坡状下伸，最深处 12 米尚未到底。墓的中部西侧及东南角与两座中型墓葬有相互打破关系。推测这座大型墓葬应为另一座国君级墓葬。

北

0   80米

图二　三门峡虢国墓地墓葬总分布图

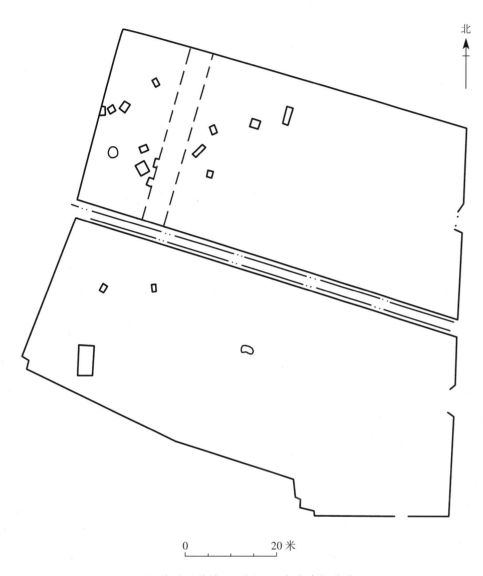

北

0　　　　　　20 米

图三　三门峡虢国墓地 20 世纪 80 年代发掘墓葬平面图

　　上述墓地八组墓葬中的七组，分布在南北长 590、东西宽 320 米的狭长地段内。唯独第六组墓葬游离于东侧以外 90 余米处，这种现象较为特殊。这组墓葬北边的不远处即是很深的会兴沟，不可能再有墓葬存在；其东为一处残存的龙山文化晚期遗址，也少有墓葬存在的可能性；其西 90 米处即是新发现的第五组墓葬所在。在这 90 米地段内是否还有墓葬存在，因被建筑物所压，一时尚无法探明。而其南部现在虽被建筑物所占，但在 20 世纪 50 年代时尚属空地，为何竟无墓葬发现，是否属漏探，令人置疑。

　　在第五、六组墓葬之间的北端有一南北长 55、东西宽 65 米的时代不明的大型夯土台基，与此墓地是否有关，值得我们在今后的工作中注意。

第三节　发掘概况

一　墓地第二次发掘经过

1956年至1957年由中国科学院和中华人民共和国文化部联合组成的黄河水库考古工作队在夏鼐、安志敏先生的率领下，由林寿晋先生等人参加，对虢国墓地进行了第一次大规模发掘。据发掘报告称"除北面未钻探一部分，个别被盗的和被建筑物所压的以外，凡是竖穴墓，已尽可能都加发掘"[1]。

当时共发掘了234座墓葬，3座车马坑，1座马坑。在这批墓葬中，有38座出土青铜器皿，共计181件，其中14件为有铭铜器。此外有120座墓葬出土陶器522件。另外还"出土工具、武器、车马器、生活用具、礼器、乐器、装饰品等一万四千余件，木车遗迹二十辆"[2]。发掘者推定墓地的年代为西周晚期至春秋早期，即公元前9世纪初至公元前7世纪中叶晋灭虢（公元前655年）止。第一次发掘最重要的收获是，不仅确认了虢国墓地的所处位置，而且为两周之际的考古及研究工作提供了一批非常重要的考古资料，并树立了一个重要的断代标尺。所有的发掘成果已写成《上村岭虢国墓地》发掘报告，公布于1959年。

1990年至1999年，由河南省文物考古研究所与三门峡市文物工作队组成的联合考古发掘队对虢国墓地进行了第二次大规模考古发掘。这次发掘的初始是以抢救性发掘被盗墓葬为目的，由姜涛担任发掘领队，全面主持各项工作。

这次发掘工作可分三个阶段：

1990年3月至1991年5月为第一阶段，共清理了M2001（虢季）、M2009（虢仲）、M2006（孟姞）、M2007（被盗一空）、M2008（虢宫父，被盗）、M2010（五鼎，大夫墓）和M2005（车马坑，一车六马一狗）。

当1990年3月4日我们进入现场后，首先对被盗严重的M2007、M2008和M2001进行了抢救性发掘。经过清理发掘获知M2007已被洗劫一空，M2008仅剩部分遗物。值得庆幸的是，最为重要的M2001被盗未遂，免遭劫难。

1990年下半年，遵照国家文物局和专家组以及河南省文物局的进一步指示，继续对其他被盗墓葬进行了清理。至1991年2月，先后完成了M2006（孟姞，三鼎墓）、M2010（五鼎，大夫墓）、4号车马坑（M2013CHMK4，原编M2005）及M2009的田野发掘清理工作。

参加此阶段发掘的有河南省文物考古研究所姜涛、王龙正、王胜利和郭移洪，三门峡市文物工作队宁景通、王保林、胡小龙、宁会振、史智民、任留政、赵小灿、王光有、宁文阁和景润刚等。河南省文物考古研究所工作人员孙建国、樊温泉参加了M2009的发掘，时任所长郝本性曾多次到

[1] 中国科学院考古研究所：《上村岭虢国墓地》，科学出版社，1959年。
[2] 林寿晋：《上村岭发掘的学术贡献》，香港中文大学：《中国文化研究所学报》第九卷上册，1978年。

现场指导工作。三门峡市文物工作队汤立明参加了 M2001 的发掘，杨海青参加了 M2009、M2010 的发掘。中国社会科学院考古研究所白荣金先生参加了 M2009 的部分发掘并进行现场指导，左崇新先生参加了 M2009 内棺的部分发掘及内棺的翻模复制工作。

参加第一阶段部分工作的还有三门峡市文物管理委员会张怀银与市文物工作队王英、李书谦、李栋、李宪增、崔松林和胡焕英等。

1991 年 9 月至 1992 年 12 月为第二阶段，清理了 M2011（太子墓）、M2012（梁姬墓）、M2013（醜姜墓）等墓葬，并开始了 1、2、3 号车马坑（M2001CHMK1、M2012CHMK2、M2011CHMK3）的清理。参加此阶段发掘的有河南省文物考古研究所姜涛、贾连敏、孙建国、郭移洪与三门峡市文物工作队胡小龙等。

参加 1、2、3 号车马坑后期清理及保护工作的有河南省文物考古研究所姜涛、孙建国、郭移洪与三门峡市文物工作队胡小龙和任留政等。

1998 年 11 月至 1999 年 3 月为第三阶段。为配合三门峡市虢国博物馆建设，共清理了九座墓葬，其中五座被盗，四座大中型墓几近被盗一空。另外，还清理了两座残马坑。参加此阶段发掘的有河南省文物考古研究所姜涛、王龙正、孙建国与三门峡市文物工作队杨海青、赵成玉、赵小灿、史智民和王斌杰。参加第三阶段部分工作的还有三门峡市虢国博物馆乔斌、辛军民、刘社刚、李香芹和董朝阳等。

此外，1998 年 3 月在三门峡市虢国博物馆北门外修建六峰北路时，还发掘了三座墓。因这三座墓与虢国墓地有关，故分别编号为 98GM1、98GM2 和 98GM3。其中"98"代表 1998 年，"G"代表虢国墓地。这三座墓均游离于虢国墓地北区的北部边缘外，但因何葬于此处，原因不明。参加这几座墓发掘的有河南省文物考古研究所姜涛、孙建国与三门峡市文物工作队杨海青、史智民和王斌杰等。

1956 年至 1957 年黄河水库考古工作队对此墓地进行第一次大规模发掘时，"上村岭虢国墓地的编号范围是 H.S.M1001～2000"[1]。1990 年抢救性发掘开始后，一方面考虑到一个完整墓地的墓葬编号应保持其连续性，另一方面为了显示与前者有所区别，将墓地称为三门峡市上村岭虢国墓地，简称为三·上·虢（S.S.G），墓葬编号依发掘时间先后为序，从 M2001 顺编，车马坑随同墓葬一起依次进行编号。

从 1990 年起至 1999 年止，共清理发掘了 18 座墓葬、4 座车马坑、2 座马坑。18 座墓葬的编号依次为 M2001、M2006、M2007、M2008、M2009、M2010、M2011、M2012、M2013、M2016、M2017、M2018、M2019、M2118、M2119、M2120、M2121 和 M2122。其中有六座墓葬已被盗，而 M2007、M2118、M2119、M2120、M2121 几乎被盗一空，M2008 尚有劫余。另外尚有三座墓葬 M2001、M2012、M2122 被盗未遂。车马坑编号依次为 2 号车马坑（M2012CHMK2，原编 M2002）、1 号车马坑（M2001CHMK1，原编 M2003）、3 号车马坑（M2001CHMK3，原编 M2004）、4 号车马坑（M2013CHMK4，原编 M2005）。马坑编号为 5 号马坑（M2017MK5，原编 M2014）、6 号马坑（M2016MK6，原编 M2015）。其中 5 号马坑已被破坏殆尽，6 号马坑尚存四匹马的残骸。1 号车马坑和 4 号车马坑曾经被盗。3 号车马坑依照有关领导和专家的意见，仅

[1] 中国科学院考古研究所：《上村岭虢国墓地》，科学出版社，1959 年。

清理了东侧部分车轮遗迹（图五）。

已发掘的 18 座墓葬及车马坑分别属于第七、第八两组。

属于第七组的墓葬依次如下：

虢季墓（M2001），七鼎墓。祔葬 1 号车马坑（原编为 M2003）。墓主人：虢季。身份：国君。

梁姬墓（M2012），五鼎墓。祔葬 2 号车马坑（原编为 M2002）。墓主人：梁姬。身份：虢季

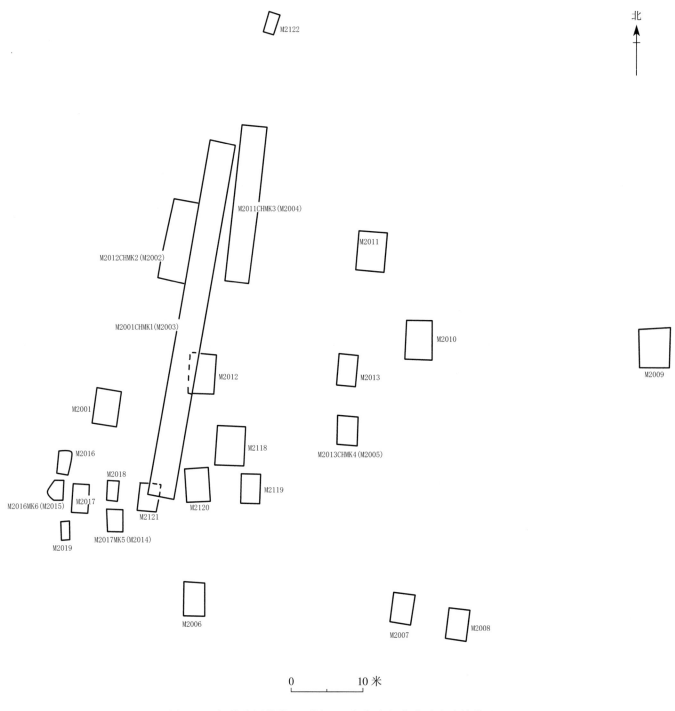

图五　三门峡虢国墓地 20 世纪 90 年代发掘墓葬及车马坑位置图

夫人。

太子墓（M2011），七鼎墓。祔葬 3 号车马坑（原编为 M2004）。墓主人：太子。身份：太子。

士墓（M2016），一鼎墓。墓主人身份应为士。祔葬 6 号马坑（原编为 M2015），尚存四匹马之残骸。

士墓（M2017），一鼎墓。墓主人身份应为士。祔葬 5 号马坑（原编为 M2014），已被破坏殆尽。

M2018、M2019 和 M2122，葬具均为一棺一椁。其中 M2018、M2019 随葬器物仅口琀玉一项；M2122 随葬器物也只有玉玦、玉管、口琀玉和石圭等。这三座墓可能是平民或侍从之墓。

M2121 被 1 号车马坑 M2001CHMK1 所打破，其入葬年代应早于虢季墓。因 M2121 已被盗，墓主人身份已无法确认。但从墓葬形制及所出劫余之物看，墓主人身份应较高。

M2118、M2119 和 M2120 成品字形位于 M2012 的南侧，西面紧邻 M2001CHMK1 南端，显系同一组墓葬。可惜三墓几乎被盗掘一空，实在是不可弥补之憾事。但从墓葬形制及所出劫余之物看，其身份显然高于 M2121 墓主。

从墓地平面布局中各墓所处位置分析，界沟西端以北、虢季墓（M2001）以南尚有十座未发掘的小型墓，也可归入此第七组墓葬。

属于第八组的墓葬依次如下：

虢仲墓（M2009），多鼎墓。祔葬车马坑未发掘。墓主人：虢仲。身份：国君。

孟姞墓（M2006），三鼎墓。墓主人：孟姞。身份：贵族夫人。

大夫墓（M2010），五鼎墓。墓主人身份：大夫。

醜姜墓（M2013），三鼎墓。祔葬 4 号车马坑（原编为 M2005）。墓主人：醜姜。身份：贵族夫人。

虢宫父墓（M2008），被盗。墓主人：虢宫父。身份：大夫。祔葬的车马坑，可能位于其南 9 米处。

M2007 紧邻 M2008 西侧，被盗一空。依其墓坑位置，推测可能是虢宫父的异穴合葬之夫人墓。

二　墓地第二次发掘的主要收获

1990 年 5 月 23 日，M2001 田野清理工作结束，至此我们确认 M2001 为国君级大墓，墓主人为虢季氏。该墓共出土各类遗物 5293 件。

1991 年 1 月 7 日，河南省文物局与三门峡市政府联合召开"虢国墓地重大考古新发现新闻发布会"，在国内外考古界引起了强烈反响。M2001（虢季墓）的发掘，被评为 1990 年度全国十大考古新发现之一。

M2009（虢仲墓）是继 M2001 之后发掘的又一座国君级大墓，所出各类遗物比 M2001 更为丰富，墓主人为虢仲氏。此次发掘，被评为 1991 年度全国十大考古新发现之一。

两座国君墓的发现与发掘，使我们更进一步确认了墓地北区应是虢国墓地内国君的埋葬区。

1999 年，作为全国社会科学基金资助项目，将位于国君兆域区内属国君虢季及其同宗族的虢季组墓葬（已发掘的部分）编为《三门峡虢国墓》（第一卷），由文物出版社正式出版。此书的出版，标志着该墓地的第二次发掘工作取得阶段性成果。稍后，虢国墓地的发现与发掘又被评为全国 20 世纪百项考古大发现之一。

第二次发掘最主要的收获有四点：

第一，大规模的钻探与发掘，明确了虢国墓地的准确范围。

第二，两座国君墓的发掘，使我们了解到整个墓地墓葬的分布排列是依墓主的身份高低，以界沟为界分区埋葬的。界沟以北为国君及其同宗族的高级贵族埋葬区，亦可称之为国君兆域区。界沟以南为其他高级贵族埋葬区。

第三，墓地内不同身份的墓葬共处并存，可知虢国墓地是一处从国君到一般庶民埋葬在一起的邦国公墓墓地。而墓地中的墓葬排列有序，是典型的聚族而葬的例子。

第四，对西周时期的丧葬制度有了新认识。在西周王朝天子级墓尚未发现之前，两座保存完整的虢国国君墓的发掘显得尤为重要。大量珍贵遗物的出土，则更为周代考古增添了十分可喜的科学研究资料。

第四节　虢国墓地的保护与出土遗物的室内整理

一　墓地的保护

1963 年在郭沫若先生的提议下，1727 号车马坑被公布为河南省文物保护单位。由于种种原因，墓地本身没有被列入文物保护名单之内。1996 年，虢国墓地被公布为全国重点文物保护单位。

1997 年 1 月，国家文物局在三门峡市召开有数十位著名专家学者参加的现场论证会，对虢国墓地的保护、发掘以及出土遗物的修复、保护、整理和研究等一系列工作，作了详尽的指导性安排，并责成河南省文物考古研究所成立三门峡工作站，专司虢国墓地的所有工作。

1996 年，在虢国墓地被公布为第四批全国重点文物保护单位之后，三门峡市政府公布虢国墓地的保护范围达 30 余万平方米，其中重点保护区域的范围近 10 万平方米。与此同时，还专门修建了三门峡市虢国博物馆（一期工程），将界沟以北的国君及高级贵族墓葬区纳入更有效的保护范围之内。

虢国墓地的发掘与保护，自始至终都得到了各级政府的重视和关怀。正是由于得到了各方面的大力支持，发掘工作才得以顺利完成，保护工作才得以全面落实。

2001 年 4 月，在该墓地遗址上建成的三门峡市虢国博物馆正式对世人开放。

二　出土遗物的室内整理

1991 年 5 月第一阶段的发掘工作告一段落后，我们随即转入全面的室内整理工作。

首期完成的 M2001（虢季墓）棺内玉器清理及复原工作，是在中国社会科学院考古研究所白荣金先生的直接参与和具体指导下完成的。参加此项工作的有河南省文物考古研究所姜涛、王胜利、郭移洪和郭民卿，三门峡市文物工作队宁景通、王保林、胡小龙、王光有、宁会振和史智民等。对于虢季墓其他遗物的室内清理，以及对 M2011、M2012、M2006 和 M2009 遗物的室内清理，是在以后的整理工作中陆续完成的。

始于 1990 年的第二次发掘虽为抢救性发掘，但出土遗物极其丰富，对这批遗物的去锈、修复、保护性处理以及编目、整理等一系列工作和大型车马坑的清理与保护，是一项极其繁缛的系统工程。其中仅已发掘虢季组墓葬的室内整理工作，就前后历时七载有余。

出土青铜器的去锈、修复与保护工作量极大，此项工作是在中国文物研究所李化元、河南省文物考古研究所技术室郭移洪的主持下，河南省文物考古研究所技工刘景岩、余保国、常青海等共同参与完成的。中国农业博物馆贾文忠、西安市文物保护考古所贾文熙、故宫博物院贾文超、河南省文物考古研究所技术室马新民和李胜利等参加了部分工作。

第五节　发掘报告的编写

已发掘的虢季组墓葬室内整理工作完成后，即转入此卷田野发掘报告的编写工作。1999 年年底，由河南省文物考古研究所与三门峡市文物工作队合作编著的《三门峡虢国墓》（第一卷）正式出版发行，它标志着虢国墓地的第二次发掘工作取得了阶段性成果。

2001 年三门峡市虢国博物馆正式开馆后，工作站对虢仲（M2009）组墓葬的室内整理工作全面展开。随着田野发掘工作的结束，多数同志因其他工作的需要而调动，工作站的正式人员（包括技工）急剧减少，室内整理工作在这种状态下缓慢而有序地进行着。作为第二次发掘领队的姜涛和他的同事们于 1990 年 3 月就进驻于此，后因姜涛身体和其他原因的羁绊，整理工作益发缓慢。时光如水而逝，正如 2012 年姜涛应约为友人的集子作序中所言，"二十多年的大好光阴，我与三门峡长相厮守，冥冥之中，我与虢人有缘。几多成就与几多沉重相伴，几多欢愉与几多无奈共生，无尽的喜乐，淡淡的感伤。于公，我是考古界公认的少数几个福将之一，在事业上，我取得了可喜可贺的成就。于私，我是不称职的在外游子，愧对家人"。伴着时光的逝去，《三门峡虢国墓》（第二卷）的编著工作终近完成。

本报告收录了三门峡虢国墓地第八组中的虢仲组墓葬（已发掘的部分），以虢仲墓（M2009）（国君，虢仲）为主，其他各墓以墓主身份高低为序，安排如次：

1. 虢仲墓（M2009）（车马坑未发掘）；
2. 孟姞墓（M2006）；
3. 大夫墓（M2010）；
4. 醜姜墓（M2013），附 4 号车马坑（M2013CHMK4，原编 M2005）；
5. 虢宫父墓（M2008）与 M2007；
6. 公安部门追缴的虢国墓地被盗遗物；
7. 虢国墓地北部外侧三座西周墓及检测报告与研究性文章附于正文之后。

1990 年后，凡公开发表的与第二次考古发掘有关的文字、图片、数据、数量、器物编号等资料，若与本报告不相符者，均以本报告所公布之资料为准。

第二章　虢仲墓（M2009）

第一节　墓葬概述

M2009 位于墓地北区的东北部，西北与 M2011 相距 36 米，西与 M2010 和 M2001 分别相距 34.20 米和 71 米，西南与 M2008 相距 41 米（图五）。

一　墓葬形制

M2009 是一座长方形竖穴土坑墓。方向 5°。墓口位于耕土层和扰土层下，距现地表 1.30 米，南北长 5.60、东西宽 4.40 米；墓底略大于墓口，长 6、宽 4.62 ~ 4.84 米；墓底距现地表 19.30 米，墓深 18 米。墓室四壁修整平滑，自上而下涂有一层厚约 0.10 ~ 0.20 厘米的淡绿色涂料。墓室底部平坦，在墓圹底部靠近南、北两端各有一道东西向的浅沟槽，长 3.88、宽 0.20、深 0.10 米，距南、北壁分别为 0.85 和 0.98 米，用以放置枕木。墓底四周有熟土二层台，高为 2.34 米。台宽各不相同，东宽 0.50 ~ 0.58、西宽 0.44 ~ 0.56、南宽 0.36、北宽 0.40 米。墓内填土经过夯打，夯层与夯窝较明显。填土系用两种夯具分别夯打：一种为平夯夯打，土质较硬，夯层厚 0.20 米，夯窝直径 0.05 ~ 0.06 米；另一种用捆扎的圆木棍夯打，土质较软，夯层厚 0.35 米，夯窝直径 0.06、深 0.25 ~ 0.40 米（图六）。在墓内接近椁室顶部的填土中，还发现有极少量的随葬器物。

二　葬具与葬式

此墓的墓室结构完整，棺椁结构清楚。墓底放有三重木质棺椁。棺内葬墓主一人，仰身直肢。

（一）葬具

木质棺椁均已腐朽，且坍塌下陷。依其遗迹可知葬具为单椁重棺，外棺外还有一棺罩（图

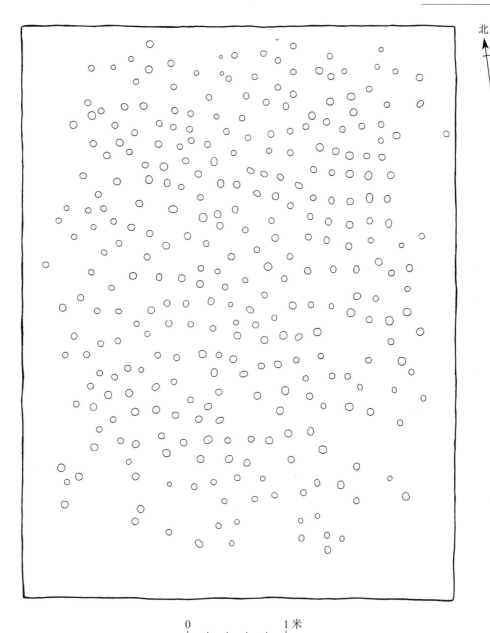

图六 M2009墓内填土夯窝平面分布图（夯窝平面距地表13米）

七～九）。

1. 木椁

木椁由底板、壁板、挡板和盖板四部分组成，长5.24、宽3.64、高2.34米。在椁室底板下，支垫有东西向放置的两根枕木。椁底板是由十数块长5.25、宽0.20～0.40、厚0.06米的薄木板，南北纵向平铺排列而成。椁壁板与挡板用宽0.13～0.18、厚约0.16米的方木相围，层层叠筑而成。由于腐朽过甚，构筑方式与所用方木的准确数量已无法确知。椁壁板因受到来自周围填土的压力，东、西、北三面向内倾斜严重，东、西壁板的上部因受外部填土挤压而陷落于椁室内；南、北两端挡板的木质痕迹保存较完好。椁盖板是用25块长3.85、宽0.18～0.25、厚0.06米的木板，东

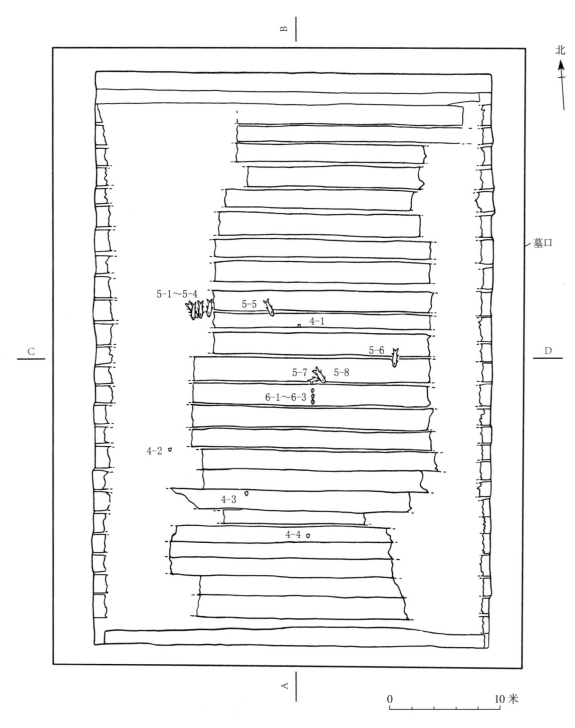

图七　M2009 椁盖板及盖板上随葬器物平面图

4-1 ～ 4-4.兽面形孔雀石饰　5-1 ～ 5-8.铜鱼　6-1 ～ 6-3.石贝

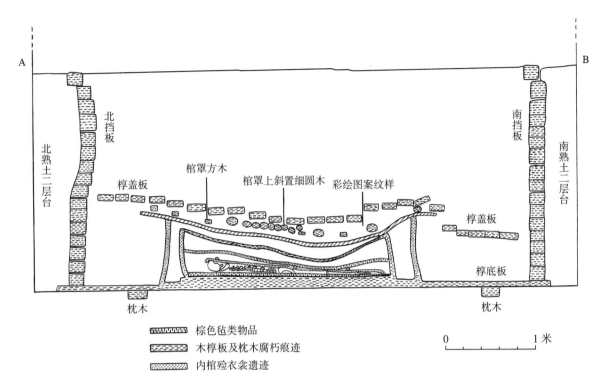

图八　M2009 棺椁结构纵剖面图

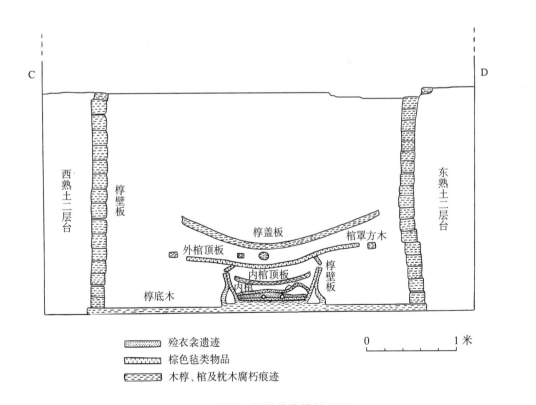

图九　M2009 棺椁结构横剖面图

西横向平铺排列而成。东、西两端搭在椁壁板上，大都已断裂并塌陷于椁室内。

2. 棺罩

外棺上放置一个北窄南宽略呈梯形的木质框架，即棺罩。棺罩南北长 2.90、东西宽 2.16 ～ 2.40
米。棺罩的框架由四根方木条以榫卯形式套接而成，推测原应为近长方形，因错位扭斜而变成梯
形。其中部东西横置的三根细圆木、三根方木条与南北顺置的两根方木，也以榫卯形式套接。每
根方木条榫头插入圆木的榫孔中，方木和圆木均髹黑漆。每根方木条宽 0.06 ～ 0.08、厚 0.03 米；
圆木多被压扁，直径 0.09 米。棺罩上缀有铜鱼、石贝、陶珠和竹编等器物（图一〇）。

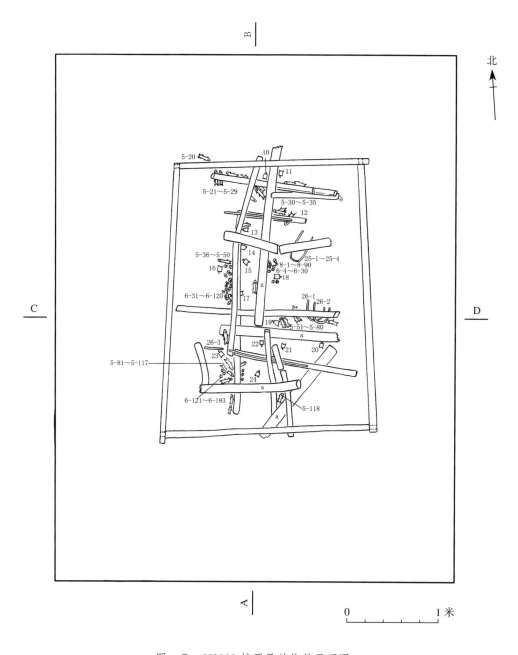

图一〇　M2009 棺罩及其饰件平面图

5-20 ～ 5-118. 铜鱼　6-4 ～ 6-193. 石贝　8-1 ～ 8-90. 陶珠　10 ～ 24. 云纹小铜铃　25-1 ～ 25-4. 竹圈
26-1 ～ 26-3. 残竹编器与席残片

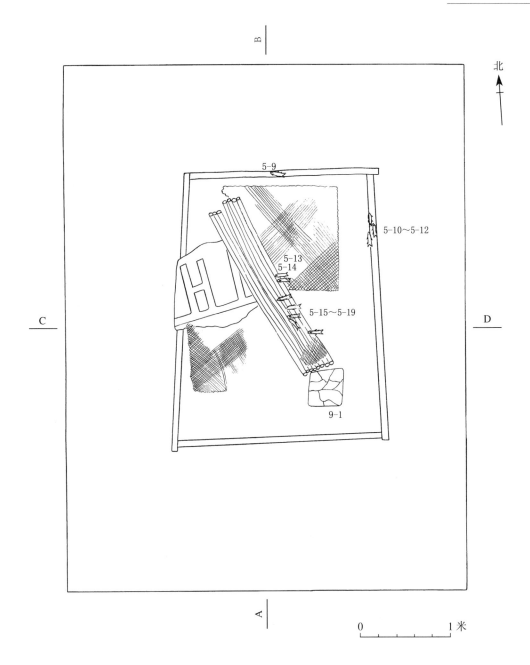

图——　M2009棺罩上细圆木、竹席、荒帷及其饰件平面图

5-9 ~ 5-19. 铜鱼　9-1. 铜翣

　　此外，在棺罩上的中部，呈西北—东南向并排放置八根长约 2 ~ 2.60、直径 0.04 米的细圆木。圆木表面髹黑漆，用途待考。在细圆木下铺有一层竹制殓席，之下是用丝织品做成的蒙在棺罩上面的"荒帷"。细圆木上散置有零星铜鱼和一件铜翣（图——）。

　　3. 外棺

　　外棺放置于椁室内中部，由底板、壁板、挡板和盖板四部分组成。底部南北长 2.92、东西宽 1.16 ~ 1.20、残高 0.70 ~ 0.85 米，壁板与挡板厚 0.06 米。外棺木板均已腐朽，仅可看出轮廓。

底板由南北顺置的木板拼成，盖板由东西向横置木板拼成，表面髹黑漆，壁板因受压变形稍向外倾斜。木板的宽度与厚度不明。盖板质地稍硬，表面呈黑褐色，背面髹黑漆，厚 0.01 ～ 0.02 米。由于外棺的壁板受压变形向外倾斜，导致外棺盖板断裂，故其轮廓范围大于外棺底部。

在外棺盖板上的东、西两侧等距离覆盖着 6 个带有多个镂孔的铜翣，铜翣均破碎严重。

此外，内、外棺的外侧四角壁板与挡板还钉有数量不等的铜棺钉和骨棺钉，用以固定棺衣（图一二）。

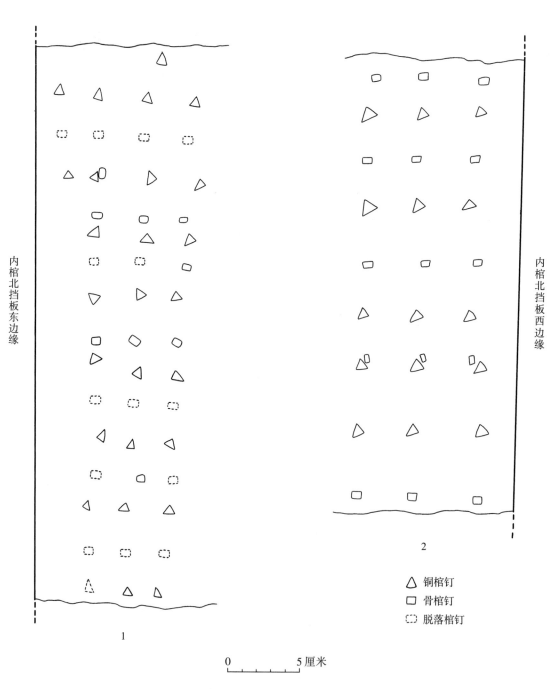

图一二　M2009 内棺北挡板棺钉排列位置图
1. 东侧局部　2. 西侧局部

4. 内棺

内棺置于外棺内中部，由底板、壁板、挡板、盖板四部分组成。底部南北长 2.32、东西宽 0.80、残高 0.50 米，挡板厚 0.05 米。盖板已塌陷，挡板保存较好，东、西壁板向外倾斜。壁板、挡板与盖板表面髹黑漆。底板与盖板均由南北向顺置的木板拼成，木板的宽度与厚度不明。

（二）葬式

内棺内葬有人骨架 1 具，头骨、盆骨、肢骨等部分保存较好。葬式为仰身直肢，头北足南，面向上，右臂弯曲，右手置于腹部，左手置于盆骨一侧。初步鉴定，墓主人为一个 40 多岁的中年男性。

三　殓席、荒帷、棺衣与殓衣衾

在椁盖板、棺罩和外棺盖板上面以及椁室底部均发现一层作人字形纹样的席子痕迹，这些痕迹应是殓席所留。在椁盖板上铺盖殓席，是为了防止填土与椁盖板直接接触；在棺罩和外棺盖板上铺盖殓席，应是用以放置随葬器物；在椁室底部铺盖殓席，则应是用以放置木棺和随葬器物。

在棺罩上面覆盖有三层纺织物，第一层和第三层为麻布，中间一层为红色丝绢，这些麻布和丝织物应为文献记载中的"荒帷"。

在外棺盖板与内棺盖板上均覆盖有多层麻布和丝织物，当是所谓的棺衣。

外棺盖板上的棺衣，依质地自上而下可分为三重：最上面数层为较粗的白麻布，纹络清晰，经纬分明，厚 0.02 ~ 0.03 米；其下为十多层较细且已经腐朽成粉末状的红色和棕褐色丝织物，两种颜色的丝织物层层相间铺垫，厚 0.02 ~ 0.03 米；最下层为数层麻布和红色丝织物，丝织物上绘有菱形花纹图案。

内棺盖板上覆盖着多层红色或黄色丝织物，这些丝织物因棺盖板腐朽塌陷变形而残存在内棺盖板上的多个地方。尤其是在内棺盖板西南角还有一片数十层叠褶在一起的黄褐色丝织物，其纹络细密，清晰可见，范围似一扇形，面积约为 0.25 米 ×0.25 米。

内棺里面铺垫有数十层已经腐朽成粉末状的红色、棕色与黄色织物。经仔细清理后发现，这些织物自上而下依颜色大致可分为三重：

第一重，是最上面放置于内棺内第一层玉器下的几层红色或棕色丝织物。在其中部的棕色底丝织物下面清理出一片带条纹的丝织物痕迹，条纹绘在褐黄色细麻布上，北部为红色竖条纹，南部为数道平行斜线红色条纹，条纹宽 0.15 米（图一三，1）。

第二重，为放置于内棺内第二层玉器下的三条橘黄色丝带和十数层红色或橘黄色丝织物。其中三条橘黄色丝带自北向南呈等距离的东西横向放置，丝带用丝绢拧成一束，中间为两根丝带的扭结，丝带直径为 0.01 ~ 0.02 米，三条丝带当为装殓时捆绑尸身所用。另在内棺内中部东侧也发现一道弯曲状的橘黄色丝带，长约 0.40、宽 0.03 米。在橘黄色丝带的下面为十数层红色丝织物，之下的中部和南部各有一片橘黄色丝织物（图一三，2）。

第三重，是覆盖于墓主人身上的衾被与穿在身上的殓衣以及铺在身下的褥子等。这些丝织物

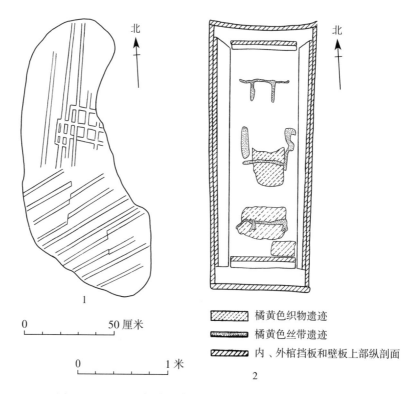

图一三　M2009内棺内中部玉器下遗迹图

1.第一层玉器下彩绘遗迹（在内棺内中部的褐黄色细麻布上面绘红色方格纹与平行条带纹）　2.第二层玉器下丝织物遗迹

层层相间铺垫，达十数层之多，厚约0.02米。

此外，在内、外棺之间的东侧中部和东北部各填塞一团达数十层红色丝织物的遗迹，用途待考。

在外棺与内棺盖上及椁室底部的许多地方都有成片的朱砂痕迹，有的已沾染在随葬的玉器上。这种往墓内放朱砂的习俗应与"周人尚赤"的信仰有关。

四　随葬器物的位置

该墓随葬器物极为丰富，不仅数量大，品类也多。随葬器物在墓中的位置大致如下：

（一）放在填土中

在接近椁盖板中部的填土中出土有1件玉鱼、1件玉管和3件兽面形孔雀石饰。

（二）放在椁盖板上

在椁盖板上零星散置一些有穿孔的铜鱼、石贝和4件兽面形孔雀石饰。

（三）缀在棺罩上下及四周

在棺罩的上下及四周散置有铜翣、铜鱼、铜铃、石贝、陶珠和竹编等器物。其中一件铜翣放置在棺罩上的东南部；铜铃、铜鱼、陶珠、石贝则零星散置在不同位置，铜鱼多半是每两件放在一处且头向一致。从出土情况看，铜铃、铜鱼、陶珠、石贝显然是按照某种方式串联后缀在棺罩上的，因棺罩腐朽塌陷，部分遗物散落于椁室内；竹编器放置在棺罩下的东部。此外，棺罩的四角还钉有少量铜棺钉（图一○、一一）。

（四）放在椁与外棺之间

在外棺与椁室之间的席子上面，放置有大量青铜礼器、乐器、兵器、工具、车马器和陶礼器以及皮甲、麻布衣物等（图一四、一五；彩版二）。由于数量较多，大部分器物都是相互叠压堆放在一处，有些地方的随葬器物竟达四层之多。其中铜礼器鼎、鬲、甗、簋、盨、臣（簠）、甫（铺）、方壶、圆壶、盘、盉、匜、方彝、尊、爵、觯和瓠等，集中放在椁室南部和椁室东南部的南部，部分铜礼器的器身与器盖不在一处（彩版三，1；四）。礼器中除少部分器物端正地放在椁底板上以外，大多数都是横七竖八地堆放在一起。乐器有铜甬钟、铜钮钟、石编磬、铜钲等，主要放在椁室西北角和西侧中部（彩版三，2）。其中石编磬放置于铜编钟上面。兵器类有铜戈、铜矛、铜钺及铜盾鍚、木弓、箭镞及其草囊或皮革箭箙以及箭箙上的饰物象牙器等，放置在椁室的北中部、西侧中部、东侧北部以及东侧南部和南端的青铜礼器下。其中铜戈平放于椁室北端中部、东侧中部和南端的青铜礼器下面最底部，木柲皆已腐朽无存。铜矛放置于椁室东侧北部，木柲大都仅剩朽痕。一件铜钺平放于椁室西侧偏北部的玉器上。盾牌均已腐朽，仅剩红色与黑色漆皮及铜盾鍚，铜盾鍚正面朝下，层叠覆置于椁室西侧的椁底板上。箭镞置于椁室东侧中部、西侧中部和南端偏东部，均成束放在一起，显然原是装在箭箙中的，而箭箙皆已腐朽，仅存痕迹。木弓放置于椁室西侧中部和南端青铜礼器下面，均残甚。三件象牙器分别放在椁室内东南角青铜礼器下和西南角，残碎较甚。工具类有铜锛、铜凿、铜刻刀、铜削、铜刀、铜銎铁锛、铁刃铜刻刀、铁刃铜削等，集中放置在椁室西南角的青铜礼器下，且方向一致。这些工具原应是用木匣或竹笥盛装。铜车马器有軎、辖、銮铃、轭首与轭足、衔、镳、兽面纹铃、节约、络饰、带扣、小腰、环、游环等，层叠放在椁室北端与东、西侧。其中有些銮铃在出土时尚套接在铜轭首上。轭的木胎已朽，大都仅剩铜轭首与轭足。多数衔与镳成组地套在一起。有些节约与络饰的孔内尚残留有绳屑，且往往管孔相对，显然原是串联在一起入葬的。个别小腰上还系有麻绳。有不少环位于轭附近，推测是与轭配套使用的。另外还有少数其他质地的车马器（如骨镳、骨小腰、木镳等）与一块麻布混置。陶礼器有鬲、罐各1件，放在椁室西南角铜礼器下。两件皮甲放置于椁室西侧中部的车马器、兵器和铜钲下面，因皮甲质地太薄且腐朽严重而无法全部采集。其中一件皮甲上面的有些甲片边缘不甚规整，或许是甲片的边缘被切割所致；有些甲片的下边有一个反面朝上且与之大小基本相同的甲片，似二者合二为一。这些甲片的正面糅黑漆，反面无漆（图一六）。麻布衣物有麻布裓及短裤等，放置于椁室东侧中部青铜礼器、车马器及兵器下面。麻布裓及短裤的下面又放置有木轭残件、铜銮铃、铜軎辖、铜衔镳、铜带扣、铜小腰、骨小腰、铜合页、铜游环等车马器（图一七）。

此外，在椁室西侧北部的铜钺下面放置有三件兽面纹玉斧；在东侧中部放置有残竹编器等。

（五）放在外棺盖板上

外棺盖板上的随葬器物有铜器和玉器，分为上、下两层。

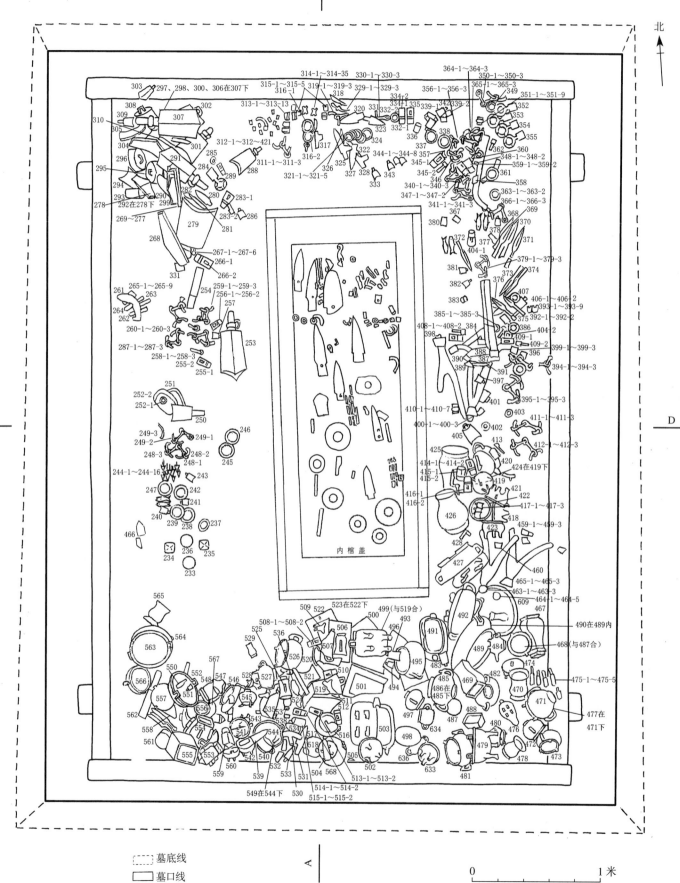

内棺盖

墓底线
墓口线

0　　　　　　　　　1米

图一四　M2009 底部上层随葬器物平面图

233、236～239、242、245～247.圆形铜盾锡　234、235.方锥形铜盾锡　240、241、243、257、286、333、343、358、378、381～384、397、417-1～417-3、494、538、551.云纹小铜铃　244-1～244-16.双翼外张形铜镞　248-1、249-1、258-1、259-1、260-1、287-1、311-1、319-1、329-1、330-1、340-1、341-1、350-1、356-1、364-1、365-1、366-1、379-1、394-1、395-1、411-1、412-1.铜衔　248-2、248-3、258-2、258-3、260-2、260-3、319-2、319-3、329-2、329-3、330-2、330-3、356-2、356-3、365-2、365-3、379-2、379-3、394-2、394-3、395-2、395-3、411-2、411-3.龙首铜镳　249-2、249-3、259-2、259-3、287-2、287-3、350-2、350-3、366-2、366-3、412-2、412-3.无首铜镳　250.铜钲　251.长方形铜泡　252-1.龙纹小玉环　252-2.素面小玉环　253、279、288、291、297、301、306、307.窃曲纹铜甬钟　254、562.兽面纹圆筒形铜帽首　255-1、256-1、334-1、335、414-1、416-1、508-1、515-1.多棱形铜軎　255-2、256-2、289、334-2、414-2、416-2、508-2、515-2.素面铜辖　261.铜钺　262～264.兽面纹玉斧　265-1～265-9.素面管状铜饰　266-1、283-1、339-1、345-1、347-1、348-1、404-1、408-1、409-1、415-1、510、512、513-1、514-1.重环纹铜軎　266-2、283-2、339-2、345-2、347-2、404-2、408-2、409-2、413、415-2、513-2、514-2.兽首铜辖　267-1.联钮铜游环　268～278、290、292、304、305、310.石编磬　280、281、300、320、323、326、387～389、504、505、531～533、539.元字铜戈　282、317、322、327.长胡三穿铜戈　284、298、299、324、337、338、342、346、349、352～355、361、386、396、407.铜銮铃　285、490、523.铜盾锡　293～296、302、303、308、309.虢仲铜钮钟　311-2、311-3.环首铜镳　312-1～312-421.铜络饰　313-1～313-13.扁筒形小铜带扣　314-1～314-35."X"形铜节约　315-1～315-5、344-1～344-8、351-1～351-9、392-2、393-1～393-9、410-1～410-7.兽首形大铜带扣　316-1、316-2、321-1～321-5、332-1、332-2、363-1、363-2、385-1～385-3、463-1～463-3、464-1～464-5.圆形铜环　318.长胡二穿铜戈　325、328、360、390、511、547.残胡戈　331.兽面纹玉杖头　336、362、367、380、399-2、399-3、400-2、400-3、406-1、406-2、459-2、459-3、465-2、465-3.双龙首纹铜轭足　340-2、340-3、341-2、341-3、364-2、364-3.圆首铜镳　348-2.龙首铜辖　357.中胡一穿铜戈　359-1、359-2.长方形铜环　368～375.素面铜矛　376.蝉纹铜矛　377.短胡一穿铜戈　391.中胡二穿铜戈　392-1.兽面形铜带扣　398.铜轭　399-1、400-1、459-1、460、465-1.兽面纹铜轭首　401.木轭构件　402、403.鼓形玉珠　405、483、493.兽面纹铜铃　418、419、421～424.虢仲铜鬲　420.虢仲铜盉　425、426.虢仲铜圆壶　427、491、492、503.虢仲铜盨　428.活动型管状铜构件　466.窄援玉戈　467、469.素面铜方壶（明器）　468（与487合）、471～473、480～482、485、497、527、540、545.重环纹铜簋（明器）　470、554."S"形窃曲纹铜方尊　474、495、526.虢仲铜簋　475-1～475-5.铜钮钟钩　476.重环纹铜匜（明器）　477、535、542、560、566.重环纹铜鼎（明器）　478.重环纹铜瓿（明器）　479、543.凸弦纹铜鼎（明器）　484、486.素面铜盉　488.重环纹铜方壶（明器）　489.虢仲铜盘　496、500、501、522.虢仲铜匦　498、546、552、556、557、564.素面铜盘（明器）　499（与519合）.虢仲铜方甗　502、518.窃曲纹铜鼎（明器）　506.素面铜圆尊　507."S"形窃曲纹铜匜（明器）　509、524、528、549.菌柱铜爵（明器）　516、534、536、537.重环纹铜盉（明器）　517、563.重环纹铜盘　520、521.虢仲铜甫　525、565.重环纹铜圆尊　529.有箍铜觯（明器）　530.三通形铜构件　541、544.虢仲铜鼎　548、555.重环纹铜方彝（明器）　550.铜戈（明器）　553.波曲纹铜方彝　558.陶锥足鬲　559.龙纹铜方彝　561.高领夹砂陶罐　567."S"形窃曲纹铜方彝（明器）　568.瓦垅纹铜簋（明器）　634.素面铜簋（明器）

B

北

458
457-1～457-3
449-2
456
461-2
461-1
455
429
彩绘木器痕迹
430-1～430-3
432-1～432-3
433-1～433-3
431
434
436
444

579-1～579-31

580-1～580-2
582-1～582-2
584 583
585
581
586-1
587-1～587-7
588
589
593
591-1～591-7
590-1～590-2
592-1～592-60
586-2
406-2
406-1

445
443
442
1070-1
598-1～598-4
437-1～437-2
438
604-1～604-31
594-1～594-3
435
440
596-1～596-3
439
599-1～599-2
437-3 437-6
446-1
595-1～595-3
597-1～597-3
441-2
446-2
600-1～600-41
602
441-1
449-1
447
601-1～601-12
450-1～450-3
448
605-1～605-10
606
451-2
603-1～603-14
451-1
607-1～607-3
453
452 454
462在645内
462-1～462-5
608-1～608-2

C
D

1070-2

740-1～740-172
659在645内
610在609下
640-2
641-1
738-1～738-62
641-2
642-1～642-2
657在651内
653
609
658-1～658-112
650
646
642-1～642-2
681
655
644
640-1
643
654
652
647
645
612
611
731～733、734-1～734-20
651
615
626-1～626-10
707
735
672
671
648
627
614
613
461-3
720～727
682
674
649
637
624
631-1
719-1～719-2
706
704
678
656
662
630-2
631-2
714～717
683
665
639
628
617
713
728
685
673
669
630
616
737（在639下）
718
705
702
680
699 689
667
636
635
618
621-1～621-2（在639内）
712
709
700
664
633
619
620在619下
711
701
703
666
736-2 742
739
622
632-1～632-3
710-1～710-2
688
676
623-1～623-2
687
679
677
675
625在624内、629在625内
694～698
686
663、743～745均在649下
660、661均在639内
690～693
670在669下
638-1～638-16
668-1在667下
668-2在668-1内

A

0   1米

图一五　M2009 底部下层随葬器物平面图

406-1、406-2、586-1、586-2、602、606、607-2、607-3. 双龙首纹铜轭足　429、436、438、439、452～454、458、581、583～585、588、589、627～629、643. 铜銮铃　430-1～430-3. 圆形铜环　431、441-2、446-2、451-2、580-2、582-2、590-2、640-2. 兽首铜辖　441-1、446-1、451-1、580-1、582-1、590-1、640-1. 重环纹铜軎　432-1、433-1、450-1、457-1、594-1、595-1、596-1、597-1. 铜衔　432-2、432-3、433-2、433-3. 环首铜镳　434. 骨小腰　435、442、443. 长方形铜泡　437-1～437-6. 兽首形大铜带扣　440. 兽面纹铜铃　444. 铜轭　445. 兽面形玉佩　447、448. 铜盾鍚　449-1、449-2. 残木弓　450-2、450-3、457-2、457-3. 龙首铜镳　455、691. 残胡铜戈　456. 中胡二穿铜戈　461-1～461-3. 残彩绘木器　462-1～462-5. 木棍　579-1～579-22、658-1～658-110. 双翼内收形铜镞　579-23～579-29、601-1～601-12、638-1～638-16、658-111、658-112. 双翼外张形铜镞　579-30、579-31. 无翼方锥锋铜镞　587-1～587-7. 骨小腰　591-1～591-7. 镂孔“Y”形铜管　592-1～592-60. 蛤蜊壳　593、616. 兽面纹铜铃 594-2、594-3、595-2、595-3、596-2、596-3、597-2、597-3. 圆首铜镳　598-1～598-4. 竹帽　599-1、599-2. 圆形铜环　600-1～600-41. 铜节约　603-1～603-14. 圆形蚌饰　604-1. 短麻裤　604-2. 短麻褂　604-3. 麻布　605-1～605-10、608-1、608-2. 蘑菇状铜帽首　607-1. 兽面纹铜轭首　609、624、639、645、649、650、655、660、682、700. 虢仲铜鼎　610、653、662、663、704、743～745. 虢仲铜簋盖　611、657、696、697. 有箍铜觯（明器）　612. 蘑菇状玉饰　613、689. 重环纹铜盉（明器）　614. 虢仲铜盉　615. 窃曲纹铜鼎（明器）　617. 蝉纹铜鼎　618. 重环纹铜盘　619、701. 素面铜鼎　620、674、709. 重环纹铜簋（明器）　621-1、621-2. 三叉形铜构件　622. 重环纹铜匜（明器）　623-1、630-1. 多棱形铜軎　623-2、630-2、631-2、641-2. 素面铜辖　625、633、646. 重环纹铜鼎　626-1～626-10. 圆銎锥形铜饰　631-1、641-1. 素面铜軎　632-1～632-3. 象牙残器　635、654. 菌柱铜爵（明器）　636、680、694、695、698. 无箍铜觯　637. 木弓　642-1、642-2. 兽面纹扁筒形铜帽首　644、651、652（带盖）、656、664、670（在669下）. 虢仲铜簋　647. “S”形窃曲纹铜簋　648. 凸弦纹铜鼎　659（在645内）. 虢仲铜方壶盖　661. 长方形木盒　665、672（带盖）. 虢仲铜方壶 666、671、685. 窃曲纹铜盉（明器）　667、668-1（在667下）、675、677、686、702. 素面铜盘　668-2（在668-1内）. 素面铜壶（明器）　673、678. 素面铜方彝　669. 虢仲铜盘　676、679、687、692、693. 元字铜戈　681. 龙纹铜方彝盖　683. 虢仲铜爵　684. 匜形铜爵　688. “S”形窃曲纹铜爵　690. 残铜戈　699、706. 龙纹铜方彝　703. 铜内铁援戈　705. 虢仲铜圆尊　707、708. 窄援玉戈　710-1、710-2、719-1、719-2. 铁刃铜削　711. 长条形玉柄形器　712. 三通形铜构件　713. 宽援玉戈　714～717. 大铜削　718. 圆锥形玉柄形器　720. 铜銎铁锛　721、724. 铜锛　722. 铜凿　729、733. 蝉纹铜矛　723. 小铜削　725～727、731. 铜刻刀　728. 玉圭　730. 铜骹铁叶矛　732. 铁刃铜刻刀　734-1～734-20. 玉嵌饰　735、736-1、736-2. 铜铃　737（在639下）. 铜盾鍚　738-1～738-62. 玛瑙珠、料珠与玉佩组合串饰　739. 长方形蚌饰　740-1～740-172. 玛瑙珠、料珠、海贝与玉佩组合串饰　741. 长胡三穿铜戈　742. 弦纹圆形玉管　1070-1～1070-2. 皮甲

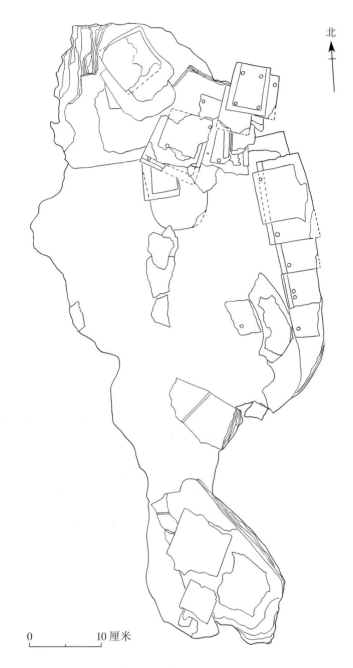

北

0　　　　　　10厘米

图一六　M2009椁室西侧中部器物所压皮甲局部遗迹图

　　1. 上层器物

　　在外棺盖板的最上面放置有六件铜翣和一些铜盾鍚、车马器等（图一八；彩版五）。其中六件铜翣分两行等距放于东、西两侧；铜盾鍚散置在东南部和东北部；车马器中的铜衔、铜镳放置在东北部、西部和南端偏东部，铜曹、铜辖、铜环放置在北部、西部和中部，铜管、铜带扣放置在东中部，木轭放置在西北部。另在外棺盖上的西中部和中南部分别放置有麻绳和竹编篮。

　　2. 下层器物

　　在外棺盖板上的上层器物下面放有玉器、石器和木器（图一九）。其中玉器有琮、璜、圭、

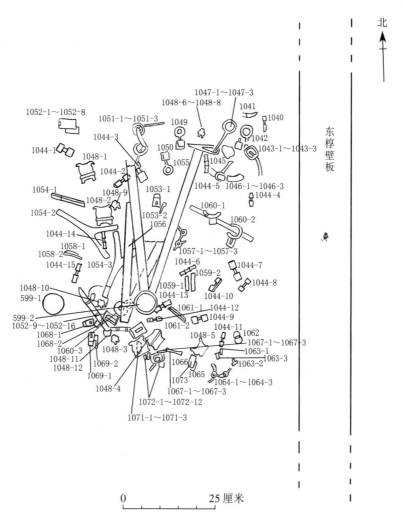

图一七　M2009 椁室东部 M2009 ：604 麻制衣物下的车马器平面图

599-1、599-2.圆形铜环　1040.小铜削　1041.残铜刀　1042、1049、1050.铜銮铃　1043-1、1046-1、1047-1、1051-1、1057-1、1064-1、1067-1.铜衔　1043-2、1043-3、1046-2、1046-3、1047-2、1047-3、1057-2、1057-3、1064-2、1064-3、1067-2、1067-3.龙首铜镳　1051-2、1051-3.无首铜镳　1044-1 ~ 1044-3.多棱形铜扁小腰　1044-4 ~ 1044-9.圆形铜小腰　1044-10 ~ 1044-15.骨小腰　1045.木篦　1048-1 ~ 1048-5.兽首形大铜带扣　1048-6 ~ 1048-12.牛首形铜带扣　1052-1 ~ 1052-16.长方形钮铜合页　1053-1、1068-1.多棱形铜害　1053-2、1068-2.素面铜辖　1054-1 ~ 1054-3.镂孔"Y"形铜管　1055、1056.木轭残件　1058-1、1058-2、1061-1、1061-2.木镳　1059-1、1059-2.砺石　1060-1 ~ 1060-3.联钮铜游环　1062.联环铜游环　1063-1、1063-2.管状骨帽　1063-3.骨管　1065.素面玉管　1066.兽面形玉佩　1069-1.重环纹铜害　1069-2.兽首铜辖　1071-1 ~ 1071-3.长方形铜构件　1072-1 ~ 1072-12.帽首形铜构件　1073.枣刺

戈等礼器与鱼形佩以及柄形器、匕、刀、小环等；石器有两组条形缀饰；木器有小腰、圆锥形饰和条形片饰等。

（六）放在内棺盖板上

内棺盖板上主要放置玉器和石器，计有戚、琮、璧、戈、璋、圭等礼器和人、龙、虎、鹿、兔、鸟、鸽、龟、鱼、牛、蝉、蚕、狗、鹦鹉、凤、猪、蛇等各种动物形佩饰以及柄形器、管、珠、环、凿、锤、棒、马蹄形佩等几何形佩饰与缀饰物（图二〇；彩版六）。从摆放位置分析，入葬时可

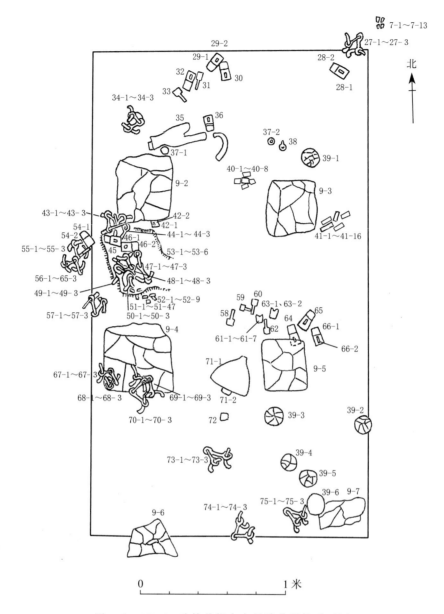

图一八 M2009外棺盖板上上层随葬器物平面图

7-1～7-13铜棺钉 9-2～9-7.铜銮 27-1、34-1、43-1、44-1、47-1、48-1、49-1、50-1、55-1、56-1、57-1、67-1、68-1、
69-1、70-1、73-1、74-1、75-1.铜衔 27-2、27-3、34-2、34-3、43-2、43-3、44-2、44-3、47-2、47-3、50-2、50-3、55-2、55-3、
57-2、57-3、67-2、67-3、68-2、68-3、69-2、69-3、73-2、73-3.无首铜镳 28-1、42-1、45、46-1、54-1、65.重环纹铜軎 28-2、
42-2、46-2、54-2、58、62.兽首铜辖 29-1、30、32、36、64、66-1.多棱形铜軎 29-2、31、33、59、60、66-2.素面铜辖 35.木车
轭 37-1、37-2.圆形铜环 38.联钮铜游环 39-1～39-6.铜盾钖 40-1～40-8、72.扁筒形大铜带扣 41-1～41-16.镂孔"Y"形
铜管 48-2、48-3、49-2、49-3、56-2、56-3、70-2、70-3、74-2、74-3、75-2、75-3.龙首铜镳 51-1～51-47.圆铜小腰 52-1～
52-9.多棱形铜小腰 53-1～53-6.残麻绳 61-1～61-7.牛首形铜带扣 63-1、63-2.兽首形小铜带扣 71-1、71-2.竹篮

能是以某种组合方式加以串联。

（七）放在内棺内

内棺内的随葬器物主要为玉器和石器等（彩版七），大致可分为四层：

1. 第一层器物

　　内棺盖板下第一层器物以动物造型的玉器为主。自北向南大致分为五组：最北端为第一组，
计有礼器玉璜与龙、虎、象、鹿、羊、兔、鹦鹉、鸟、鹅、燕等动物形佩饰以及削、笄、韘、管、
鼓、残片等玉器；第二组在第一组之南，与第一组相距甚近，放置有礼器玉璧与龙、兔、蜻蜓、燕、
鱼、蝉、蚕等动物形佩饰以及笄、圆形饰、削、管、不同形状的玉片和残玉饰等；中部为第三组，
计有琮、璧、璜、大环等礼器与龙、虎、鸟、蝉、燕、龟、鱼等动物形佩饰以及圆形饰、椭圆形
饰、"L"形饰、勾云形饰、残片等玉器；中南部为第四组，计有琮、璧、大环等礼器与人和龙、
凤、鸟、燕、蝉、牛首、蜘蛛、鳖、鱼等动物形佩饰以及柄形器、圆形饰、方形饰、镯形饰、管、

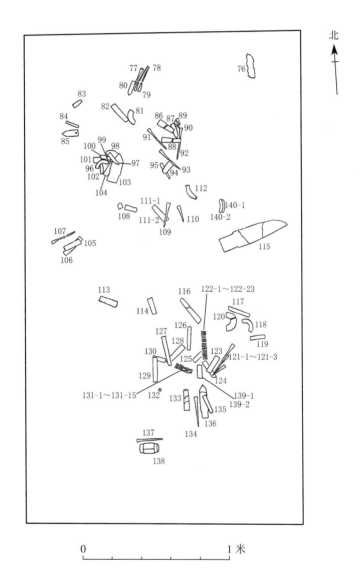

图一九　M2009 外棺盖板上下层随葬器物平面图

76. 玉刀　77 ~ 79、89 ~ 91、93、107、109、110、121-1 ~ 121-3、134、137. 锥形木饰　80、88. 玉圭　81、98、118、120. 素面玉
璜　82、124. 单切角玉匕　83. 长条鱼形玉佩　84、87、104、127、130. 扁长条形柄形器　85、102、136. 墨书玉戈　86. 长方形木片饰
92. 木小腰　94、100、106、108、117、126、135. 平刃玉匕　95、99、116、119、123. 角刃玉匕　96. 尖尾双龙纹玉璜　97. 素面玉璋
101. 长条形玉饰　103、115. 宽援玉戈　105、111-1、111-2、113、114、128、129、133、139-1、139-2、140-1、140-2. 梯形木片饰
112. 弓背鱼形玉佩　122-1 ~ 122-23、131-1 ~ 131-15. 条形石缀饰　125. 双切角玉匕　132. 素面小玉环　138. 小臣玉琮

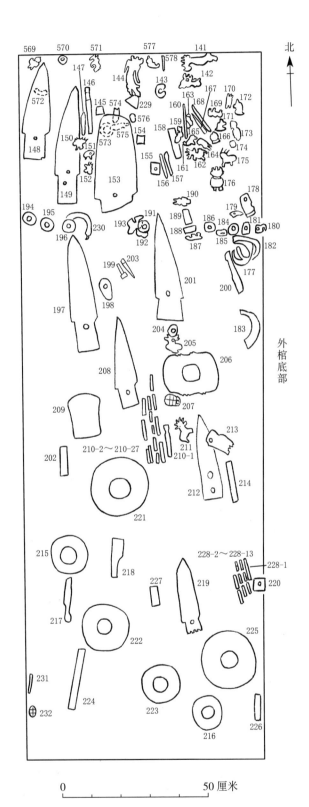

图二〇 M2009内棺盖板上玉器及石器平面图

141. 凤形玉佩 142、144、170、172、183. 鹦鹉形玉佩 143. 盘龙形玉佩 145、155、576. 兽面形玉佩 146、210-1、214、217. 扁长条形柄形玉器 147、231、578. 玉笄 148、149、197、201、212. 宽援玉戈 150、152、161、162、171、175、193、205、211. 鹿形玉佩 151. 兔形玉佩 153. 人龙合纹玉璋 154. 素面圆玉管 156. 管状柄形玉器 157、167. 圆棒形玉饰 158、224、226、228-1. 平刃玉匕 159. 人龙合纹玉佩 160、168. 玉凿 163、577. 夔龙形玉佩 164、165、169、571. 牛形玉佩 166. 燕形玉佩 173、174、575. 虎形玉佩 176、187. 鸮形玉佩 177、182. "C"形龙形玉佩 178、190. 人形玉佩 179. 蚕形玉佩 180. 方形孔雀石饰 181、184、186、194～196. 圆形龙纹绿松石环 185. 兽面形绿松石饰 188、220. 素面玉琮 189. 弦纹圆玉管 191. 龙纹小玉环 192、204、569. 鸟形玉佩 198. 素面玉韘 199. 锤形玉饰 200. 多棱形柄形玉器 202. 石匕 203. 弓背鱼形玉佩 206. 玉戚 207、232. 龟形玉佩 208、219. 菱形纹玉戈 209. 人面纹箍形玉饰 210-2～210-27、228-2～228-13. 条形玉缀饰 213. 有榫龙形玉佩 215. 龙纹大玉环 216、221～223、225. 素面大玉璧 218. 长条形玉饰 227. 角刃玉匕 229. 三角龙纹铜带饰 230. 蛇形玉佩 570. 兽面纹玉韘 572. 人形玉璜 573. 素面小玉璧 574. 蝉形玉佩

北

外棺底部

0 50 厘米

不同形状的玉片等；最南部为第五组，计有琮、璜等礼器与人和龙、虎、牛、蝉、鸱鸮、鸟等动物形佩饰以及柄形器、管、束绢形饰、圆形饰、圆形棒饰、圆扣形饰、梭形饰、蘑菇状饰、不同形状的玉片等玉器和一件锥形骨器（图二一）。

　　2. 第二层器物

　　在第一层器物下面铺盖有一层较薄的红色丝织物。其下即为第二层器物，主要放置有戚、璧、戈等玉礼器。琮、璧上有红色丝带痕迹，疑为串联所用。西南部的一件玉戈上有石缀饰，已成粉末状，无法采集（图二二）。

　　3. 第三层器物

　　第二层器物下是很厚的已腐朽成粉末状的衾被和衣服，厚0.20～0.40厘米。其下为第三层器物，分别放置于墓主人周身，大多是墓主人生前佩戴的装饰品，也有少数敛尸用的玉器（图二三）。墓主人头部放置一组以似男人面部器官形状的玉饰为主体的缀玉幎目；头部放置由"C"形龙形佩、鸟形佩、树枝形佩、璜、人龙合纹珏和龙纹觿等玉器组成的发饰；颈部有一组由玛瑙珠（管）、玉牌和玉管组成的项饰，且与佩于胸前的六璜联珠组玉佩（原配应为七璜，推测在佩戴过程中有所损毁，因原器级别过高，一时再配不及，故成现状）连接在一起；口中含有一组由圆扣形饰、贝和球形珠单行相间组成的串饰；胸部及身两侧还放置有戈、璧、鱼形佩、鱼尾龙形佩、韘、獠牙形觿、匕、柄形器等玉器；两手各握有管状握玉，其中左手腕处有一件凹弦纹箍形饰，应为护腕饰；脚端有二件踏玉；脚趾间夹有二组共八件鱼形玉佩。

　　4. 第四层器物

　　在墓主身下铺垫有一组玉器和六件绿松石环，是为第四层器物（图二四）。玉器有戈、璧、

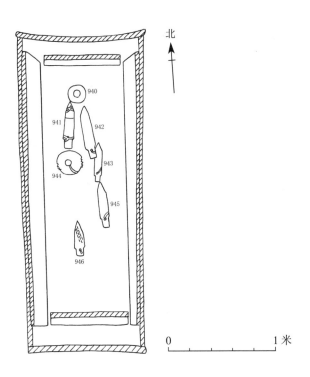

图二二　M2009内棺内第二层玉器平面图
940. 素面大玉璧　941～943、945、946. 宽援玉戈　944. 玉戚

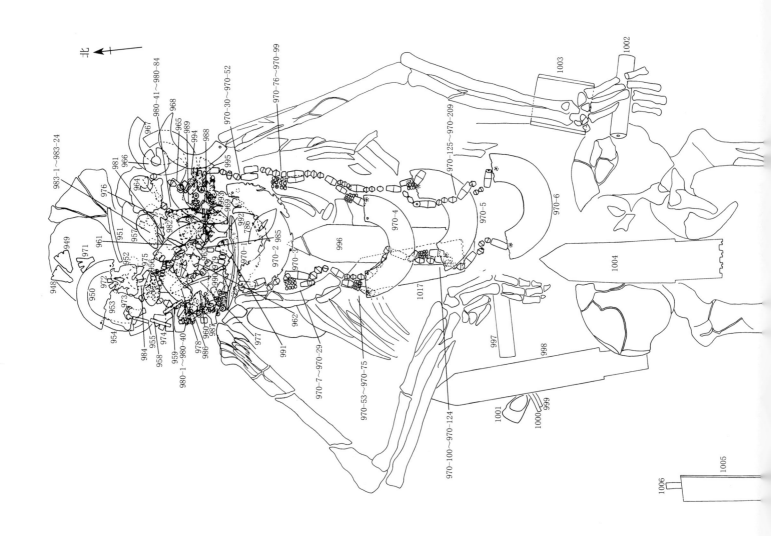

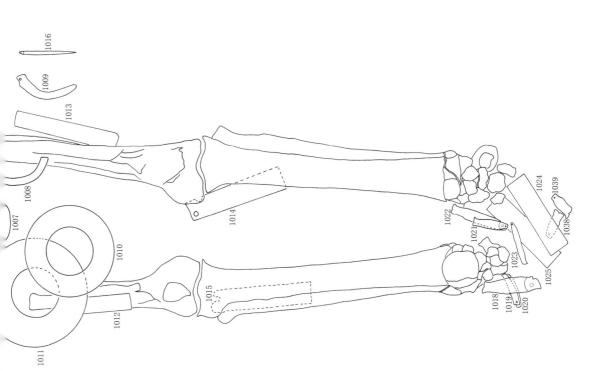

图二三　M2009内棺内第三层（墓主身上）玉器平面图　786. 缀玉瞑目之口　948、949、969、971~974、986、987、991~995. 缀玉瞑目之三叉形玉片　950. 尖尾双龙纹玉璜　951. 人鱼合纹玉璜　952、960. 鸟形玉佩　953. 缀玉瞑目之右耳　954、967. 人龙合纹玉玦　955. 龙首纹玉璜　956. 缀玉瞑目之左眼　957. 缀玉瞑目之右眼　958、959. "C"形龙形玉佩　961. 缀玉瞑目之下鄂　962. 缀玉瞑目之鼻　963. 缀玉瞑目之左胡　964. 缀玉瞑目之左耳　965. 缠尾双龙纹玉璜　966. 缀玉瞑目之左块　968. 龙纹玉饰　970-1~970-209. 六璜联珠组玉佩，玉牌和玉管（管）组合项饰　975. 缠尾双龙纹玉玦　976. 龙纹玉玦　977. 缀玉瞑目之左眉　978. 缀玉瞑目之右眉　979. 缀玉瞑目之右胡　980-1~980-84. 玛瑙珠　981. 残玉片　982. 缀玉瞑目之额　983-1~983-24. 口琀玉　984. 残骨器　985、988. 玉树形玉佩　989. 素面玉琮　990. 龟形玉佩　996、998、1005、1017. 龙纹玉韘　997. 右手握玉　999、1000、1009、1016. 獠牙形玉觽　1001. 龙纹玉韘　1002. 左手握玉　1003. 回弦纹箍形饰　1004. 菱形纹玉戈　1006. 窄援玉戈　1007. 弓背鱼形玉佩　1008. 鱼尾龙形玉璧　1010. 素面大玉璧　1011. 小臣系玉器　1012、1013. 扁长条形柄形玉器　1014、1015. 平刃玉匕　1018~1020、1023. 右脚趾夹玉　1021、1022、1038、1039. 左脚趾夹玉　1024. 左脚踏玉　1025. 右脚踏玉

0　20厘米

棺底铺垫丝织物花纹（为红色纹饰）

北

黄色丝织物带（与棺内第一层三条丝带中北端的一条成环带形缠绕死者尸身）

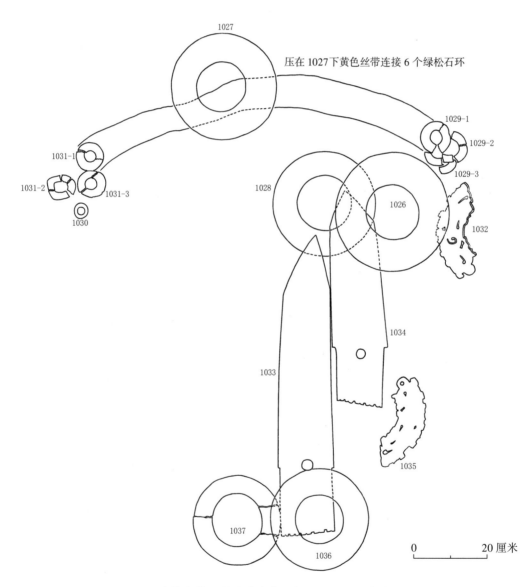

图二四　M2009 内棺内第四层（墓主身下）玉器及丝织物遗迹平面图

1026、1028、1036、1037. 素面大玉璧　1027. 龙纹玉璧　1029-1、1029-3、1031-1 ~ 1031-3. 圆形素面绿松石环　1029-2. 椭方形绿

松石环　1030. 素面小玉环　1032、1035. 人龙合纹玉璜　1033. 龙凤纹玉戈　1034. 菱形纹玉戈

璜和小环等；六件绿松石环分为两组，每三个为一组，分别连接于中部黄色丝带的两端。这组玉器的北部有红色和黄色粉末状物，当是死者殓服与身下丝织物腐朽后的遗留物。

第二节　随葬器物

随葬器物共计 4601 件（颗），以质地可分为铜、铁、玉、石、玛瑙、料、陶、骨、角、牙、皮革、蚌、木、竹、苇、麻、丝帛和枣刺等 18 大类。其中以铜器和玉器为大宗，占总数的 90% 以上。现分述如下：

一　铜器

2315 件。总重量为 654.92 千克。依用途可分为礼器、乐器、兵器、工具、车器、马器、棺饰与其他八类。

（一）礼器

149 件。其中实用礼器重 294.65 千克，明器重 134.79 千克（含范土重量）。计有鼎、鬲、方甗、簋、盨、匜、甫、圆壶、方壶、盘、盉、匜、方彝、方尊、圆尊、爵、觯、觥等 18 种。可分为实用器和明器两大类。实用器制作精良，纹样讲究，且大多铸有铭文；明器则制作粗糙，器身与器盖多浑铸，底部洞穿，或有因浇铸不足留下的小洞孔，或器内范土未除，而且多数为素面，即使有装饰纹样的，也较潦草简单。依用途不同，又可分为炊食器（鼎、鬲、方甗）、盛食器（簋、盨、匜、甫）、水器（方壶、圆壶、盘、盉、匜）和酒器（方彝、方尊、圆尊、爵、觥、觯）等四类。现依用途分类叙述[1]。

1. 鼎

29 件。可分为虢仲列鼎、"C"形窃曲纹鼎、重环纹鼎、凸弦纹鼎、蝉纹鼎、素面鼎六种。前一种为实用器，后五种为明器。

（1）虢仲列鼎

12 件。非一次铸造而成[2]（彩版八）。除 M2009：682 外，其余 11 件鼎的形制、纹样及铭文基本相同，唯大小不同。口微敛，宽沿，方唇，立耳，半球形腹，圜底。蹄足中段较细，下端逐渐外展而宽大，内侧有一道纵向凹槽。口沿下饰一周 "C" 形平目窃曲纹，腹部饰一周变形凤鸟纹，两种纹样之间界以一道凸弦纹，耳外侧面饰有珠重环纹。器内壁均铸有竖款铭文，其内容、字数均相同，但字体、字形略有不同。自右至左共二行 5 字，即：

虢中（仲）乍（作）

旅鼎。

---

[1] 在叙述中，有铭文的器物用铭文所述命名，无铭文的则以所饰纹样或形制特点命名，如为明器，则在行文中注明。

[2] 这种随葬组合方式值得后来学者们高度注意，文献中及先哲们均提到过随葬鼎数最高配置者为 12 件。这种葬制值得着重研究。

1

2

0 ___ 2厘米

3

4

0 ___ 8厘米

图二五 M2009 虢仲铜鼎（M2009：645）及拓本
1.虢仲鼎 2.铭文拓本 3.沿下、腹部纹样拓本 4.耳部纹样拓本

M2009：645，平沿，蹄足粗壮，下端肥大。一蹄足凹槽内有范土。通高 46.6、口径 40.4、腹径 40、腹深 22 厘米。重 18.2 千克（图二五、二六；彩版九）。

M2009：639，内壁铭文下有洞锈蚀了铭文之中的"作"字。平沿，蹄足粗壮，下端肥大。通高 43.2、口径 40.1、腹径 40.4、腹深 20.6 厘米。重 15 千克（图二七；彩版一〇）。

M2009：649，内壁铭文下有补铸痕迹。平沿，蹄足较粗壮，较矮，下端较肥大。通高 39.2、口径 36.4、腹径 36.8、腹深 19.2 厘米。重 12.6 千克（图二八；彩版一一）。

M2009：541，内壁铭文下有补铸痕迹。平沿，蹄足较粗壮，下端肥大。通高 36.6、口径 37.4、腹径 37、腹深 19.6 厘米。重 10.95 千克（图二九；彩版一二）。

0　　　　6厘米

图二六　M2009 虢仲铜鼎（M2009：645）拓本

图二七　M2009 虢仲铜鼎（M2009：639）及拓本
1.虢仲鼎　2.铭文拓本　3.沿下、腹部纹样拓本　4.耳部纹样拓本

0 ____ 2厘米

0 _____ 8厘米

图二八　M2009 虢仲铜鼎（M2009：649）及拓本
1.虢仲鼎　2.铭文拓本　3.沿下、腹部纹样拓本　4.耳部纹样拓本

图二九　M2009 虢仲铜鼎（M2009 ：541）及拓本

1.虢仲鼎　2.铭文拓本　3.沿下、腹部纹样拓本　4.耳部纹样拓本

M2009：700，平沿，蹄足中段较细，下端较肥大。通高32.4、口径31、腹径30.4、腹深15.2厘米。重9.5千克（图三〇；彩版一三）。

M2009：544，平沿，蹄足中段较细，下端较肥大。蹄足凹槽内有范土。通高30、口径30、腹径28.6、腹深14厘米。重6.15千克（图三一、三二；彩版一四）。

M2009：650，平沿，蹄足中段较细，下端较肥大。通高26.2、口径25.8、腹径25.2、腹深12.4厘米。重4.1千克（图三三；彩版一五）。

M2009：624，窄沿稍上折，蹄足粗壮，下端较肥大。通高25.4、口径24.6、腹径24.6、腹深12.4厘米。重4千克（图三四；彩版一六）。

M2009：655，平沿，蹄足中段较细，下端较肥大。通高24.8、口径22.6、腹径23、腹深11.2厘米。重4.2千克（图三五；彩版一七）。

M2009：660，窄沿稍上折，蹄足下端较肥大。通高22.2、口径21、腹径21.2、腹深11.2厘米。重2.3千克（图三六；彩版一八）。

M2009：609，平沿，蹄足中段较细，下端较肥大。器铭因锈蚀较为模糊。通高20.2、口径

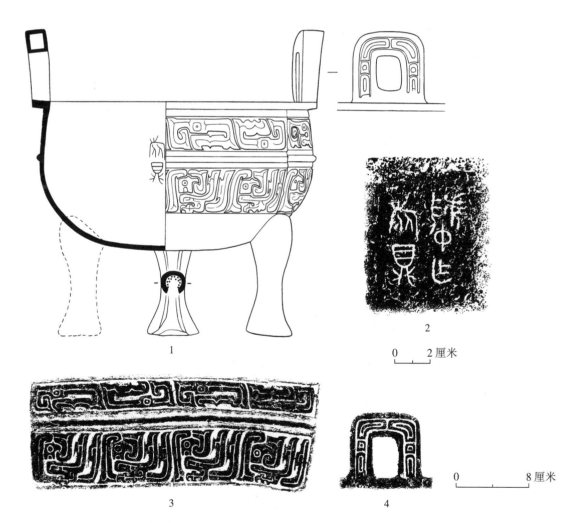

图三〇　M2009 虢仲铜鼎（M2009：700）及拓本
1. 虢仲鼎　2. 铭文拓本　3. 沿下、腹部纹样拓本　4. 耳部纹样拓本

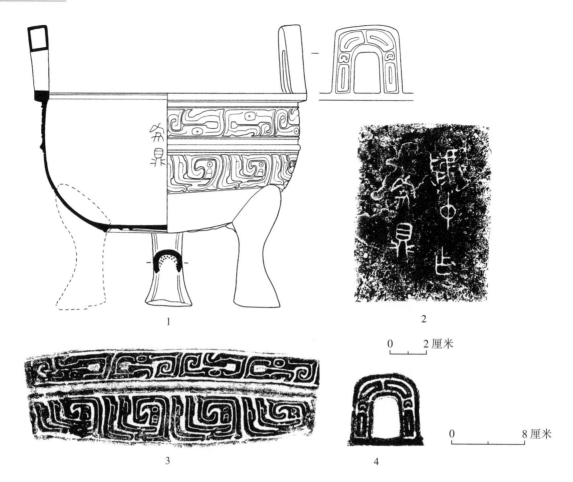

图三一　M2009 虢仲铜鼎（M2009：544）及拓本

1. 虢仲鼎　2. 铭文拓本　3. 沿下、腹部纹样拓本　4. 耳部纹样拓本

图三二　M2009 虢仲铜鼎（M2009：544）拓本

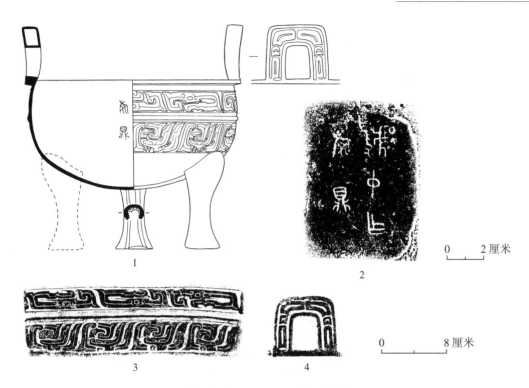

图三三　M2009 虢仲铜鼎（M2009 ∶ 650）及拓本
1. 虢仲鼎　2. 铭文拓本　3. 沿下、腹部纹样拓本　4. 耳部纹样拓本

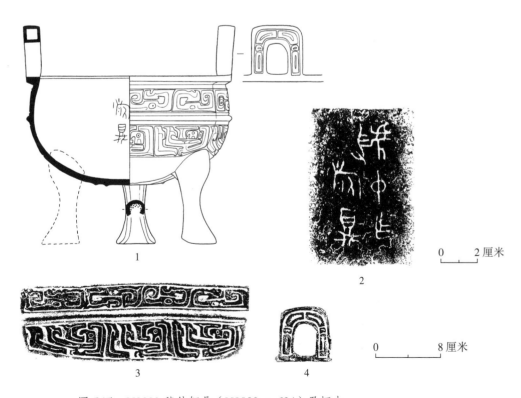

图三四　M2009 虢仲铜鼎（M2009 ∶ 624）及拓本
1. 虢仲鼎　2. 铭文拓本　3. 沿下、腹部纹样拓本　4. 耳部纹样拓本

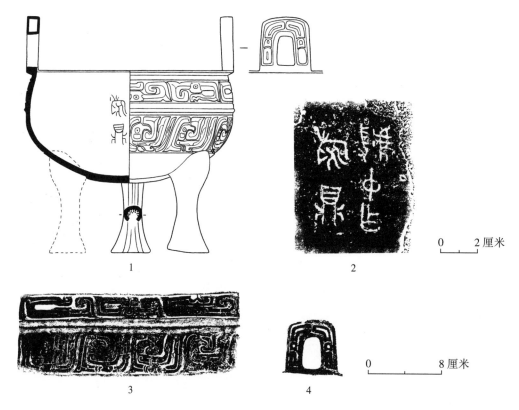

图三五　M2009 虢仲铜鼎（M2009 : 655）及拓本

1. 虢仲鼎　2. 铭文拓本　3. 沿下、腹部纹样拓本　4. 耳部纹样拓本

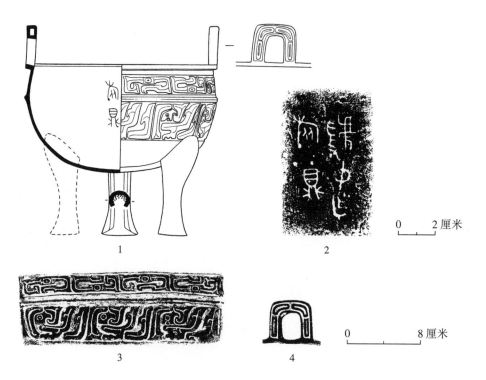

图三六　M2009 虢仲铜鼎（M2009 : 660）及拓本

1. 虢仲鼎　2. 铭文拓本　3. 沿下、腹部纹样拓本　4. 耳部纹样拓本

20.4 、腹径 19、腹深 9.2 厘米。重 2.3 千克（图三七；彩版一九）。

M2009：682，口稍敛，沿较宽，微上折，方唇，立耳，鼓腹下垂，圜底近平。蹄足中段略细，下端较肥大。蹄足上部各有一扉棱。口沿下饰一周六组"C"形平目窃曲纹，每两组纹样之间有一长方形凸钉，腹部饰一周波曲纹，在两种纹样之间界以一周凸弦纹，耳外侧面饰"n"字形纹，蹄足上部饰兽面纹。器内壁铸有竖款排列的铭文，自右至左共二行五字，即：

　　　虢中（仲）乍（作）

　　　旅鼎。

通高 19.8、口径 19.6、腹径 19.6、腹深 9 厘米。重 2.55 千克（图三八；彩版二〇）。此鼎较其他虢仲有铭鼎，在造型和纹饰等处略有不同之处，其字形也较粗犷。

（2）"C"形窃曲纹鼎（明器）

3 件。形制大体相同，大小及纹样略有差异。口微敛，窄沿稍上折，方唇，立耳，半球形腹，圜底，蹄足内侧面有一道纵向凹槽。口沿下饰不尽相同的窃曲纹。

M2009：502，蹄足较粗矮。口沿下饰一周"C"形平目窃曲纹。通高 14.8、口径 17.6、腹径 16.6、腹深 6.6 厘米。重 1.5 千克（图三九，1、2；彩版二一，1）。

M2009：518，蹄足较粗矮。口沿下饰一周"C"形无目窃曲纹。通高 14、口径 15、腹径 14.2、腹深 6 厘米。重 0.95 千克（图三九，3、4；彩版二一，2）。

M2009：615，蹄足较细长。口沿下饰一周"C"形无目窃曲纹。蹄足内侧面凹槽内范土未除。通高 15.2、口径 16.2、腹径 14、腹深 6.2 厘米。重 1 千克（图四〇，1、2；彩版二二，1）。

（3）重环纹鼎（明器）

8 件。形制大体相同，大小及纹样略有差异。口微敛，窄沿，方唇，立耳，半球形腹，圜底。蹄足中段较细，蹄足内侧面有一道纵向凹槽。口沿下所饰纹样为有珠或无珠重环纹，其中有珠重环纹鼎 3 件、无珠重环纹鼎 5 件。

M2009：560，沿稍上折，蹄足下端较小。口沿下饰一周无珠重环纹（大部纹样因太浅而磨平），腹部饰一周凸弦纹，耳外侧面饰"n"字形纹。槽内范土未除。通高 20.4、口径 20.8、腹径 20.6、腹深 10.6 厘米。重 2.35 千克（图四〇，3；彩版二二，2）。

M2009：566，平沿，蹄足较粗壮，下端肥大。口沿下饰一周有珠重环纹，腹部饰一周凸弦纹，耳外侧面饰"n"字形纹。槽内范土未除。通高 18.4、口径 19.4、腹径 17.8、腹深 8.6 厘米。重 1.55 千克（图四一，1、2；彩版二三，1）。

M2009：646，沿稍上折，蹄足较细长。口沿下饰一周有珠重环纹。通高 14、口径 15.5、腹径 14、腹深 6 厘米。重 0.95 千克（图四一，3、4；彩版二三，2）。

M2009：625，沿稍上折。口沿下饰一周有珠重环纹。通高 14.4、口径 13.6、腹径 13.2、腹深 6.4 厘米。重 1.5 千克（图四二，1、2；彩版二四，1）。

M2009：477，沿稍上折，蹄足较粗壮，下端肥大。口沿下饰一周无珠重环纹。槽内范土未除。通高 14.3、口径 14、腹径 13.4、腹深 6.6 厘米。重 1.1 千克（图四二，3、4；彩版二四，2）。

M2009：535，口沿略残。沿稍上折，蹄足较细长。口沿下饰一周无珠重环纹。通高 16.8、口径 18.2、腹径 16.3、腹深 7 厘米。重 1.2 千克（图四三，1、2；彩版二五，1）。

M2009：542，口沿略残。稍上折，蹄足较粗矮。口沿下饰一周无珠重环纹。槽内范土未除。

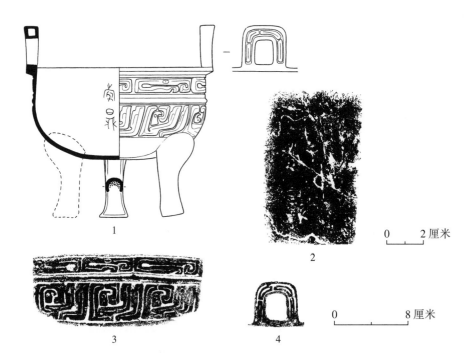

图三七　M2009虢仲铜鼎（M2009：609）及拓本
1.虢仲鼎　2.铭文拓本　3.沿下、腹部纹样拓本　4.耳部纹样拓本

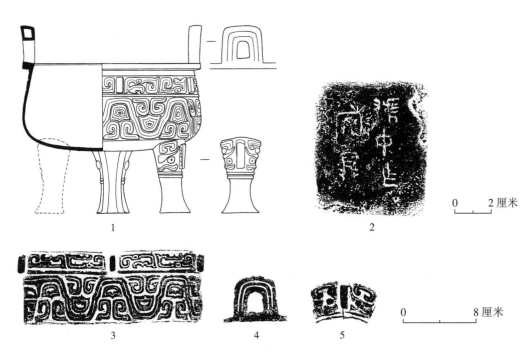

图三八　M2009虢仲铜鼎（M2009：682）及拓本
1.虢仲鼎　2.铭文拓本　3.沿下、腹部纹样拓本　4.耳部纹样拓本　5.足部纹样拓本

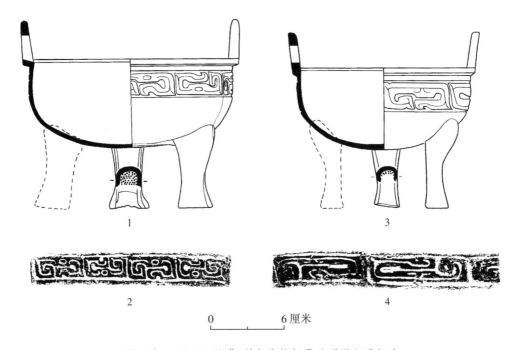

图三九　M2009 "C" 形窃曲纹铜鼎（明器）及拓本

1. "C" 形窃曲纹鼎（M2009：502）　2. "C" 形窃曲纹鼎（M2009：502）沿下纹样拓本　3. "C" 形窃曲纹鼎（M2009：518）
4. "C" 形窃曲纹鼎（M2009：518）沿下纹样拓本

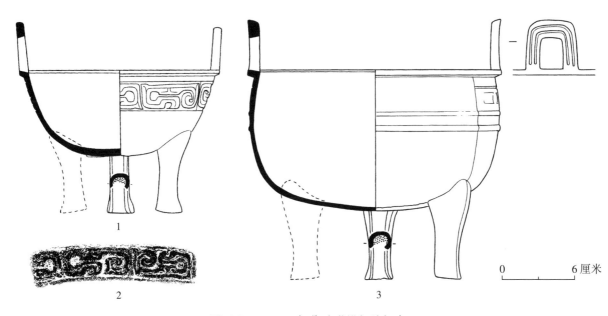

图四〇　M2009 铜鼎（明器）及拓本

1. "C" 形窃曲纹鼎（M2009：615）　2. "C" 形窃曲纹鼎（M2009：615）沿下纹样拓本　3. 重环纹鼎（M2009：560）

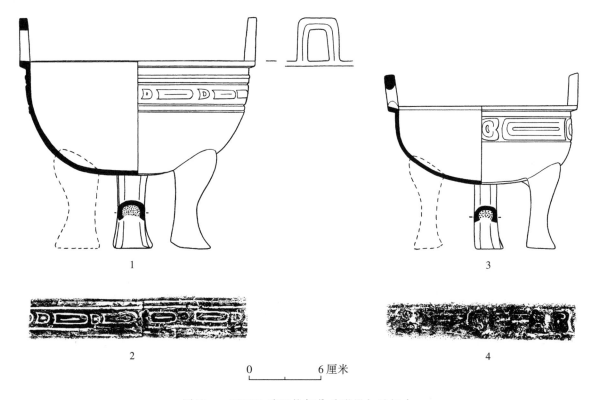

图四一　M2009 重环纹铜鼎（明器）及拓本

1. 重环纹鼎（M2009：566）　2. 重环纹鼎（M2009：566）沿下纹样拓本　3. 重环纹鼎（M2009：646）　4. 重环纹鼎（M2009：646）沿下纹样拓本

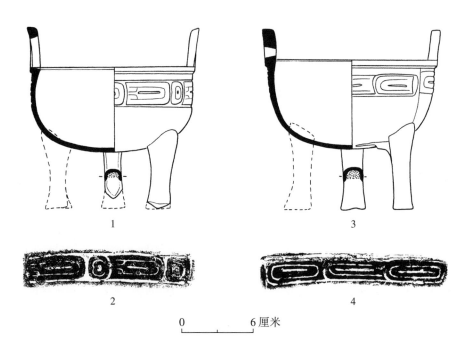

图四二　M2009 重环纹铜鼎（明器）及拓本

1. 重环纹鼎（M2009：625）　2. 重环纹鼎（M2009：625）沿下纹样拓本　3. 重环纹鼎（M2009：477）　4. 重环纹鼎（M2009：477）沿下纹样拓本

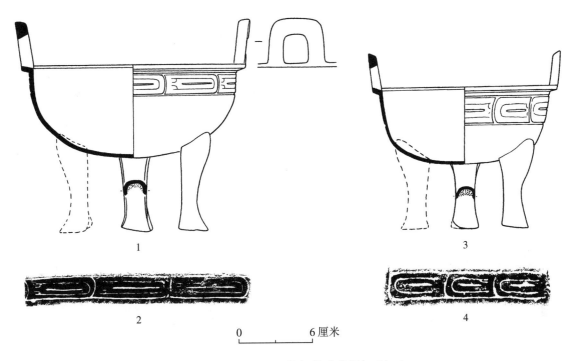

图四三 M2009 重环纹铜鼎（明器）及拓本

1.重环纹鼎（M2009：535） 2.重环纹鼎（M2009：535）沿下纹样拓本 3.重环纹鼎（M2009：542） 4.重环纹鼎（M2009：542）沿下纹样拓本

通高 14、口径 15.2、腹径 13、腹深 5.8 厘米。重 1 千克（图四三，3、4；彩版二五，2）。

M2009：633，沿稍上折，蹄足较粗矮。口沿下饰一周无珠重环纹。通高 13.6、口径 15.2、腹径 13.6、腹深 6 厘米。重 0.8 千克（图四四，1、2；彩版二六，1）。

（4）凸弦纹鼎（明器）

3 件。形制大体相同，大小略有差异。口微敛，窄沿稍上折，方唇，立耳，半球形腹，圜底，蹄足中段较细。腹部饰一周凸弦纹。蹄足内侧面有一道纵向凹槽，槽内范土未除。

M2009：543，形体较大。耳外侧面饰"n"字形纹。通高 24、口径 24、腹径 23.4、腹深 12 厘米。重 2.9 千克（图四四，3；彩版二六，2）。

M2009：479，形体较小。耳外侧面饰"n"字形纹。通高 21.8、口径 20.8、腹径 20.6、腹深 11 厘米。重 2.4 千克（图四五，1；彩版二七，1）。

M2009：648，形体较小。平沿直口，蹄足较粗矮。通高 17.2、口径 18.8、腹径 18.2、腹深 10 厘米。重 1.6 千克（图四五，2；彩版二七，2）。

（5）蝉纹鼎（明器）

1 件。

M2009：617，口微敛，窄沿稍上折，方唇，立耳，半球形腹，圜底，蹄足较粗壮。口沿下饰一周变形蝉纹和有珠重环纹。通高 13.8、口径 15.2、腹径 13.6、腹深 5.6 厘米。重 0.9 千克（图四六；彩版二八，1）。

（6）素面鼎（明器）

2 件。形制大体相同。口微敛，窄平沿，方唇，立耳，半球形腹，圜底，蹄足。蹄足内侧面

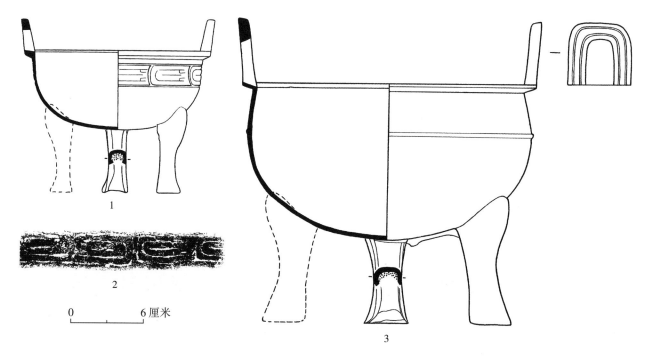

图四四　M2009 铜鼎（明器）及拓本

1. 重环纹鼎（M2009：633）　2. 重环纹鼎（M2009：633）沿下纹样拓本　3. 凸弦纹鼎（M2009：543）

有一道纵向凹槽。

M2009：619，蹄足上、下粗细基本相等。通高14.3、口径13.6、腹径13、腹深6.3厘米。重0.95千克（图四七，1；彩版二八，2）。

M2009：701，蹄足中段较细。内侧面凹槽内范土未除。通高13.6、口径14.2、腹径13.2、腹深6厘米。重0.83千克（图四七，2；彩版二八，3）。

2. 虢仲鬲

6件。形制、纹样相同，大小略有差别（彩版二九）。鬲皆矮体，断面呈椭三角形。直口，宽平折沿，薄方唇，短束颈，鼓腹，平裆，矮蹄足下端肥大，内侧有一道竖向凹槽，腹部与足相对处各有一个竖向扉棱。腹部饰一周两两相对的曲体回首龙纹。器颈部内侧均铸有呈顺时或逆时针方向的铭文，其内容、字数相同，但字体、字形略有不同，格式也不同。自左至右或自右至左共一行5字，即：

虢中（仲）乍（作）旅鬲。

M2009：419，铭文呈逆时针方向。通高13.8、口径18、腹深7.3厘米。重1.85千克（图四八；彩版三〇；彩版三一，1）。

M2009：424，铭文呈顺时针方向。通高13.3、口径18.4、腹深7.6厘米。重2.21千克（图四九；彩版三一，2；彩版三二）。

M2009：418，铭文呈顺时针方向。通高13.4、口径18、腹深7.2厘米。重2.16千克（图五〇；彩版三一，3；彩版三三）。

M2009：421，铭文呈逆时针方向。通高13.2、口径18、腹深7.8厘米。重2.13千克（图五一；

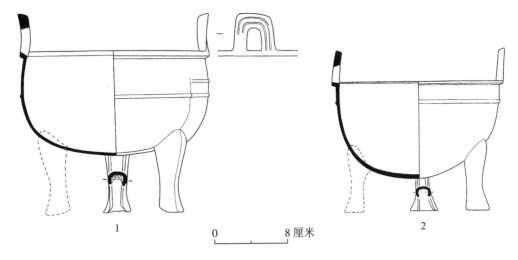

图四五　M2009 凸弦纹铜鼎（明器）
1. M2009：479　2. M2009：648

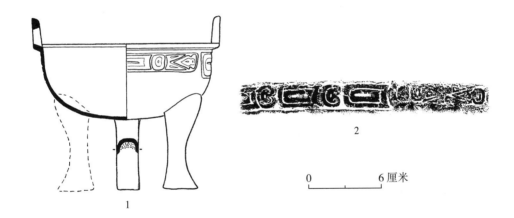

图四六　M2009 蝉纹铜鼎（M2009：617）（明器）及拓本
1. 蝉纹鼎　2. 沿下纹样拓本

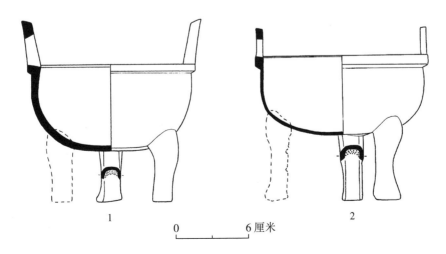

图四七　M2009 素面铜鼎（明器）
1. M2009：619　2. M2009：701

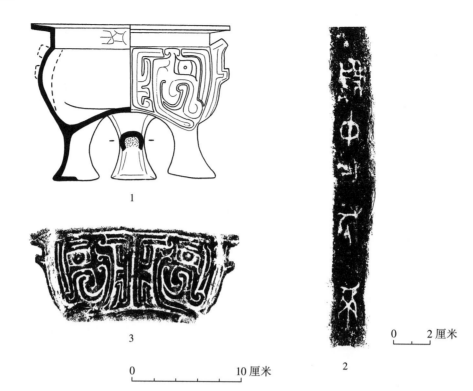

0   2厘米

0   10厘米

图四八　M2009 虢仲铜鬲（M2009 ： 419）及拓本

1.虢仲鬲　2.铭文拓本　3.腹部纹样拓本

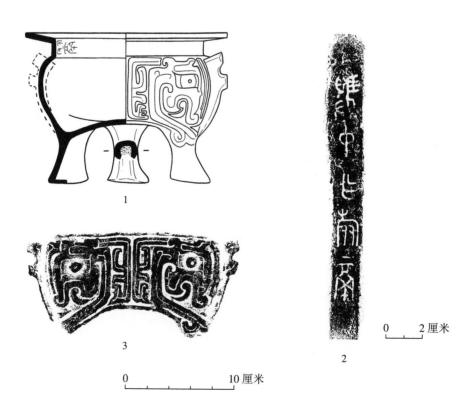

0   2厘米

0   10厘米

图四九　M2009 虢仲铜鬲（M2009 ： 424）及拓本

1.虢仲鬲　2.铭文拓本　3.腹部纹样拓本

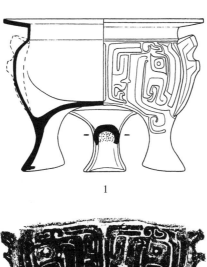

0   2厘米

0   10厘米

图五〇　M2009 虢仲铜鬲（M2009：418）及拓本
1.虢仲鬲　2.铭文拓本　3.腹部纹样拓本

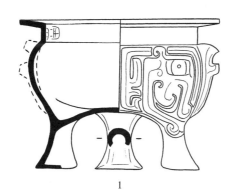

0   2厘米

0   10厘米

图五一　M2009 虢仲铜鬲（M2009：421）及拓本
1.虢仲鬲　2.铭文拓本　3.腹部纹样拓本

彩版三四）。

M2009：423，铭文呈顺时针方向。通高 13.3、口径 18、腹深 7.4 厘米。重 2.07 千克（图五二；彩版三五）。

M2009：422，铭文呈顺时针方向。通高 13.5、口径 18、腹深 7.6 厘米。重 2.05 千克（图五三；彩版三六）。

3. 虢仲方甗

1 件。出土时鬲（M2009：499）、甑（M2009：519）分置。

M2009：499、M2009：519，上甑下鬲分体而铸，以榫槽套合而成。甑口呈长方形，敞口，卷沿，斜方唇，两侧口沿上有一对立耳，斜直壁下收，平底上分布有 5 个横向与 12 个竖向"一"字形箅孔，甑底四周铸出长方形子口，正好可纳入鬲的母口（即凹槽）内。方鬲口部内敛，平折沿上有一周凹槽，两侧有一对附耳，附耳与口沿之间连以小横梁，腹腔略外鼓，四等分，联裆，四蹄足，足内侧各有一个平面。甑口沿下饰一周"C"形无目窃曲纹，腹壁饰一周波曲纹。鬲腹部饰四组简略象面纹，每组纹样皆由二个基本对称的呈方框形凸起的象眼睛与略似象鼻的鬲足组成。腹内壁的一侧面铸有竖款排列的铭文，自右至左二行 5 字，即

虢中（仲）乍（作）

旅獻（甗）。

通高 46.6 厘米，甑口部长边 28.8、短边 20、甑高 26.6、腹深 19.3 厘米；鬲高 23.6、腹深 10 厘米。重 13.25 千克（图五四、五五；彩版三七；彩版三八，2）。

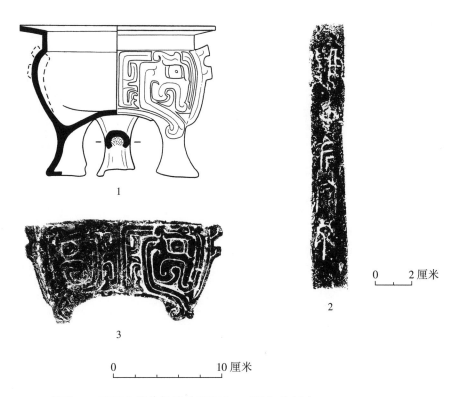

图五二　M2009 虢仲铜鬲（M2009：423）及拓本
1. 虢仲鬲　2. 铭文拓本　3. 腹部纹样拓本

图五三　M2009 虢仲铜鬲（M2009：422）及拓本
1. 虢仲鬲　2. 铭文拓本　3. 腹部纹样拓本

4. 簋

27 件。分为虢仲簋、"S"形窃曲纹簋、重环纹簋、瓦垅纹簋和素面簋五种。

（1）虢仲簋

9 件。出土时除 M2009：652 外，其他器、盖均分置。其中 M2009：653（盖）与 M2009：664（器）合，M2009：704（盖）与 M2009：526（器）合，M2009：662（盖）与 M2009：474（器）合，M2009：663（盖）与 M2009：651（器）合，M2009：610（盖）与 M2009：495（器）合，M2009：744（盖）与 M2009：644（器）合，M2009：743（盖）与 M2009：656（器）合，M2009：745（盖）与 M2009：670（器）合。这九件虢仲簋中，除 M2009：745、M2009：670 外，其他八件簋的形制、大小、纹样及铭文基本相同（彩版三八，1）。簋皆有盖，盖面上隆，顶有喇叭形握手。器身子口微敛，鼓腹略下垂，近平底，腹两侧附龙首形耳，龙长舌向下内弯曲成半环形，耳下有垂珥，圈足下附三个矮支足。握手顶部所饰纹样或窃曲纹，或简易龙首纹，或素面，盖缘与外口沿各饰一周"S"形凸目窃曲纹，盖面与器腹各饰数周瓦垅纹，耳及垂珥两侧面饰阴刻细线纹或卷云纹，握手或饰倒垂鳞纹或素面，圈足饰垂鳞纹，支足的足根饰兽面纹，足下端饰兽爪纹。盖内、器底皆铸有竖款排列的铭文，其内容、字数均相同，但字体、字形、行款略有不同。其中 M2009：664 器底的行款为自左至右，其他均为自右至左二行五字，即：

虢中（仲）乍（作）

旅殷（簋）。

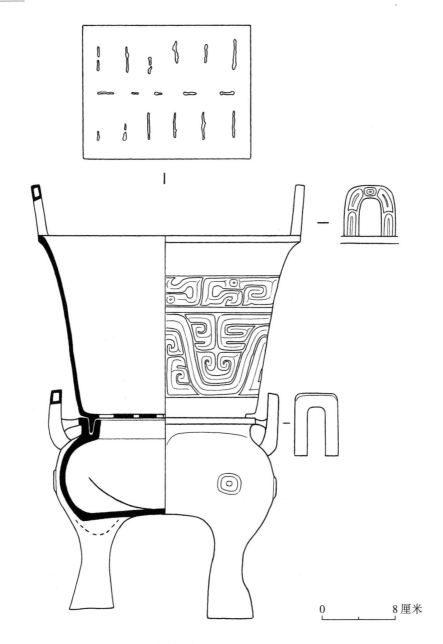

图五四　M2009 虢仲铜方甗（M2009：499、M2009：519）

　　M2009：653、M2009：664，握手顶部饰简易龙首纹。圈足略残。通高 23.4、口径 18.8、腹径 24、腹深 10.3 厘米。重 5.52 千克（图五六、五七；彩版三九）。

　　M2009：704、M2009：526，握手顶部饰一龙首纹，握手饰倒垂鳞纹。通高 24、口径 18.5、腹径 24 、腹深 11.1 厘米。重 5.59 千克（图五八、五九；彩版四〇）。

　　M2009：662、M2009：474，握手顶部饰"S"形平目窃曲纹，握手饰倒垂鳞纹。通高 23.9、口径 20.1、腹径 24.4、腹深 10.8 厘米。重 6.15 千克（图六〇、六一；彩版四一）。

　　M2009：663、M2009：651，握手顶部饰"S"形平目窃曲纹。通高 24、口径 19.8、腹径 24、腹深 10.6 厘米。重 6.2 千克（图六二、六三；彩版四二）。

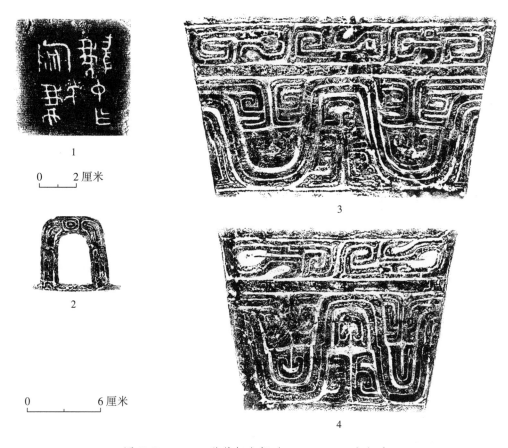

图五五　M2009 虢仲铜方甗（M2009：519）拓本
1. 铭文拓本　2. 耳部纹样拓本　3. 上部正面纹样拓本　4. 上部侧面纹样拓本

　　M2009：610、M2009：495，握手顶部饰 "S" 形平目窃曲纹。通高 24、口径 18.8、腹径 24、腹深 11 厘米。重 6.75 千克（图六四、六五；彩版四三）。

　　M2009：744、M2009：644，盖残（已修复）。握手顶部饰 "S" 形平目窃曲纹。通高 24、口径 18.2、腹径 23.8、腹深 11.2 厘米。重 5.21 千克（图六六、六七；彩版四四）。

　　M2009：652，握手顶部饰 "S" 形窃曲纹。通高 24、口径 19.1、腹径 24.2、腹深 10.6 厘米。重 5.41 千克（图六八、六九；彩版四五）。

　　M2009：743、M2009：656，盖残甚（已修复）。握手顶部饰 "S" 形平目窃曲纹。盖内及器底的铭文均不甚清晰。通高 23.2、口径 20.4、腹径 24.6、腹深 10.2 厘米。重 6.41 千克（图七〇、七一；彩版四六）。

　　M2009：745、M2009：670，器底残，铭文不清晰。握手顶部为素面，盖缘与外口沿各饰一周有珠重环纹，盖面与器腹各饰数周瓦垅纹，耳两侧面饰阴刻细线纹，圈足饰垂鳞纹。其形制、铭文均与上述簋相同，但体形的大小和纹样差异较大。通高 19.4、口径 13、腹径 18.3、腹深 10 厘米。重 3.46 千克（图七二、七三；彩版四七）。

　　（2） "S" 形窃曲纹簋

　　1 件。

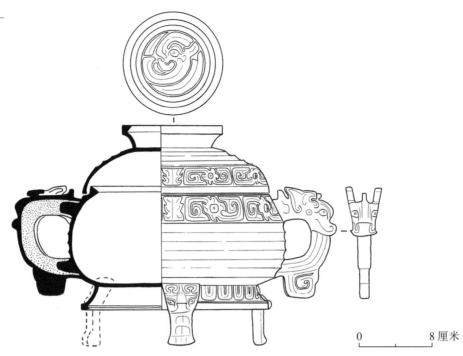

图五六　M2009 虢仲铜簠（M2009 ： 653、M2009 ： 664）

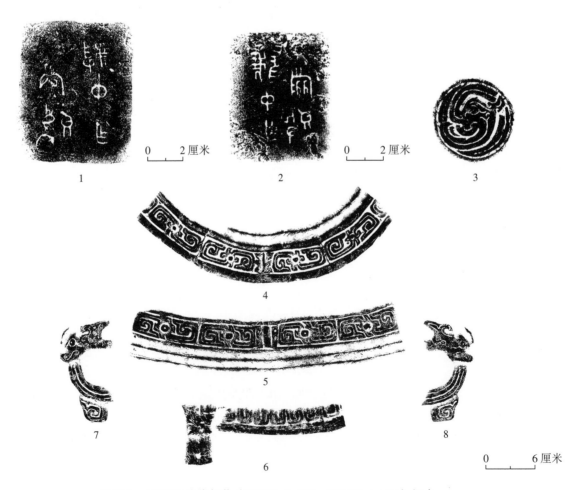

图五七　M2009 虢仲铜簠（M2009 ： 653、M2009 ： 664）拓本

1. 盖铭文拓本　2. 器铭文拓本　3. 握手顶部纹样拓本　4. 盖缘纹样拓本　5. 器口沿纹样拓本　6. 圈足纹样拓本　7. 左耳纹样拓本
8. 右耳纹样拓本

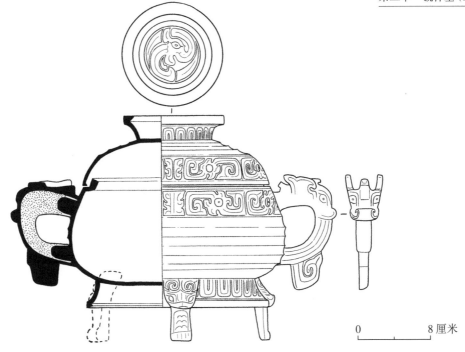

图五八 M2009 虢仲铜簋（M2009：704、M2009：526）

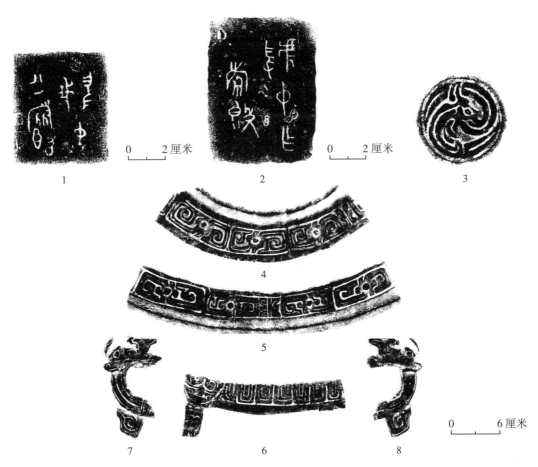

图五九 M2009 虢仲铜簋（M2009：704、M2009：526）拓本

1.盖铭文拓本 2.器铭文拓本 3.握手顶部纹样拓本 4.盖缘纹样拓本 5.器口沿纹样拓本 6.圈足纹样拓本 7.左耳纹样拓本
8.右耳纹样拓本

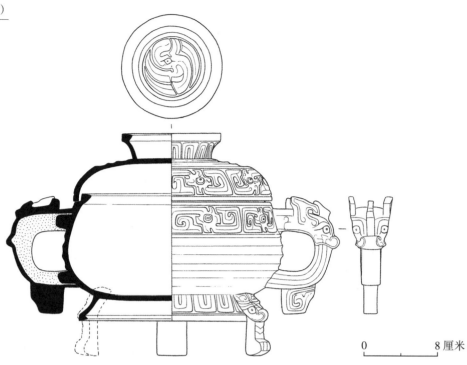

图六〇　M2009 虢仲铜簋（M2009：662、M2009：474）

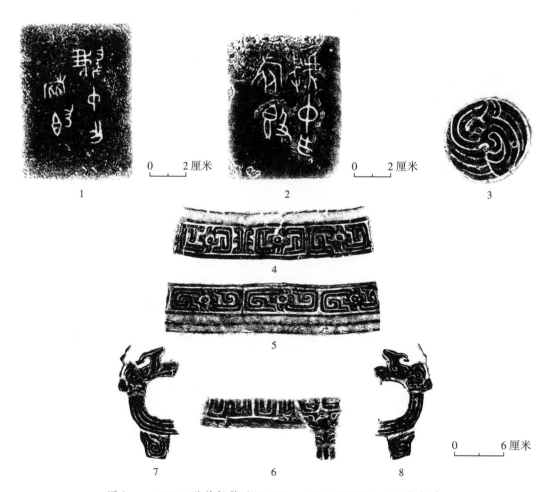

图六一　M2009 虢仲铜簋（M2009：662、M2009：474）拓本

1.盖铭文拓本　2.器铭文拓本　3.握手顶部纹样拓本　4.盖缘纹样拓本　5.器口沿纹样拓本　6.圈足纹样拓本　7.左耳纹样拓本
8.右耳纹样拓本

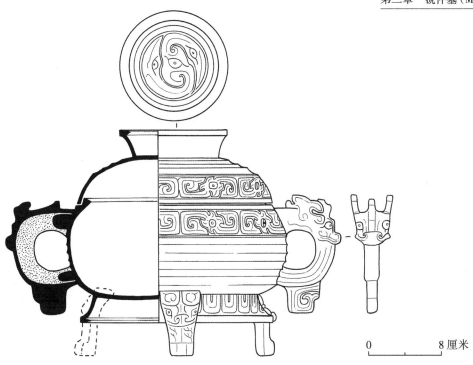

图六二 M2009 虢仲铜簋（M2009：663、M2009：651）

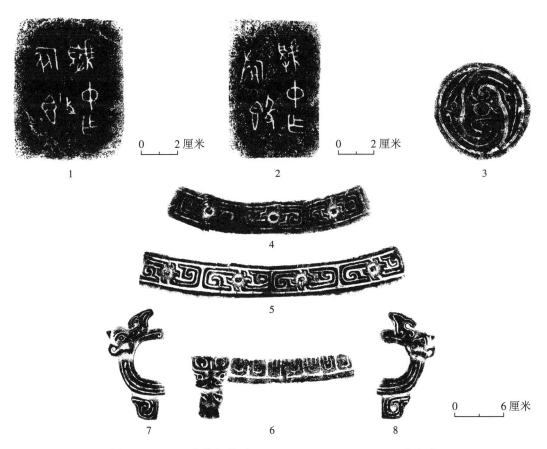

图六三 M2009 虢仲铜簋（M2009：663、M2009：651）拓本

1. 盖铭文拓本　2. 器铭文拓本　3. 握手顶部纹样拓本　4. 盖缘纹样拓本　5. 器口沿纹样拓本　6. 圈足纹样拓本　7. 左耳纹样拓本　8. 右耳纹样拓本

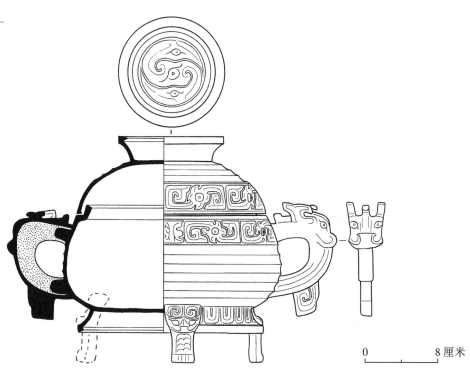

0   8厘米

图六四　M2009 虢仲铜簋（M2009：610、M2009：495）

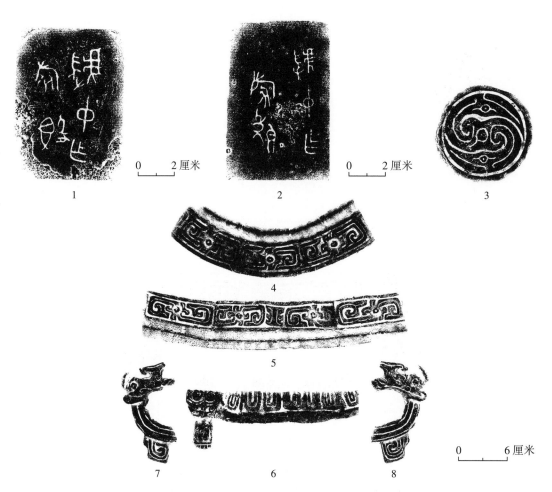

1

0　　2厘米

2

0　　2厘米

3

4

5

7

6

8

0　　　6厘米

图六五　M2009 虢仲铜簋（M2009：610、M2009：495）拓本

1.盖铭文拓本　2.器铭文拓本　3.握手顶部纹样拓本　4.盖缘纹样拓本　5.器口沿纹样拓本　6.圈足纹样拓本　7.左耳纹样拓本

8.右耳纹样拓本

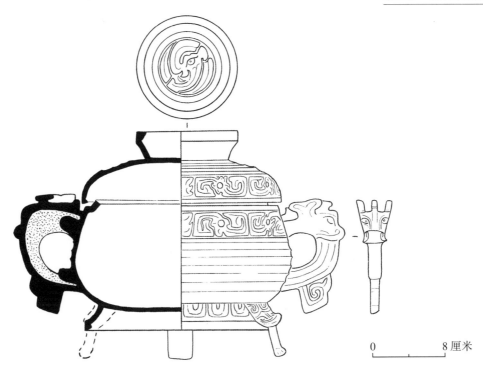

图六六　M2009 虢仲铜簋（M2009：744、M2009：644）

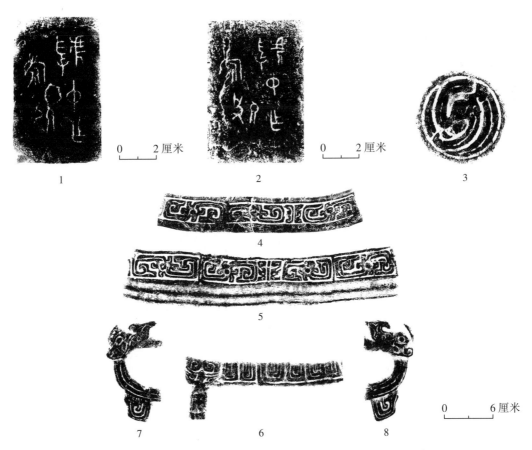

图六七　M2009 虢仲铜簋（M2009：744、M2009：644）拓本

1.盖铭文拓本　2.器铭文拓本　3.握手顶部纹样拓本　4.盖缘纹样拓本　5.器口沿纹样拓本　6.圈足纹样拓本　7.左耳纹样拓本
8.右耳纹样拓本

图六八　M2009 虢仲铜簋（M2009：652）

图六九　M2009 虢仲铜簋（M2009：652）拓本

1. 盖铭文拓本　2. 器铭文拓本　3. 握手顶部纹样拓本　4. 盖缘纹样拓本　5. 器口沿纹样拓本　6. 圈足纹样拓本　7. 左耳纹样拓本
8. 右耳纹样拓本

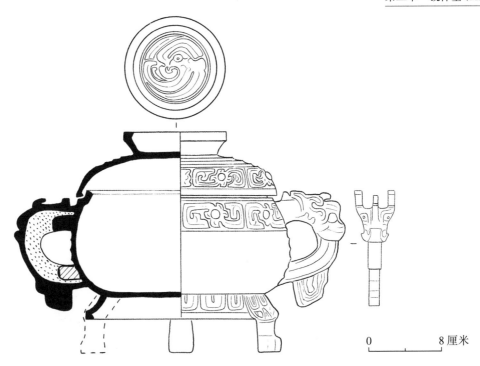

图七〇　M2009 虢仲铜簋（M2009：743、M2009：656）

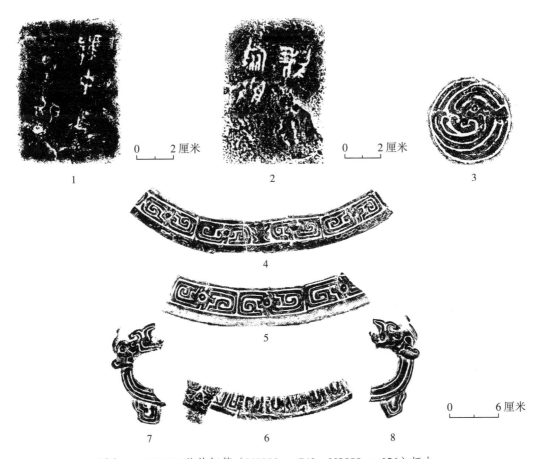

图七一　M2009 虢仲铜簋（M2009：743、M2009：656）拓本

1. 盖铭文拓本　2. 器铭文拓本　3. 握手顶部纹样拓本　4. 盖缘纹样拓本　5. 器口沿纹样拓本　6. 圈足纹样拓本　7. 左耳纹样拓本

8. 右耳纹样拓本

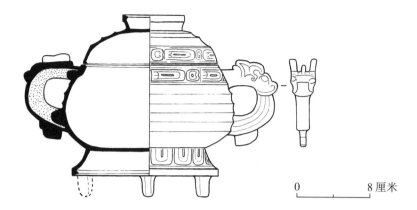

0   8厘米

图七二　M2009 虢仲铜簋（M2009：745、M2009：670）

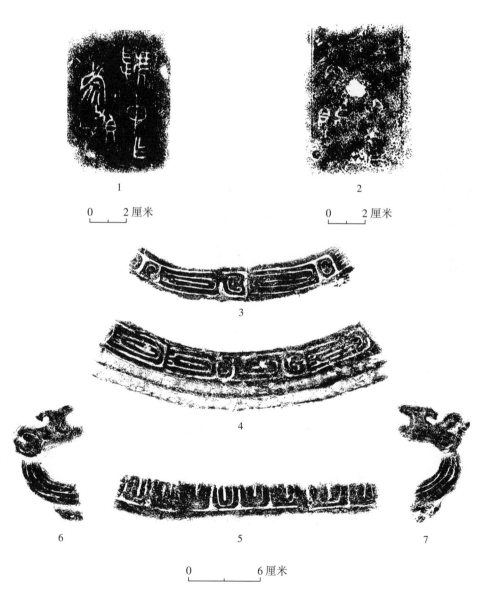

0   2厘米   0   2厘米

0   6厘米

图七三　M2009 虢仲铜簋（M2009：745、M2009：670）拓本

1. 盖铭文拓本　2. 器铭文拓本　3. 盖缘纹样拓本　4. 器口沿纹样拓本　5. 圈足纹样拓本　6. 左耳纹样拓本　7. 右耳纹样拓本

M2009：647，失盖。器身子口微敛，鼓腹略下垂，近平底，腹两侧附龙首形耳，龙长舌向下内弯曲成半环形，耳下有垂珥，圈足下附三个矮支足。口沿饰一周"S"形凸目窃曲纹，器腹饰数周瓦垅纹，耳及垂珥两侧面饰阴刻细线纹或卷云纹，圈足饰火字形卷云纹，支足的足根饰兽面纹，足下端饰兽爪纹。通高18、口径19.2、腹径24.6、腹深11.4厘米。重6.51千克（图七四；彩版四八，1）。

（3）重环纹簋

15件。除M2009：487（盖）与M2009：468（器）二者相合为一件实用器外，其余皆为明器。明器簋的器盖与器身浑铸为一体，盖面上隆，顶有喇叭形握手，鼓腹，耳或作龙首形，或作兽首形，或作半环状，无底，圈足，有的圈足下附三个扁支足。器上所饰主体纹样均为重环纹。

M2009：487、M2009：468，器上有盖。盖顶有喇叭形握手。器身子口微敛，鼓腹略下垂，近平底，腹两侧附龙首形耳，龙长舌向下内弯曲成半环形，圈足下附三个扁支足。盖缘饰一周有珠重环纹，器外口沿饰一周无珠重环纹，器腹饰数周瓦垅纹，圈足饰一周垂鳞纹。通高16.8、口径14、腹径15、腹深7.8厘米。重2.27千克（图七五；彩版四八，2）。

M2009：471，耳作龙首形，龙长舌向下内弯曲成半环形，耳下有垂珥，圈足下附三个扁支足。

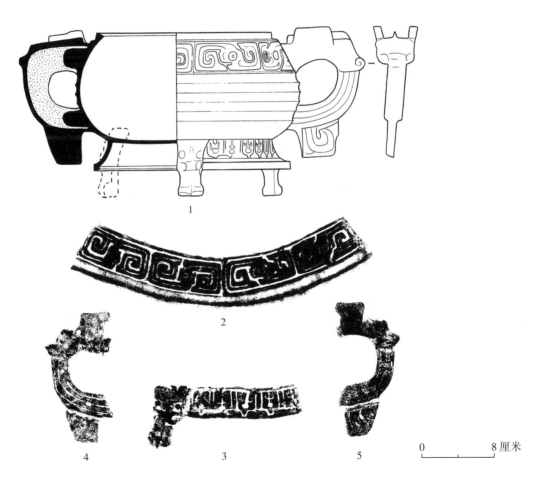

图七四　M2009 "S" 形窃曲纹铜簋（M2009：647）及拓本
1. "S" 形窃曲纹簋　2. 器口沿纹样拓本　3. 圈足纹样拓本　4. 左耳纹样拓本　5. 右耳纹样拓本

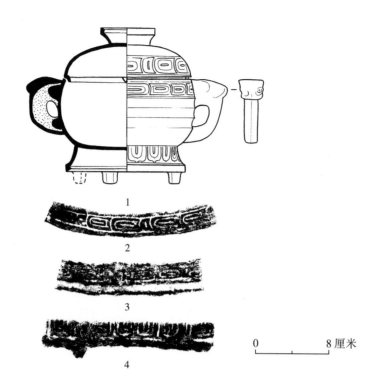

图七五　M2009 重环纹铜簋（M2009：487、M2009：468）及拓本
1. 重环纹簋　2. 盖缘纹样拓本　3. 器口沿纹样拓本　4. 圈足纹样拓本

盖缘与器外口沿各饰一周无珠重环纹，盖面与器腹各饰数周瓦垅纹，耳两侧面饰阴刻细线纹，垂珥饰卷云纹。通高 20.2、腹径 23.2 厘米。重 4.42 千克（图七六；彩版四九，1）。

M2009：473，耳作龙首形，龙长舌向下内弯曲成半环形，耳下有垂珥，圈足下附三个扁支足。盖缘与器外口沿各饰一周无珠重环纹，盖面与器腹各饰数周瓦垅纹，耳两侧面饰阴刻细线纹，垂珥饰卷云纹。通高 20、腹径 22.8 厘米。重 4.12 千克（图七七；彩版四九，2）。

M2009：485，一支足残缺。耳作龙首形，龙长舌向下内弯曲成半环形，耳下有垂珥，圈足下附三个扁支足。盖缘与器外口沿各饰一周无珠重环纹，盖面与器腹各饰数周瓦垅纹，耳两侧面饰阴刻细线纹，垂珥饰卷云纹。通高 20、腹径 24.6 厘米。重 3.27 千克（图七八；彩版五〇，1）。

M2009：481，一支足残缺。耳作龙首形，龙长舌向下内弯曲成半环形，耳下有垂珥，圈足下附三个扁支足。盖缘与器外口沿各饰一周无珠重环纹，盖面与器腹各饰数周瓦垅纹，耳两侧面饰阴刻细线纹。通高 19.4、腹径 23.3 厘米。重 3.58 千克（图七九；彩版五〇，2）。

M2009：709，龙首形半环状耳，龙首上有螺旋角，圈足下附三个扁支足。盖缘与器外口沿各饰一周有珠重环纹，盖面与器腹各饰数周瓦垅纹，圈足有垂鳞纹。通高 17.1、腹径 20 厘米。重 3.41 千克（图八〇；彩版五一，1）。

M2009：482，兽首形半环状耳，圈足下附三个扁支足。握手顶部饰 "S" 形窃曲纹，盖缘与器外口沿各饰一周有珠重环纹，耳侧饰无珠重环纹，器腹饰数周瓦垅纹，圈足有垂鳞纹。通高 16.2、腹径 16 厘米。重 1.72 千克（图八一；彩版五一，2）。

M2009：527，二支足残缺。简易兽首形半环状耳，圈足下附三个扁支足。盖缘与器外口沿

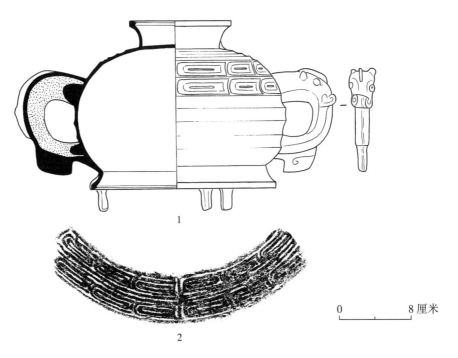

0   8厘米

图七六　M2009重环纹铜簋（M2009：471）（明器）及拓本
1. 重环纹簋　2. 盖缘与沿下纹样拓本

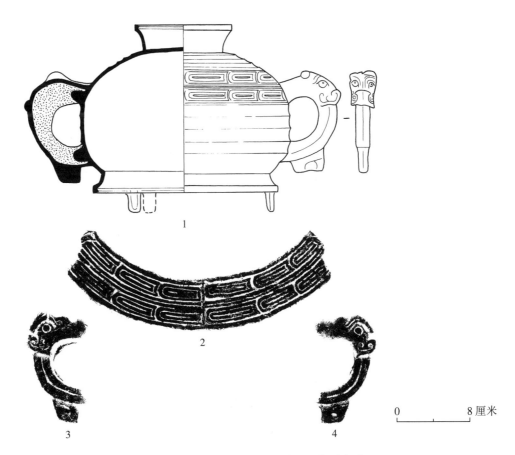

0   8厘米

图七七　M2009重环纹铜簋（M2009：473）（明器）及拓本
1. 重环纹簋　2. 盖缘与沿下纹样拓本　3. 左耳纹样拓本　4. 右耳纹样拓本

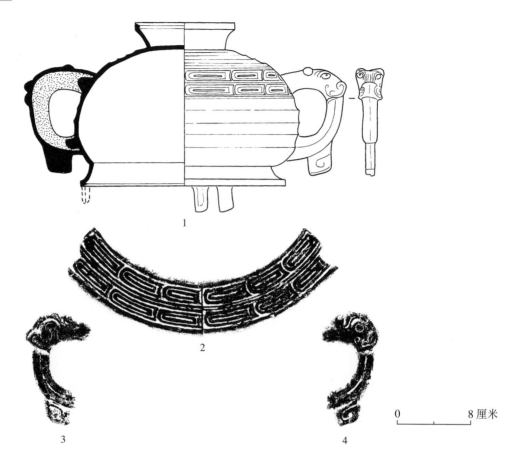

1

2

3   4

0 _____ 8 厘米

图七八　M2009 重环纹铜簋（M2009：485）（明器）及拓本
1. 重环纹簋　2. 盖缘与沿下纹样拓本　3. 左耳纹样拓本　4. 右耳纹样拓本

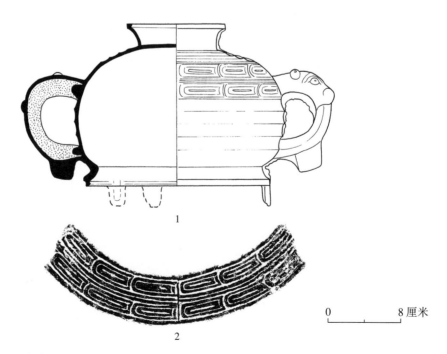

1

2

0 _____ 8 厘米

图七九　M2009 重环纹铜簋（M2009：481）（明器）及拓本
1. 重环纹簋　2. 盖缘与沿下纹样拓本

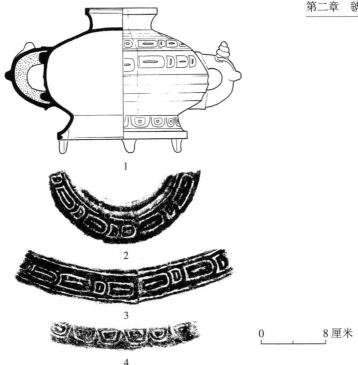

图八〇　M2009 重环纹铜簠（M2009：709）（明器）及拓本

1.重环纹簠　2.盖缘纹样拓本　3.器口沿纹样拓本　4.圈足纹样拓本

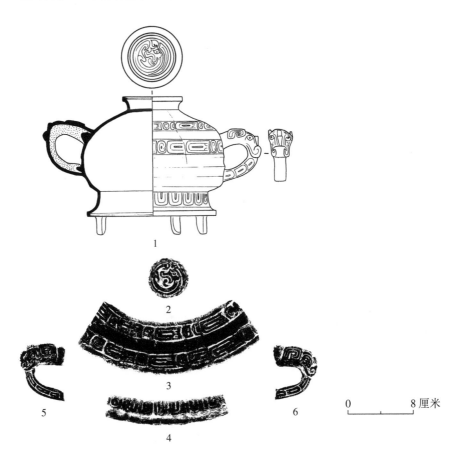

图八一　M2009 重环纹铜簠（M2009：482）（明器）及拓本

1.重环纹簠　2.握手顶部纹样拓本　3.盖缘与沿下纹样拓本　4.圈足纹样拓本　5.左耳纹样拓本　6.右耳纹样拓本

各饰一周无珠重环纹，盖面与器腹饰数周瓦垅纹。通高 16.6、腹径 16.2 厘米。重 1.81 千克（图八二，1、2；彩版五二，1）。

M2009：472，简易兽首形半环状耳，圈足下附三个矮支足。盖缘与器外口沿各饰一周无珠重环纹，器腹饰数周瓦垅纹。通高 14、腹径 17 厘米。重 2.85 千克（图八二，3～5；彩版五二，2）。

M2009：545，器一侧耳部略残。简易兽首形半环状耳，圈足下附三个扁支足。口沿外饰一周无珠重环纹。通高 14.6、腹径 13 厘米。重 1.28 千克（图八三，1、2；彩版五三，1）。

M2009：480，耳部残缺。半环状耳，圈足下附三个扁支足。盖缘饰一周有珠重环纹，圈足有垂鳞纹。通高 13.3、腹径 12.4 厘米。重 2.17 千克（图八三，3～5；彩版五三，2）。

M2009：497，器一侧的耳部残缺。半环状耳，圈足下附三个扁支足。盖缘与口沿外各饰一周有珠重环纹，圈足有垂鳞纹。通高 13.3、腹径 12.9 厘米。重 1.16 千克（图八四，1、2；彩版五四，1）。

M2009：620，半环状耳，圈足下附三个矮支足。口沿外饰一周无珠重环纹，下部饰数周瓦垅纹。通高 11、腹径 12.8 厘米。重 1.84 千克（图八四，3、4；彩版五四，2）。

M2009：674，斜角环形耳，圈足下附三个矮支足。口沿外饰一周无珠重环纹。通高 11、腹径 11.8 厘米。重 1.17 千克（图八五，1、2；彩版五五，1）。

M2009：540，圈足残甚。半环状耳，无支足。口沿外饰一周无珠重环纹，腹部饰数周瓦垅纹。通高 10.2、腹径 13.3 厘米。重 1.5 千克（图八五，3、4；彩版五五，2）。

（4）瓦垅纹簠（明器）

1 件。

M2009：568，盖与器浑铸为一体。顶部有瓶塞状握手，腹部两侧有对称的简易龙首半环状耳，无底，圈足下附三个扁支足。腹部饰数周瓦垅纹。器腔体内实范土。通高 13.4、腹径 14 厘米。重 1.16 千克（图八六，1；彩版五六，1）。

（5）素面簠（明器）

1 件。

M2009：634，残甚。盖与器浑铸为一体。顶部有瓶塞状握手，鼓腹两侧有对称的近方形半环状耳，无底，圈足下附三个扁支足。器腔体内实范土。通高 13.7、腹径 13.8 厘米。重 1.3 千克（图八六，2；彩版五六，2）。

5. 虢仲盨

4 件。大小、形制、纹样及铭文均基本相同（彩版五七）。皆有盖，盖口呈椭长方形，盖面向上隆起，顶部有四个扁体支钮。器身子口微敛，薄方唇，腹壁略外鼓，两侧有一对龙首耳，龙舌向下向内弯曲作半环形，底近平。圈足的前后两边中部各有一个横梯形豁口。盖顶中部饰一组相向的曲体龙纹，支钮正、背面各饰一曲体龙纹；盖缘与器口沿各饰一周逆向"S"形凸目窃曲纹，并各在其纹样之间间以二个前后相对称的变形牛面纹；盖面与器腹各饰数周瓦垅纹，圈足上饰一周"S"形无目窃曲纹。盖内、器底同作竖款排列的铭文，内容相同，字数、字形大致相同，但字体略有不同。均自右向左共三行 13 字或三行 14 字（重文不同），即：

虢中（仲）乍（作）虢

妃宝盨，子＝

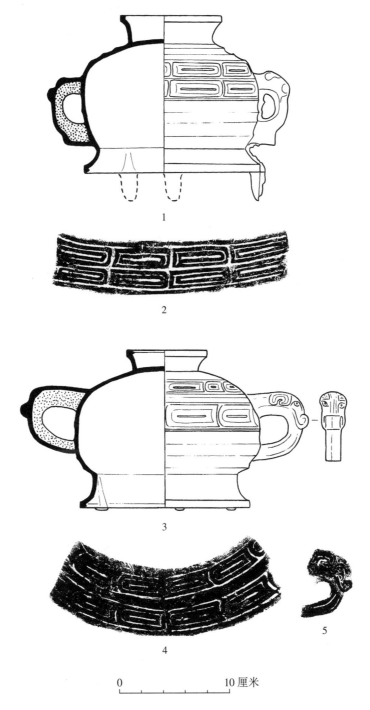

图八二　M2009 重环纹铜簋（明器）及拓本

1. 重环纹簋（M2009：527）　2. 重环纹簋（M2009：527）盖缘与沿下纹样拓本　3. 重环纹簋（M2009：472）
4. 重环纹簋（M2009：472）盖缘与沿下纹样拓本　5. 重环纹簋（M2009：472）耳部纹样拓本

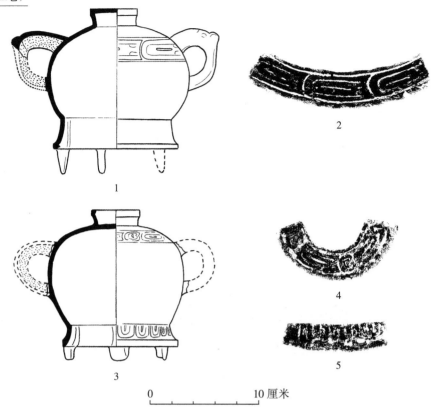

0   10 厘米

图八三   M2009 重环纹铜簠（明器）及拓本

1. 重环纹簠（M2009：545）　2. 重环纹簠（M2009：545）沿下纹样拓本　3. 重环纹簠（M2009：480）
4. 重环纹簠（M2009：480）盖缘纹样拓本　5. 重环纹簠（M2009：480）圈足纹样拓本

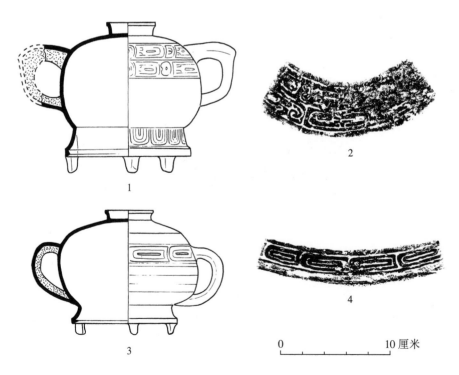

0   10 厘米

图八四   M2009 重环纹铜簠（明器）及拓本

1. 重环纹簠（M2009：497）　2. 重环纹簠（M2009：497）盖缘与沿下纹样拓本　3. 重环纹簠（M2009：620）
4. 重环纹簠（M2009：620）沿下纹样拓本

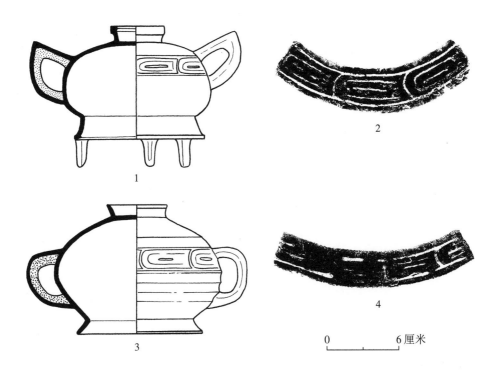

图八五　M2009 重环纹铜簋（明器）及拓本

1. 重环纹簋（M2009 ：674）　2. 重环纹簋（M2009 ：674）沿下纹样拓本　3. 重环纹簋（M2009 ：540）
4. 重环纹簋（M2009 ：540）沿下纹样拓本

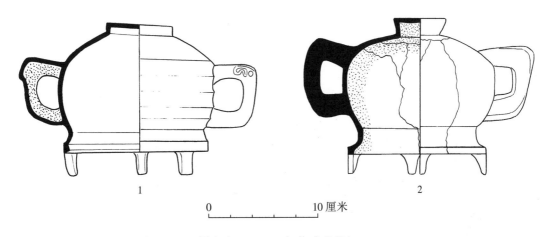

图八六　M2009 铜簋（明器）

1. 瓦垅纹簋（M2009 ：568）　2. 素面簋（M2009 ：634）

孙 = 永宝用。

M2009：491，通高 23.6、口长 30.6、口宽 20.4、腹深 11.8 厘米。重 8.84 千克（图八七～九〇；彩版五八；彩版五九，1、2）。

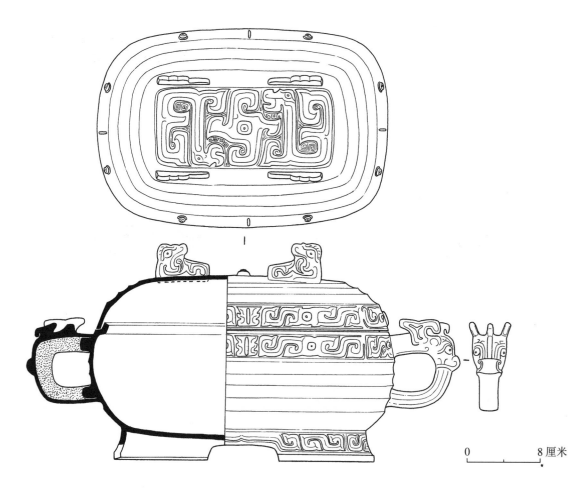

图八七　M2009 虢仲铜盨（M2009：491）

图八八　M2009 虢仲铜盨（M2009：491）拓本

0 —— 3厘米

1　　　　　　　2

图八九　M2009 虢仲铜盨（M2009：491）拓本
1. 盖铭文拓本　2. 器铭文拓本

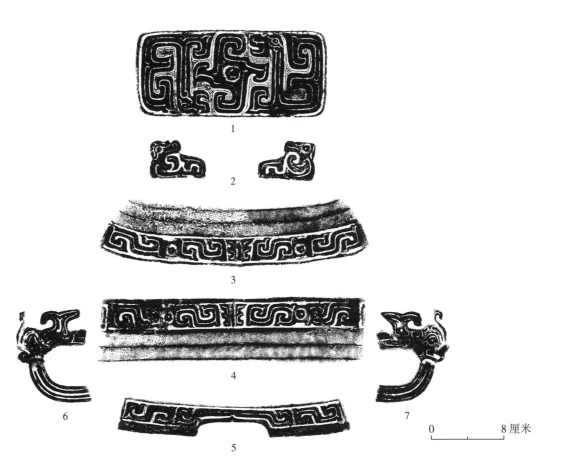

1

2

3

4

6　　　　　　　5　　　　　　　7

0 —— 8厘米

图九〇　M2009 虢仲铜盨（M2009：491）拓本
1. 盖顶纹样拓本　2. 支钮纹样拓本　3. 盖缘纹样拓本　4. 器口沿纹样拓本　5. 圈足纹样拓本　6. 左耳纹样拓本　7. 右耳纹样拓本

M2009：492，通高23.6、口长30.6、口宽21、腹深11.8厘米。重8.65千克（图九一～九四；彩版五九，3、4；彩版六〇）。

M2009：427，通高23.3、口长30.2、口宽20.7、腹深11.6厘米。重8.96千克（图九五～九七；彩版六一；彩版六二，1、2）。

M2009：503，通高23.8、口长30.4、口宽20.8、腹深11.6厘米。重8.49千克（图九八～一〇〇；彩版六二，3、4；彩版六三）。

6.虢仲𠤳（簠）

4件。大小、形制、纹样与铭文基本相同（彩版六四）。器盖与器身相同，均为长方形。敞口，窄平折沿，厚方唇，斜直壁下收，两侧腹壁上有一对兽首形半环状耳，平底，圈足（器盖称围栏式握手）的前、后及两侧面各有一横梯形或半圆形豁口。口沿下饰一周无珠重环纹，腹壁四面各饰一组背向对称的长鼻曲体龙纹，圈足饰简易勾连云纹，底部饰"S"形凸目窃曲纹。盖内、器底同作竖款排列的铭文，内容、字数均相同，但字体、字形略有不同。皆自右至左共二行5字，即：

虢中（仲）乍（作）

旅𠤳。

M2009：496，通高17.2、口部长边29.4、口部短边23.8、腹深5.5厘米。重4.66千克（图一〇一～一〇三；彩版六五）。

M2009：500，通高17、口部长边29.3、口部短边23.7、腹深5.6厘米。重3.98千克（图一〇四～一〇六；彩版六六）。

M2009：501，通高17.3、口部长边29.3、口部短边23.6、腹深5.8厘米。重4.69千克（图一〇七～一〇九；彩版六七）。

M2009：522，器底略残，铭文不太清晰。通高17.5、口部长边29.4、口部短边23.8、腹深5.5厘米。重4.78千克（图一一〇～一一二；彩版六八）。

7.虢仲甫（铺）

2件。大小、形制、纹样及铭文均基本相同。浅盘，直口，平折沿，方唇，腹壁近直，浅圜底，矮粗柄，喇叭形圈足。盘腹饰一周有珠重环纹，柄部凸箍饰一周无珠重环纹，柄部饰镂孔垂鳞纹，圈足饰镂孔波曲纹。在甫盘的底部均铸有竖款排列的铭文，其内容、字数均相同，但字体、字形略有不同。自右至左共二行5字，即：

虢中（仲）乍（作）

旅甫（铺）。

M2009：520，通高14.4、盘口径22.9、盘深3.9、圈足直径15.6厘米。重2.04千克（图一一三；彩版六九）。

M2009：521，通高14.5、盘口径22.6、盘深4、圈足直径15.7厘米。重2.43千克（图一一四；彩版七〇）。

8.虢仲圆壶

2件。形制、纹样均基本相同，大小略有不同。上有盖，盖顶有喇叭形握手，深子口。器身为母口略外敞，长束颈，颈部附一对半环形龙首耳，龙舌下弯衔一圆形环，垂腹，近平底，圈足。

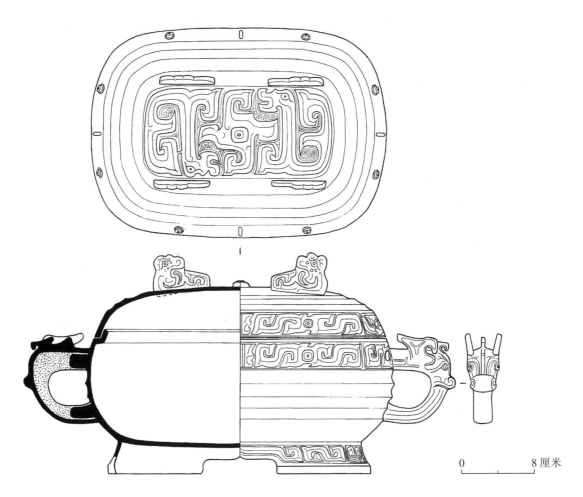

图九一　M2009 虢仲铜瑚（M2009：492）

图九二　M2009 虢仲铜瑚（M2009：492）拓本

1 2

图九三 M2009 虢仲铜盨（M2009：492）拓本
1.盖铭文拓本 2.器铭文拓本

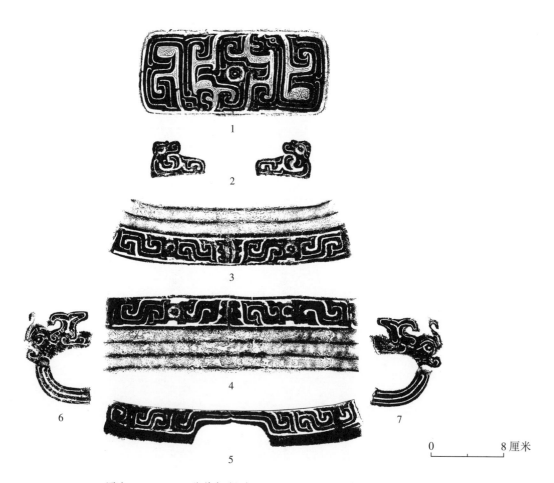

图九四 M2009 虢仲铜盨（M2009：492）拓本
1.盖顶纹样拓本 2.支钮纹样拓本 3.盖缘纹样拓本 4.器口沿纹样拓本 5.圈足纹样拓本 6.左耳纹样拓本 7.右耳纹样拓本

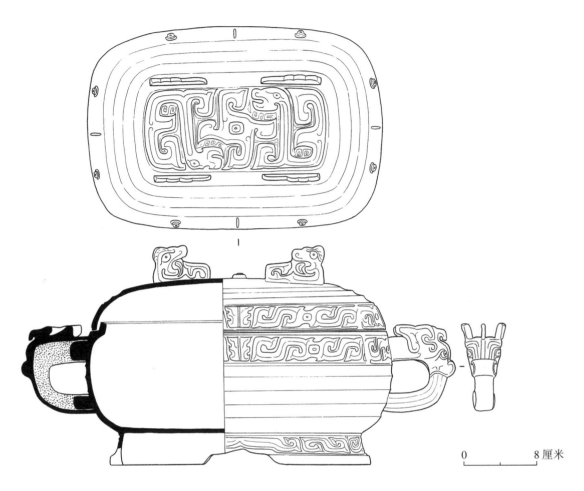

图九五 M2009 虢仲铜盨（M2009：427）

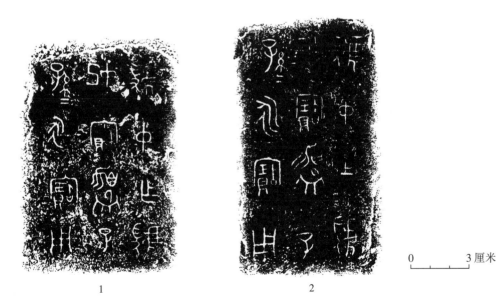

1　　　　　　　　　　2

图九六 M2009 虢仲铜盨（M2009：427）拓本
1. 盖铭文拓本 2. 器铭文拓本

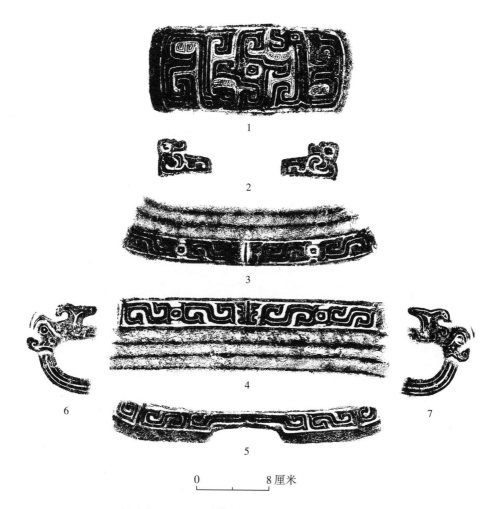

0 ———— 8厘米

图九七　M2009 虢仲铜瑚（M2009：427）拓本

1.盖顶纹样拓本　2.支钮纹样拓本　3.盖缘纹样拓本　4.器口沿纹样拓本　5.圈足纹样拓本　6.左耳纹样拓本　7.右耳纹样拓本

盖握手顶部饰三条龙纹，握手与圈足饰垂鳞纹，盖缘与颈下部各饰一周"S"形凸目窃曲纹，颈上部饰波曲纹，龙首耳所衔扁环的正面饰一周凸弦纹，上腹部饰一周无珠重环纹，下腹部分饰二周"S"形无目窃曲纹，腹部纹样之间界以瓦垅纹。在盖口外与颈部内壁均铸有竖款排列的铭文，其内容、字数均相同，但字体、字形略有不同。自右至左共二行5字，即：

　　　　虢中（仲）乍（作）

　　　　旅壶。

　　M2009：425，通高35.7、盖高11.85、口径12.9、腹径21.3、圈足直径18.2厘米。重6.72千克（图一一五～一一七；彩版七一；彩版七二，1、2）。

　　M2009：426，通高38.8、盖高9.5、口径14、腹径23、圈足直径19.6厘米。重7.57千克（图一一八～一二○；彩版七二，3、4；彩版七三）。

　　9.方壶

　　5件。可分为虢仲方壶、重环纹方壶、素面方壶三种。前一种为实用器，后二种为明器。

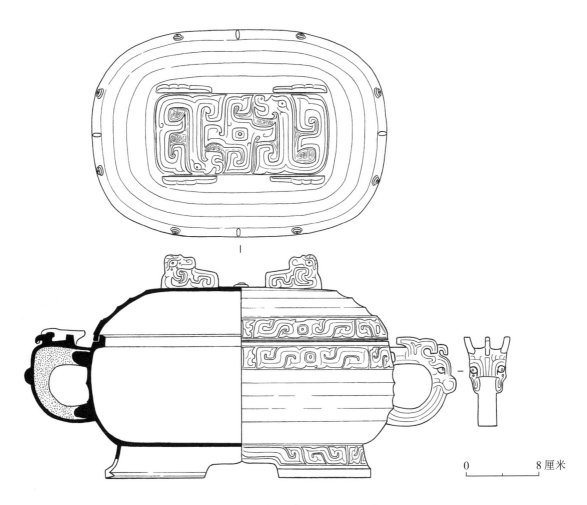

0   8厘米

图九八　M2009 虢仲铜盨（M2009：503）

0   3厘米

图九九　M2009 虢仲铜盨（M2009：503）拓本
1.盖铭文拓本　2.器铭文拓本

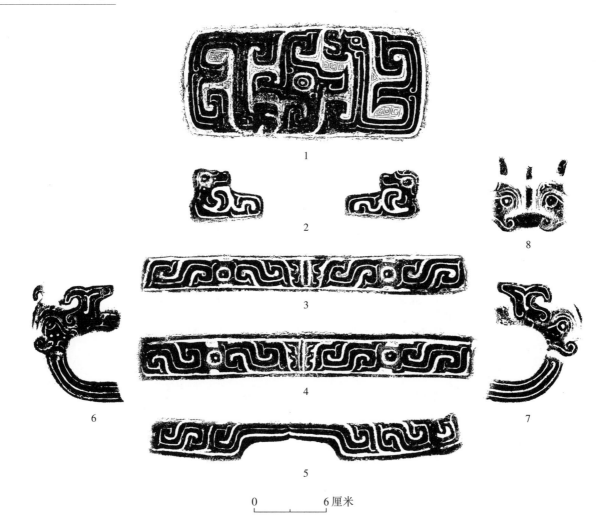

图一○○　M2009 虢仲铜罍（M2009：503）拓本

1. 盖顶纹样拓本　2. 支钮纹样拓本　3. 盖缘纹样拓本　4. 器口沿纹样拓本　5. 圈足纹样拓本　6. 左耳纹样拓本　7. 右耳纹样拓本
8. 右耳正面纹样拓本

（1）虢仲方壶

2件。大小、形制、纹样及铭文均基本相同，其中一件方壶的盖（M2009：659）与器（M2009：665）在入葬时分置。上有盖，盖顶有长方形握手，深子口。器身为母口略外敞，方唇，长颈，颈部附一对长鼻龙首耳，龙舌下弯衔一圆形扁体环，垂腹，近平底，高圈足。握手顶部或饰窃曲纹或饰卷云纹，握手饰一周窃曲纹，盖面与颈部各饰一周波曲纹，龙首耳所衔扁环的正面饰一周凸弦纹，上、下腹部各饰二组以细雷纹作地纹的前垂冠凸目凤鸟纹，在上腹部者昂首相对，在下腹部者回首相背。在这四组凤鸟纹之间界以条带状凸栏线与菱形或三角形凸饰。圈足饰斜角"C"形无目窃曲纹。盖口外与颈部内壁均铸有竖款排列的铭文，其内容、字数相同，字体、字形略有不同。自左向右或自右至左共二行5字，即：

虢中（仲）乍（作）

旅壶。

M2009：659（盖）、M2009：665（器），握手顶部饰以细雷纹衬地的"S"形凸目窃曲

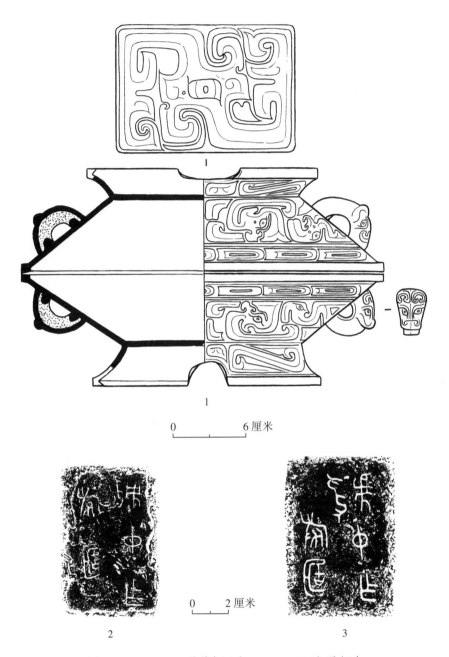

0 _____ 6厘米

0 __ 2厘米

2　　　　　　　　　　　　3

图一〇一　M2009 虢仲铜匜（M2009：496）及拓本
1. 虢仲匜　2. 盖铭文拓本　3. 器铭文拓本

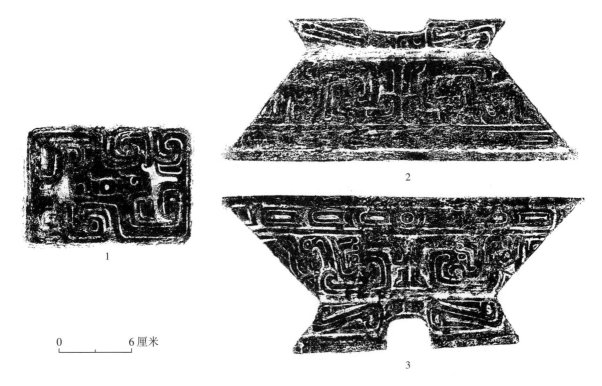

0   6厘米

图一〇二 M2009 虢仲铜匜（M2009：496）拓本
1. 盖顶纹样拓本 2. 盖身正面纹样拓本 3. 器身正面纹样拓本

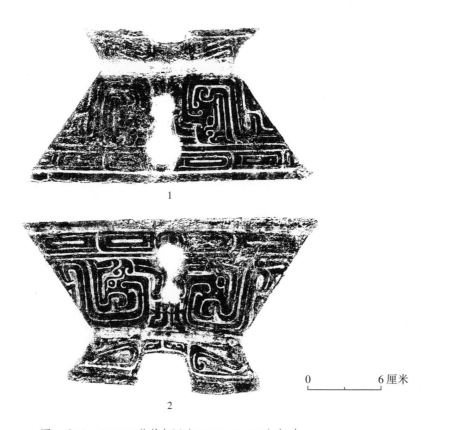

0   6厘米

图一〇三 M2009 虢仲铜匜（M2009：496）拓本
1. 盖身侧面纹样拓本 2. 器身侧面纹样拓本

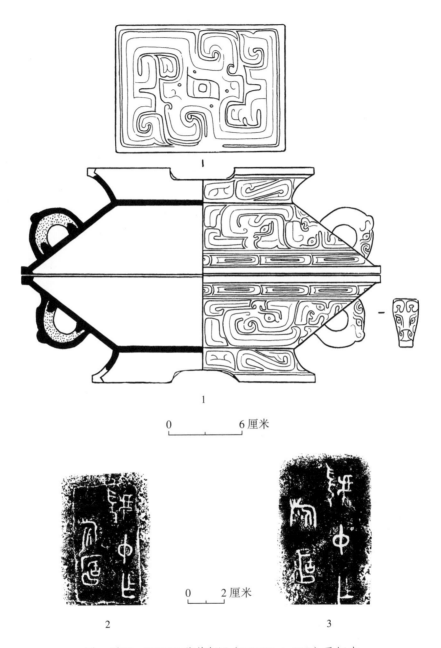

0 ————— 6厘米

2 ——— 3

0 —— 2厘米

图一〇四　M2009 虢仲铜匜（M2009：500）及拓本

1.虢仲匜　2.盖铭文拓本　3.器铭文拓本

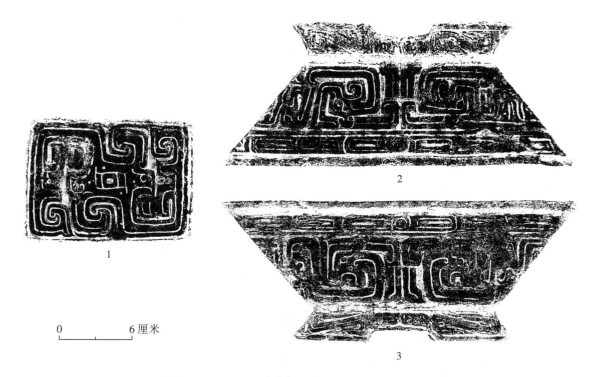

0 6厘米

图一〇五　M2009 虢仲铜匜（M2009 ： 500）拓本
1. 盖顶纹样拓本　2. 盖身正面纹样拓本　3. 器身正面纹样拓本

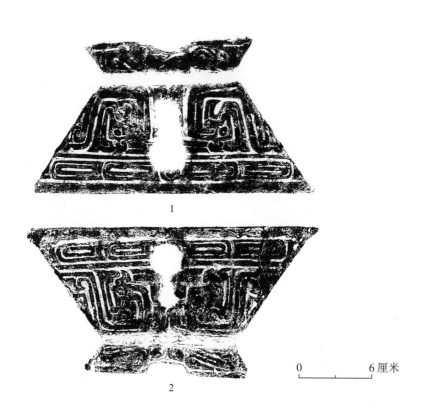

0 6厘米

图一〇六　M2009 虢仲铜匜（M2009 ： 500）拓本
1. 盖身侧面纹样拓本　2. 器身侧面纹样拓本

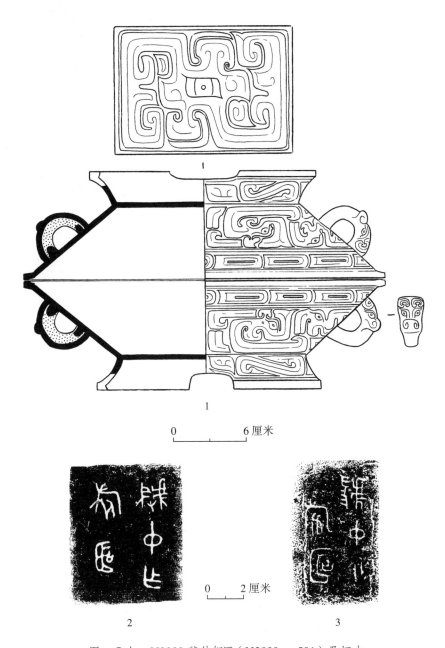

图一〇七　M2009 虢仲铜匜（M2009 : 501）及拓本
1. 虢仲匜　2. 盖铭文拓本　3. 器铭文拓本

0 ____ 6厘米

图一〇八　M2009 虢仲铜匜（M2009：501）拓本
1.盖顶纹样拓本　2.盖身正面纹样拓本　3.器身正面纹样拓本

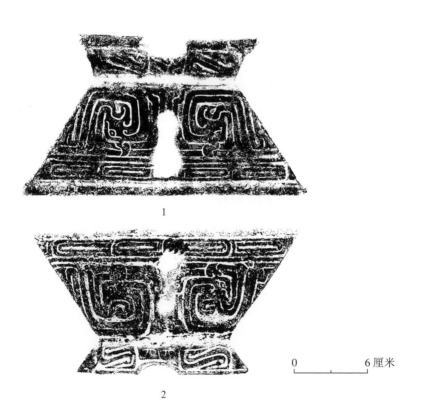

0 ____ 6厘米

图一〇九　M2009 虢仲铜匜（M2009：501）拓本
1.盖身侧面纹样拓本　2.器身侧面纹样拓本

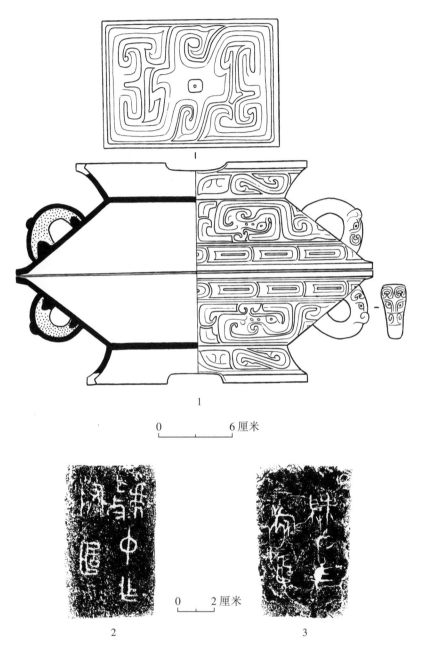

图一一〇　M2009 虢仲铜匜（M2009：522）及拓本
1.虢仲匜　2.盖铭文拓本　3.器铭文拓本

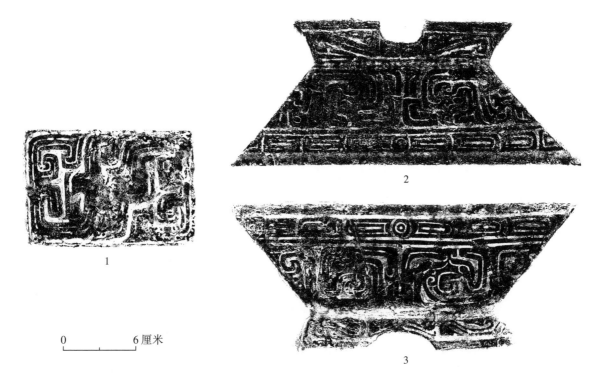

图一一一　M2009 虢仲铜匜（M2009：522）拓本
1. 盖顶纹样拓本　2. 盖身正面纹样拓本　3. 器身正面纹样拓本

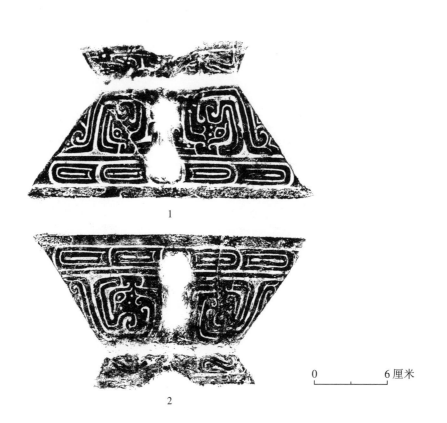

图一一二　M2009 虢仲铜匜（M2009：522）拓本
1. 盖身侧面纹样拓本　2. 器身侧面纹样拓本

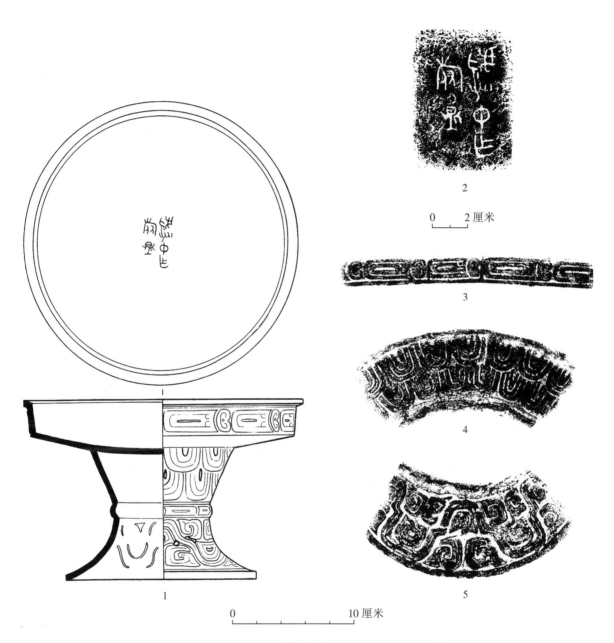

图一一三 M2009 虢仲铜甫（M2009：520）及拓本
1.虢仲甫 2.铭文拓本 3.盘腹部纹样拓本 4.柄上部纹样拓本 5.圈足纹样拓本

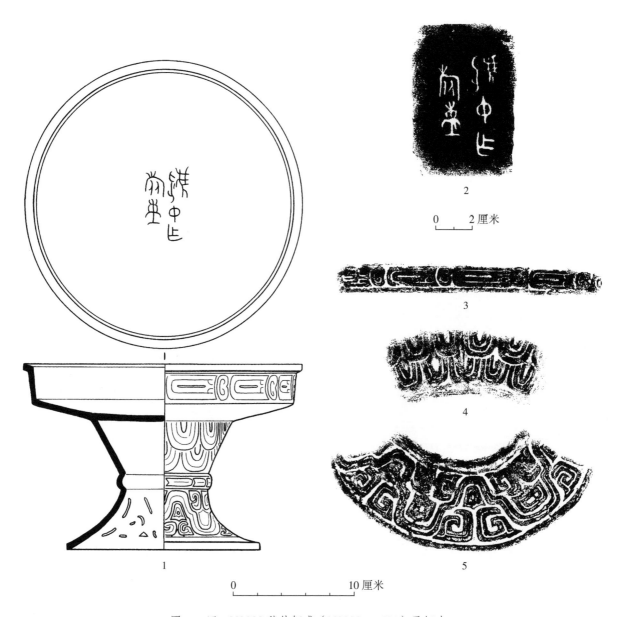

图一一四　M2009 虢仲铜甫（M2009：521）及拓本
1. 虢仲甫　2. 铭文拓本　3. 盘腹部纹样拓本　4. 柄上部纹样拓本　5. 圈足纹样拓本

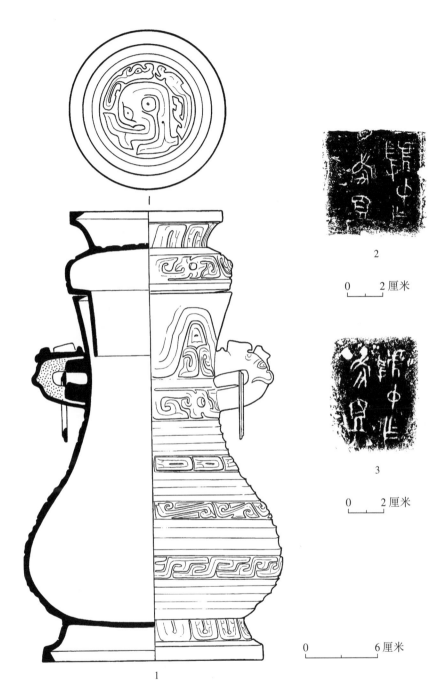

2

0　　2厘米

3

0　　2厘米

1

0　　6厘米

图一一五　M2009 虢仲铜圆壶（M2009：425）及拓本
1.虢仲圆壶　2.盖铭文拓本　3.器铭文拓本

0 _____ 6厘米

图一一六　M2009 虢仲铜圆壶（M2009：425）拓本

纹，握手饰斜角"C"形平目窃曲纹。盖、器内壁的铭文行款均为自右向左。通高 47.8、口长 16.6、口宽 12、腹长 28、腹宽 22.8、圈足长 23.2、圈足宽 16.3 厘米。重 12.47 千克（图一二一、一二二；彩版七四；彩版七五，1、2）。

M2009：672，握手顶部以椭方形凸饰为中心饰卷云纹，握手饰一周"S"形平目窃曲纹。盖铭文的行款为自左向右，器内壁的行款为自右向左。通高 48、口长 17、口宽 12.1、腹长 28.7、腹宽 20、圈足长 23.2、圈足宽 16.7 厘米。重 10.85 千克（图一二三、一二四；彩版七五，3、4；彩版七六）。

（2）重环纹方壶（明器）

1 件。

M2009：488，耳部残缺。器盖与器身浑铸为一体。盖顶有长方形握手，长颈，垂腹，无底，高圈足。盖缘与颈部各饰一周无珠重环纹。通高 20.3、腹长 12.8、腹宽 8、圈足长 13、圈足宽 8 厘米。重 1.86 千克（图一二五；彩版七七，1）。

0 _____ 8厘米

图一一七　M2009 虢仲铜圆壶（M2009：425）拓本

1. 盖顶纹样拓本　2. 盖握手纹样拓本　3. 盖口沿纹样拓本　4. 颈上部纹样拓本　5. 颈下部纹样拓本　6. 腹上部纹样拓本
7. 腹中部纹样拓本　8. 腹下部纹样拓本　9. 圈足纹样拓本　10. 左耳纹样拓本　11. 右耳纹样拓本

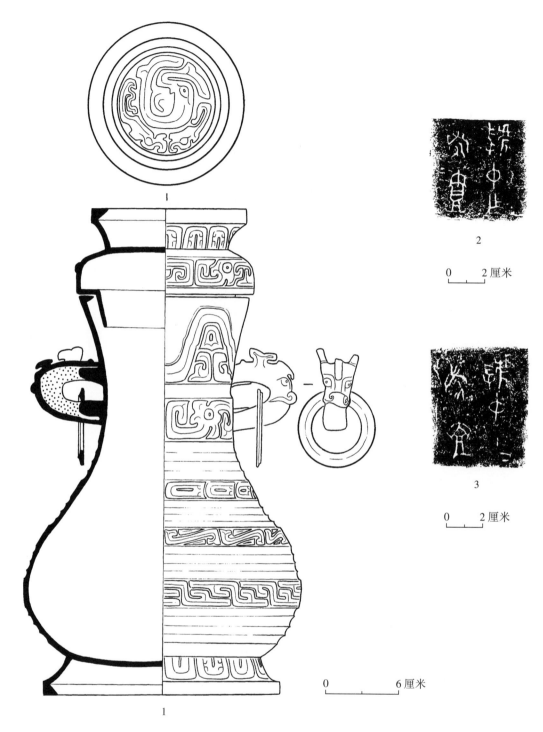

图一一八 M2009 虢仲铜圆壶（M2009：426）及拓本
1.虢仲圆壶 2.盖铭文拓本 3.器铭文拓本

0 ⊢─────┴─────┤ 6厘米

图一一九 M2009 虢仲铜圆壶（M2009：426）正面拓本

（3）素面方壶（明器）

2件。大小、形制基本相同。器盖与器身浑铸为一体。盖顶有长方形握手，颈部两侧有对称的竖向扁钮，垂腹外鼓，平底，高圈足。

M2009：467，通高32.8、腹长18.6、腹宽16、圈足长15.3、圈足宽13.6厘米。重4.26千克（图一二六，1；彩版七七，2）。

M2009：469，通高32.6、腹长19、腹宽16、圈足长15.4、圈足宽13.8厘米。重4.54千克（图一二六，2；彩版七七，3）。

10. 盘

17件。可分为虢仲盘、重环纹盘和素面盘三种。前者为实用器，后二者为明器。

（1）虢仲盘

2件。皆敞口，折沿，厚方唇，附耳有梁，近平底，圈足。耳部外侧或饰重环纹或素面，腹部饰一周"C"形无目窃曲纹，圈足部饰一周垂鳞纹。盘底部均铸有竖款排列的铭文，其内容、字数均相同，但字体、字形略有不同。自右至左共二行5字，即：

图一二〇 M2009 虢仲铜圆壶（M2009：426）拓本

1. 盖顶纹样拓本 2. 盖握手纹样拓本 3. 盖口沿纹样拓本 4. 颈上部纹样拓本 5. 颈下部纹样拓本 6. 腹上部纹样拓本
7. 腹中部纹样拓本 8. 腹下部纹样拓本 9. 圈足纹样拓本 10. 左耳纹样拓本 11. 右耳纹样拓本

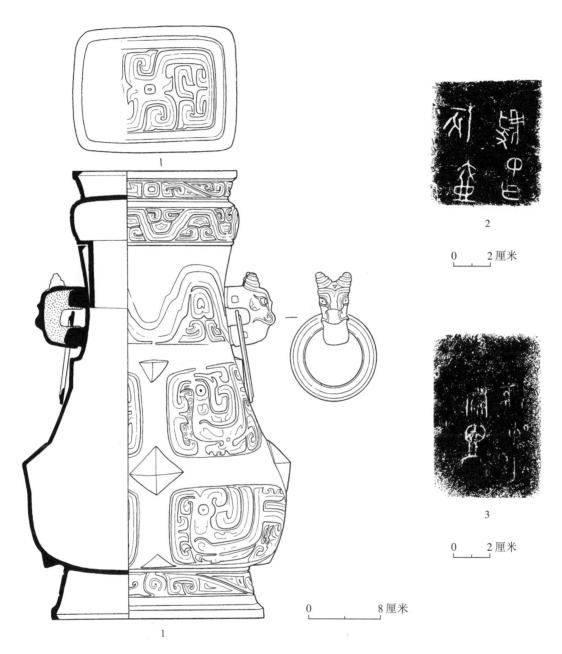

图一二一　M2009 虢仲铜方壶（M2009∶659、M2009∶665）及拓本
1.虢仲方壶　2.盖铭文拓本　3.器铭文拓本

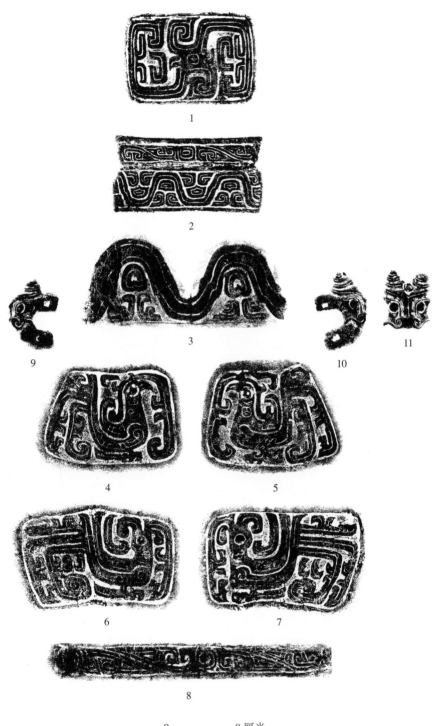

0 | | 8厘米

图一二二　M2009 虢仲铜方壶（M2009 ∶ 659、M2009 ∶ 665）拓本

1. 盖顶纹样拓本　2. 握手与盖缘纹样拓本　3. 颈部纹样拓本　4、5. 腹上部纹样拓本　6、7. 腹下部纹样拓本　8. 圈足纹样拓本

9. 左耳纹样拓本　10. 右耳纹样拓本　11. 右耳正面纹样拓本

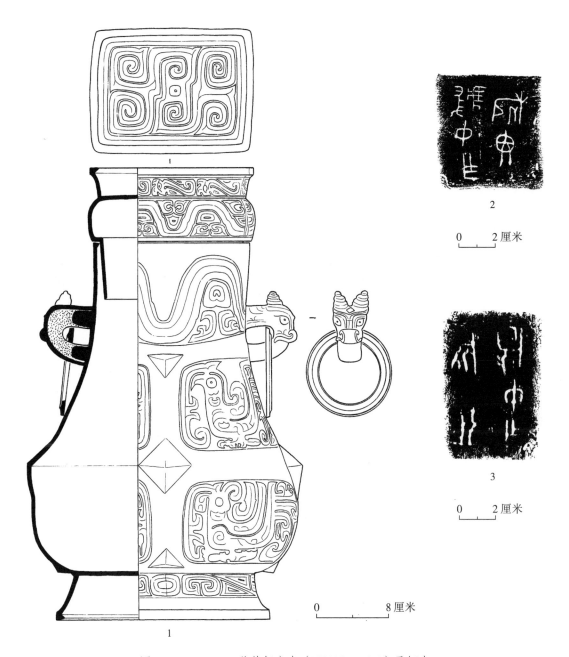

图一二三　M2009 虢仲铜方壶（M2009：672）及拓本
1.虢仲方壶　2.盖铭文拓本　3.器铭文拓本

0   8厘米

图一二四　M2009 虢仲铜方壶（M2009：672）拓本

1. 盖顶纹样拓本　2. 握手与盖缘纹样拓本　3. 颈部纹样拓本　4、5. 腹上部纹样拓本　6、7. 腹下部纹样拓本　8. 圈足纹样拓本

9. 左耳纹样拓本　10. 右耳纹样拓本

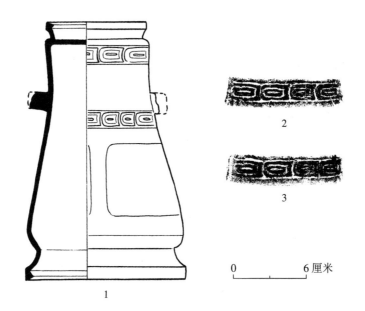

图一二五　M2009 重环纹铜方壶（M2009∶488）（明器）及拓本
1.重环纹方壶　2.盖缘纹样拓本　3.颈部纹样拓本

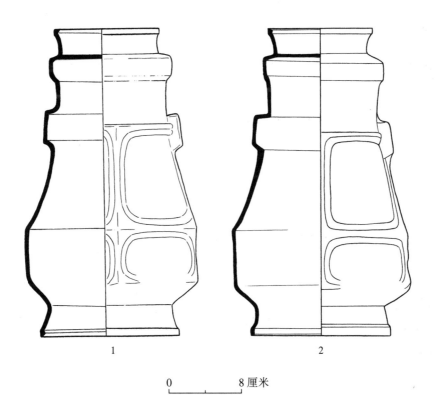

图一二六　M2009 素面铜方壶（明器）
1. M2009∶467　2. M2009∶469

虢中（仲）乍（作）

旅般（盘）。

M2009：489，折沿窄平，腹较深，圈足较高。耳部内外侧饰无珠重环纹。通高 14.5、口径 40.8、腹深 5.8 厘米。重 5.88 千克（图一二七；彩版七八）。

M2009：669，口部和腹部残甚（已修复）。折沿窄斜，腹较浅，矮圈足下附四个扁支足。耳部外侧素面。通高 10.4、口径 31.6、腹深 3.6 厘米。重 2.32 千克（图一二八；彩版七九）。

（2）重环纹盘（明器）

3 件。皆敞口，窄平折沿，方唇，浅腹，附耳或立耳，平底，圈足，下附三个扁支足。腹部饰一周重环纹，圈足或饰垂鳞纹或素面。

M2009：563，附耳和支足均较高。腹部饰一周有珠重环纹，圈足饰垂鳞纹。通高 11.6、口径 28.8、腹深 3.8 厘米。重 2.15 千克（图一二九，1～3；彩版八〇，1）。

M2009：618，高立耳，矮支足。腹部饰一周无珠重环纹，圈足饰垂鳞纹。通高 10.2、口径 20.2、腹深 3.8 厘米。重 1.55 千克（图一二九，4～6；彩版八〇，2）。

M2009：517，高附耳，矮支足。腹部饰一周有珠重环纹。通高 8.3、口径 19.9、腹深 2.4 厘米。重 1.19 千克（图一二九，7、8；彩版八〇，3）。

（3）素面盘（明器）

12 件。皆敞口，平折沿，方唇，浅腹，多数为附耳，平底或近平底。

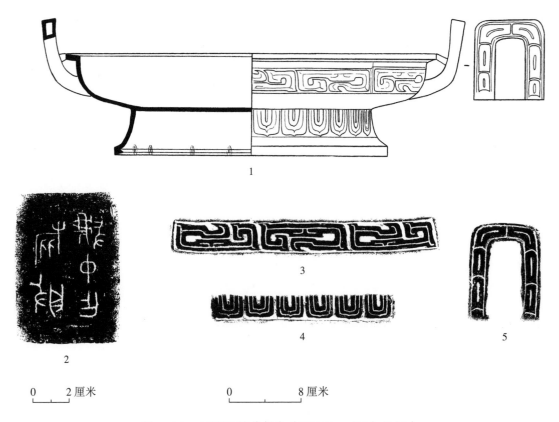

0   2厘米   0   8厘米

图一二七 M2009 虢仲铜盘（M2009：489）及拓本
1. 虢仲盘 2. 铭文拓本 3. 腹部纹样拓本 4. 圈足纹样拓本 5. 耳部纹样拓本

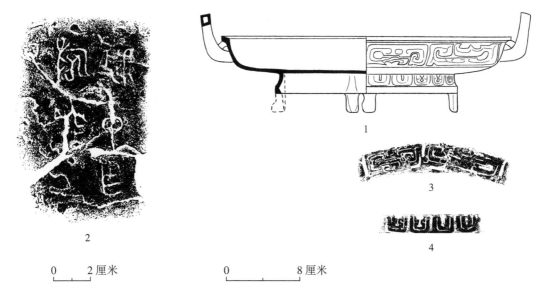

0 ___ 2厘米　　　　0 ___ 8厘米

图一二八　M2009 虢仲铜盘（M2009：669）及拓本
1. 虢仲盘　2. 铭文拓本　3. 腹部纹样拓本　4. 圈足纹样拓本

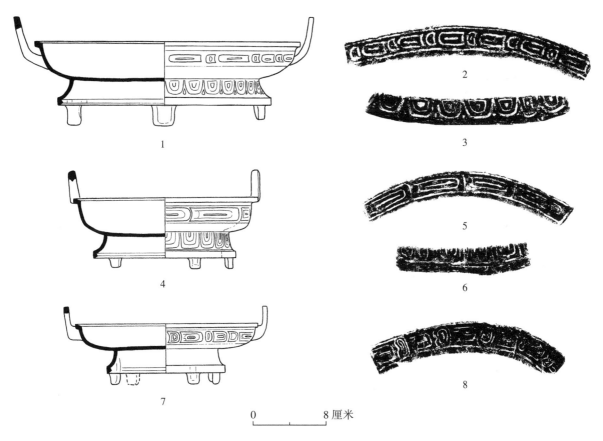

0 ___ 8厘米

图一二九　M2009 重环纹铜盘（明器）及拓本
1. 重环纹盘（M2009：563）　2. 重环纹盘（M2009：563）腹部纹样拓本　3. 重环纹盘（M2009：563）圈足纹样拓本
4. 重环纹盘（M2009：618）　5. 重环纹盘（M2009：618）腹部纹样拓本　6. 重环纹盘（M2009：618）圈足纹样拓本
7. 重环纹盘（M2009：517）　8. 重环纹盘（M2009：517）腹部纹样拓本

M2009：564，附耳有梁，近平底，圈足较高。通高9、口径30.8、腹深4.4厘米。重2.78千克（图一三〇，1；彩版八一，1）。

M2009：546，附耳有梁，平底，圈足较高。通高9.4、口径32.3、腹深4厘米。重2.89千克（图一三〇，2；彩版八一，2）。

M2009：552，高附耳，腹较深，平底，圈足下附三个支足。通高11.4、口径21、腹深3.6厘米。重1.52千克（图一三〇，3；彩版八一，3）。

M2009：702，高附耳，平底，圈足下附三个支足。通高10.4、口径25、腹深2.8厘米。重1.56千克（图一三〇，4；彩版八二，1）。

M2009：498，附耳，近平底，圈足下附四个支足。通高9.1、口径19.8、腹深2.6厘米。重1.13千克（图一三一，1；彩版八二，2）。

M2009：556，附耳，近平底，圈足下附三个矮支足。通高8、口径20.4、腹深2.6厘米。重0.98千克（图一三一，2；彩版八二，3）。

M2009：667，一支足残缺。高附耳，平底，圈足下附三个支足。通高9.3、口径19.8、腹深3厘米，重1.63千克（图一三一，3；彩版八三，1）。

M2009：677，二支足残缺。高附耳，近平底，圈足下附三个矮支足。通高7.7、口径19.8、腹深2.8厘米。重0.91千克（图一三一，4；彩版八三，2）。

M2009：668-1，口沿残甚（已修复）。附耳，近平底，圈足下附三个支足。通高8.4、口径20.2、腹深2.2厘米。重0.76千克（图一三二，1；彩版八三，3）。

M2009：686，口近直，附耳，折腹，腹较深，近平底，圈足下附三个矮支足。通高7.4、口径13.4、腹深3.6厘米。重0.72千克（图一三二，2；彩版八四，1）。

M2009：675，口近直，立耳，折腹，腹较深，平底，圈足下附三个支足。通高9.1、口径

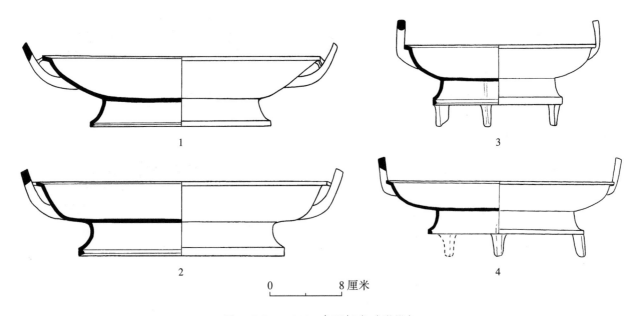

0   8厘米

图一三〇　M2009素面铜盘（明器）

1. M2009：564　2. M2009：546　3. M2009：552　4. M2009：702

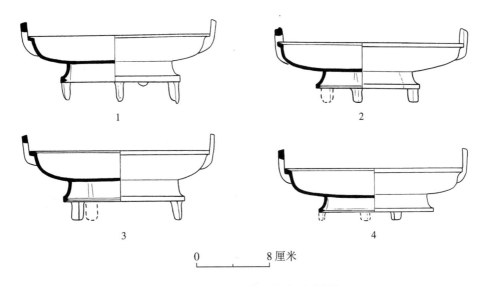

0 ⊢───────────┤ 8厘米

图一三一 M2009素面铜盘（明器）

1. M2009：498 2. M2009：556 3. M2009：667 4. M2009：677

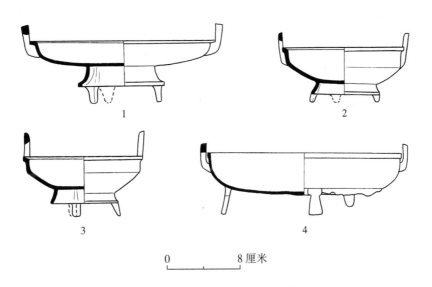

0 ⊢───────────┤ 8厘米

图一三二 M2009素面铜盘（明器）

1. M2009：668-1 2. M2009：686 3. M2009：675 4. M2009：557

13、腹深3.2厘米。重0.56千克（图一三二，3；彩版八四，2）。

M2009：557，口近直，矮附耳，深腹，近平底下附三个扁支足。通高7.6、口径21.6、腹深
4厘米。重1.25千克（图一三二，4；彩版八四，3）。

11. 盉

14件。分为虢仲盉、"S"形窃曲纹盉、重环纹盉和素面盉四种。前一种为实用器，后三种
为明器。

（1）虢仲盉

2件。形制相同，纹样、大小有别。皆有盖，盖上均铸有铭文。盖面中部向上隆起，顶部有握手，

盖边缘附一环形钮，子口。器口为椭长方形母口，较直，厚圆唇，短束颈，腹腔呈侧置的椭圆扁鼓形，前有流，曲而上扬，后有作龙首吐舌下弯成半环形的器鋬，器鋬上端有一环形钮，鋬钮与盖钮之间原应有链条连系，腹下附四足。

M2009：420，顶部握手呈盘龙形，头部有犄角，龙昂首前视，盘旋而卧，胸前双爪着地，耳、目、卷鼻俱全；流为四足龙形流，器鋬上端应有一环形钮（已缺失），腹下附人形四足。盖顶龙身饰鳞纹；腔体正、背面中部各饰一对相向凤鸟纹，其外围绕二层纹样，内层饰以两组作中心对称的"S"形无目窃曲纹，外层饰一周有珠重环纹；前、后侧面的中部饰一"S"形无目窃曲纹，其两侧又各饰一竖行有珠重环纹，管流龙身与腿部饰鳞纹。器足人形均为蹲坐状，裸体，大耳，面目清秀，乳房高隆，双手反背于身后，应为女性奴隶形象。盖顶部铸有竖款铭文，依势排列共一行5字，即：

> 虢中（仲）乍（作）旅鋬。

通高 24.2、通长 32 厘米，口长边 9.2、短边 8 厘米，腹腔长径 18、短径 14、腔体厚 8.8 厘米。重 3.23 千克（图一三三、一三四；彩版八五）。

M2009：614，流及鋬上的龙首双耳残缺，盖残破。顶部握手呈凤鸟形，尖喙圆睛，昂首突胸，高冠。盖边缘的环形钮大半已残缺；鋬上端的环形钮略残，腹下有四扁足。腔体正、背面中部各饰一双首龙纹，外围绕以两组作中心对称的斜角"C"形无目窃曲纹，前、后侧面饰变形窃曲纹，足上饰简易兽形纹。盖顶部的两侧铸有竖款铭文，依势排列（"虢"字因器盖残破，仅剩"虢"字左边）共二行5字，即：

> 虢中（仲）乍（作）
>
> 旅鋬。

通高 22.4、通长 22 厘米，口长边 6.6、短边 4.6 厘米，腹腔长径 13.6、短径 9.2、腔体厚 6 厘米。重 1.33 千克（图一三五、一三六；彩版八六）。

（2）"S"形窃曲纹盉（明器）

3件。盖与器身浑铸为一体，呈侧置的椭圆扁鼓形。前有流，后有龙首形或斜角半环形鋬，无底，腹下附四足。腹腔内实范土。腹腔正、背面各饰"S"形窃曲纹。

M2009：671，上端为一凸起的凤鸟形，作为器盖。鋬作龙首吐舌下弯成的半环形。腹腔正、背面中心各饰一横"S"形无目窃曲纹，外围绕以两组作中心对称的斜角"S"形无目窃曲纹，前、后侧面的上部饰二行无珠重环纹，之间界以一窃曲纹。通高 14.1、通长 17.7 厘米，腹腔长径 9.8、短径 8、腔体厚 4.8 厘米。重 0.65 千克（图一三七；彩版八七，1）。

M2009：666，上端为一凸起的凤鸟形，作为器盖。前有上扬的管状流，但与腹腔不相通，后有龙首吐舌下弯成半环形的器鋬。腹腔正、背面中心各饰勾云纹，外围绕以两组作中心对称的斜角"S"形无目窃曲纹，四足各饰三重水波纹。通高 12.4、通长 13.2 厘米，腹腔长径 7.7、短径 5.4、腔体厚 3.1 厘米。重 0.5 千克（图一三八，1、2；彩版八七，2）。

M2009：685，上端为一凸起方锥体，作为器盖。前有流，曲而上扬，扁体实心；后有斜角半环形鋬，浅圈足，下附四扁足。腹腔正、背面中心各饰一横"S"形无目窃曲纹，外围绕以两组作中心对称的斜角"S"形无目窃曲纹。腹腔内实范土。通高 12.6、通长 17.5 厘米，腹腔长径 10.8、短径 7.2、腔体厚 4.5 厘米。重 1.16 千克（图一三八，3、4；彩版八七，3）。

图一三三　M2009 虢仲铜盉（M2009：420）

（3）重环纹盉（明器）

6件。形制和纹样基本相同，大小有别。盖与器身浑铸为一体，呈侧置的椭圆扁鼓形。上端为一凸起的方锥体，作为器盖。前有流，曲而上扬，扁体实心；后有斜角半环形鋬，无底。除M2009：536外，腹下皆附四足。正、背面各饰一周有珠或无珠重环纹。腹腔内实范土。

M2009：534，鋬残缺。形体较大。腹腔正、背面中部各饰一圆形凹弦纹，外围绕以一周有珠重环纹，前、后及侧面饰二行有珠重环纹。通高21.2、通长21.5厘米，腹腔长径15.8、短径12.8、腔体厚6.2厘米。重3.15千克（图一三九；彩版八七，4）。

M2009：537，腹腔正、背面中部各饰一周有珠重环纹，外围绕以一周无珠重环纹。通高9.3、通长13.9厘米，腹腔长径8、短径6、腔体厚2.5厘米。重0.4千克（图一四〇，1、2；彩版八八，1）。

图一三四　M2009 虢仲铜盉（M2009：420）拓本
1. 铭文拓本　2. 盖顶纹样拓本　3. 正面纹样拓本　4. 流口正面纹样拓本

　　M2009：613，腹腔正、背面各饰一周无珠重环纹。通高 10.2、通长 14.8、腹腔长径 8.4、短径 6.5、腔体厚 2.8 厘米。重 0.58 千克（图一四〇，3、4；彩版八八，2）。

　　M2009：516，腹腔正、背面各饰一周无珠重环纹。通高 9.5、通长 14.3 厘米，腹腔长径 8.4、短径 6.2、腔体厚 3 厘米。重 0.35 千克（图一四一，1、2；彩版八八，3）。

　　M2009：689，流略残，足残缺。腹腔正、背面各饰一周无珠重环纹。残高 8、残长 13.8 厘米，腹腔长径 8.6、短径 6.6、腔体厚 2.7 厘米。重 0.4 千克（图一四一，3、4；彩版八八，4）。

　　M2009：536，流略残，耳残缺。底部为长方形高圈足。腹腔正、背面各饰一周有珠重环纹。通高 12、残长 12.6 厘米，腹腔长径 8.6、短径 6.6、腔体厚 2.7 厘米。重 0.65 千克（图一四二，1、2；彩版八九，1）。

　　（4）素面盉（明器）

　　3 件。形制基本相同，大小有别。盖与器身浑铸为一体，呈侧置的椭圆扁鼓形。上端为一凸起的方锥体，作为器盖。前有上扬的流，后有半环形鋬，无底。腹腔内实范土。

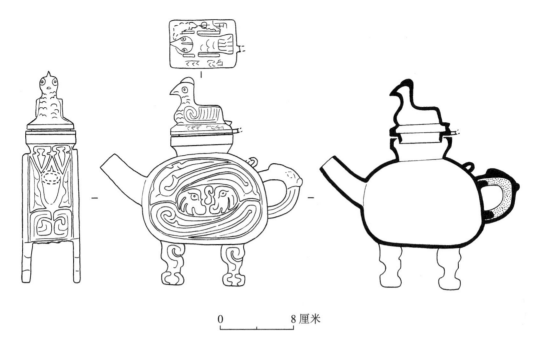

0　　　　8厘米

图一三五　M2009 虢仲铜盉（M2009：614）

0　　　　5厘米

图一三六　M2009 虢仲铜盉（M2009：614）拓本
1.铭文拓本　2.盖部纹样拓本　3.器正面纹样拓本　4.器侧面纹样拓本

图一三七　M2009 "S" 形窃曲纹铜盉（M2009 : 671）（明器）及拓本
1. "S" 形窃曲纹盉　2. 器正面纹样拓本　3. 器侧面纹样拓本

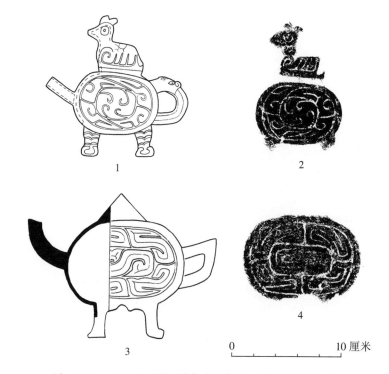

图一三八　M2009 "S" 形窃曲纹铜盉（明器）及拓本
1. "S" 形窃曲纹盉（M2009 : 666）　2. "S" 形窃曲纹盉（M2009 : 666）纹样拓本
3. "S" 形窃曲纹盉（M2009 : 685）　4. "S" 形窃曲纹盉（M2009 : 685）纹样拓本

图一三九 M2009 重环纹铜盉（M2009∶534）（明器）及拓本

1. 重环纹盉 2. 正面纹样拓本 3. 侧面纹样拓本

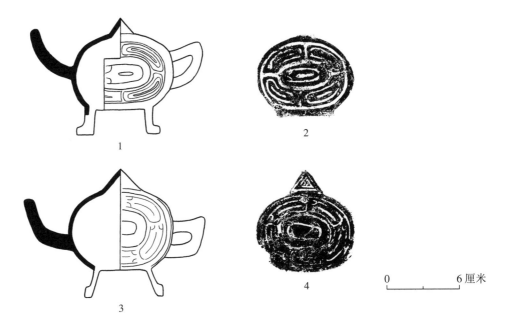

图一四〇 M2009 重环纹铜盉（明器）及拓本

1. 重环纹盉（M2009∶537） 2. 重环纹盉（M2009∶537）纹样拓本 3. 重环纹盉（M2009∶613）

4. 重环纹盉（M2009∶613）纹样拓本

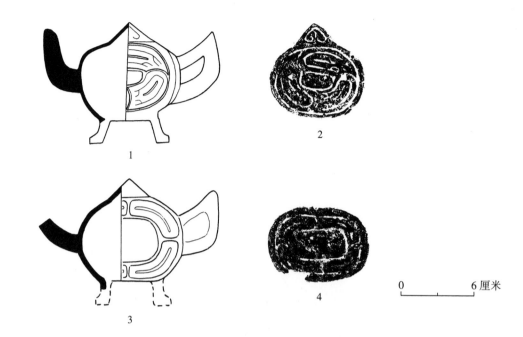

图一四一　M2009 重环纹铜盉（明器）及拓本

1. 重环纹盉（M2009：516）　2. 重环纹盉（M2009：516）纹样拓本　3. 重环纹盉（M2009：689）
4. 重环纹盉（M2009：689）纹样拓本

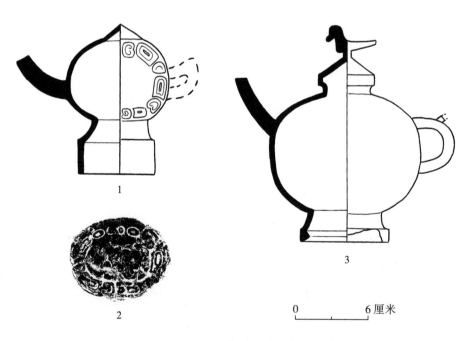

图一四二　M2009 铜盉（明器）及拓本

1. 重环纹盉（M2009：536）　2. 重环纹盉（M2009：536）纹样拓本　3. 素面盉（M2009：484）

M2009：484，盖顶部有一凤鸟形握手，流为扁体实心状，略弯曲，底部为长方形圈足。通高17.3、通长18厘米，腹腔长径12.4、短径9.6、腔体厚3.5厘米。重1.41千克（图一四二，3；彩版八九，2）。

M2009：486，流为扁体实心状，近直，腹下附四足。通高12、通长14.8厘米，腹腔长径8.8、短径7.8、腔体厚2.8厘米。重0.65千克（图一四三，1；彩版八九，3）。

M2009：668-2，一足和流残缺。管状空心流。通高12、残长11.1厘米，腹腔长径9.2、短径6.6、腔体厚3厘米。重0.62千克（图一四三，2；彩版八九，4）。

12. 匜（明器）

3件。形制相同，大小及纹样不同。口微敛，方唇，前有短窄槽流，后有鋬，腹略鼓，底近平，下具四扁足。依纹样的不同，可分为重环纹匜和"S"形窃曲纹匜二种。

（1）重环纹匜

2件。皆为龙形鋬。口沿下饰一周无珠重环纹，腹部饰瓦垅纹，四扁足上各饰一勾云纹。

M2009：622，鋬为半环状。通高13.6、通长23.8、口宽11.1、流宽3.6、腹宽11.2、腹深7.5厘米。重0.99千克（图一四四；彩版九〇，1）。

M2009：476，鋬为实心状。通高13.8、通长22.8、口宽11.5、流宽3.5、腹宽11.4、腹深7.4厘米。重1.21千克（图一四五，1、2；彩版九〇，2）。

（2）"S"形窃曲纹匜

1件。

M2009：507，流口略残。半环形器鋬。口沿下饰一周"S"形无目窃曲纹。通高9.4、通长18.2、口宽9.4、流宽3.8、腹宽9.5、腹深4.8厘米。重0.51千克（图一四五，3、4；彩版九〇，3）。

13. 方彝

9件。依纹样不同，可分为龙纹方彝、"S"形窃曲纹方彝、波曲纹方彝、重环纹方彝与素面方彝五种。

（1）龙纹方彝

3件。其中M2009：681（盖）与M2009：706（器）二者合为一件实用器，M2009：699、

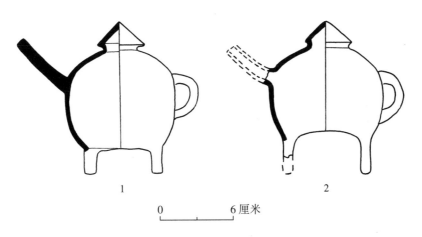

图一四三　M2009素面铜盉（明器）

1. M2009：486　2. M2009：668-2

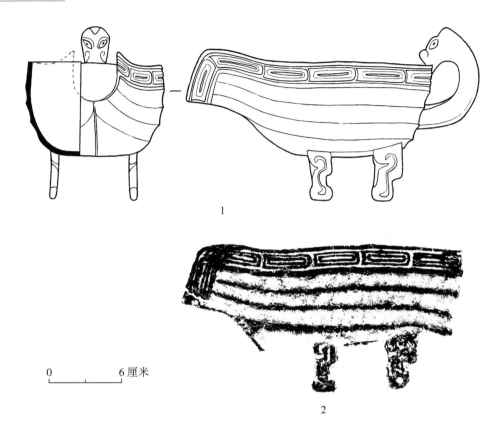

图一四四　M2009 重环纹铜匜（M2009：622）（明器）及拓本
1.重环纹匜　2.纹样拓本

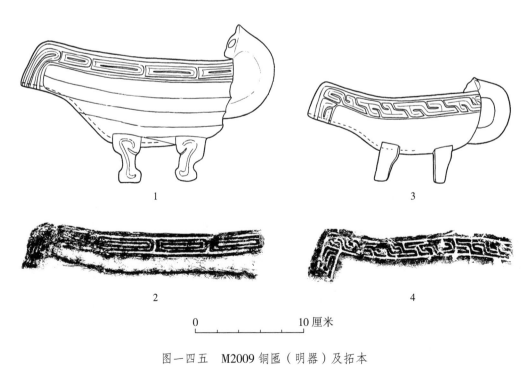

图一四五　M2009 铜匜（明器）及拓本
1.重环纹匜（M2009：476）　2.重环纹匜（M2009：476）沿部纹样拓本　3.“S”形窃曲纹匜（M2009：507）
4.“S”形窃曲纹匜（M2009：507）沿部纹样拓本

M2009：559 为明器。

M2009：681、M2009：706，出土时盖、器分置。盖为四坡式屋顶形，正、背的坡面中部和四侧棱上各有一个扁体扉棱，四侧棱上的扉棱呈虎形，站立状，虎首向上，圆目，尾上卷。盖顶部也有四坡式屋顶形握手，四侧棱和顶上方各有一扁体扉棱，浅子口。器为母口内敛，方唇，腹壁垂直，四侧棱和腹壁四面正中各有一个扁体扉棱，平底，长方形浅圈足，下附四个瓦形支足。握手和盖的四面坡及下腹壁四面正中饰"C"形无目窃曲纹，盖的四面坡边缘、腹壁四面上部及圈足上饰"S"形无目窃曲纹，腹壁四面各饰一组对称的曲体龙纹。通高 27.6、盖高 10.4、口长 14、口宽 11.3、底长边 13.8、底短边 11.2、腹深 13.5 厘米。重 3.77 千克（图一四六；彩版九一）。

M2009：559，坡式屋顶形盖与器身铸为一体。盖面四侧棱上各有一个虎形扉棱。腹壁垂直，正、背面正中各有一竖向虎形扉棱，四侧棱上各有二个虎形扉棱，无底，方圈足下附四个扁支足，支足较高。顶部四面坡各饰"C"形无目窃曲纹，口沿下与下腹壁四面及圈足各饰"S"形无目窃曲纹，上腹壁四面各饰无珠重环纹，腹壁四面各饰一组相背的"S"形龙纹。腹腔内实范土。通高 20.4、底长边 8.8、底短边 7.3 厘米。重 1.23 千克（图一四七；彩版九二，1、2）。

M2009：699，四坡式屋顶形盖与器身铸为一体。腹壁斜直，上小下大，四侧棱上各有二个竖向扁体扉棱，无底，高方圈足下附四个扁支足。顶部四面坡各饰勾云纹，腹壁四面各饰一组对称的"S"形龙纹。腹腔内实范土。通高 15.6、底长边 7.4、底短边 6.5 厘米。重 0.74 千克（图一四八，1、2；彩版九二，3）。

（2）"S"形窃曲纹方彝（明器）

1 件。

M2009：567，四坡式屋顶形盖与器身铸为一体。腹壁斜直，上小下大，四侧棱上各有二个竖向扁体扉棱，无底，高方圈足下附四个矮扁支足。顶部四面坡各饰"C"形无目窃曲纹，腹壁四面各饰二组斜角"S"形无目窃曲纹。腹腔内实范土。通高 17.6、底长边 7.7、底短边 7.4 厘米。

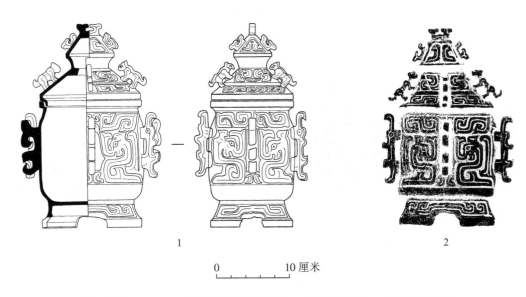

1   2

0   10 厘米

图一四六 M2009 龙纹铜方彝（M2009：681、M2009：706）及拓本
1.龙纹方彝 2.纹样拓本

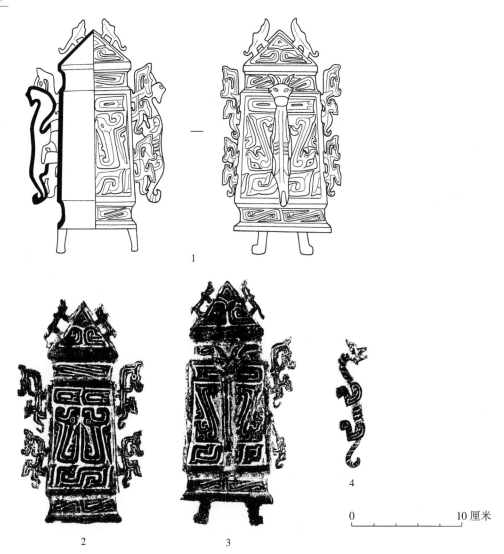

图一四七　M2009 龙纹铜方彝（M2009：559）（明器）及拓本

1. 龙纹方彝　2. 正面纹样拓本　3. 侧面纹样拓本　4. 扉棱纹样拓本

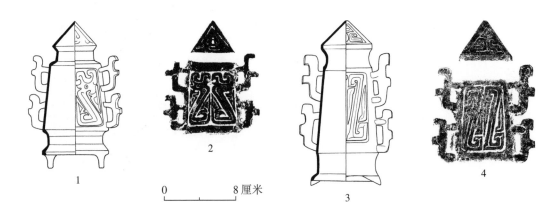

图一四八　M2009 铜方彝（明器）及拓本

1. 龙纹方彝（M2009：699）　2. 龙纹方彝（M2009：699）纹样拓本　3. "S"形窃曲纹方彝（M2009：567）

4. "S"形窃曲纹方彝（M2009：567）纹样拓本

重 1.73 千克（图一四八，3、4；彩版九二，4）。

（3）波曲纹方彝（明器）

1 件。

M2009：553，四坡式屋顶形盖与器身铸为一体。高束颈，腹壁斜直，上小下大，四侧棱上各有二个竖向扁体扉棱，无底，浅方圈足下附八个支足。顶部四面坡各饰"C"形无目窃曲纹；腹壁四面的中部各饰波曲纹，其中一相邻两侧面的外围各饰一周重环纹，另一相邻两侧面外围的上部各饰"S"形窃曲纹，两侧饰重环纹。腹腔内实范土。通高 18 、底长边 8.6、底短边 7.2 厘米。重 1.73 千克（图一四九，1 ～ 3；彩版九三，1）。

（4）重环纹方彝（明器）

2 件。形制基本相同，大小不一。皆为四坡式屋顶形盖与器身铸为一体，腹壁垂直，无底，方圈足。

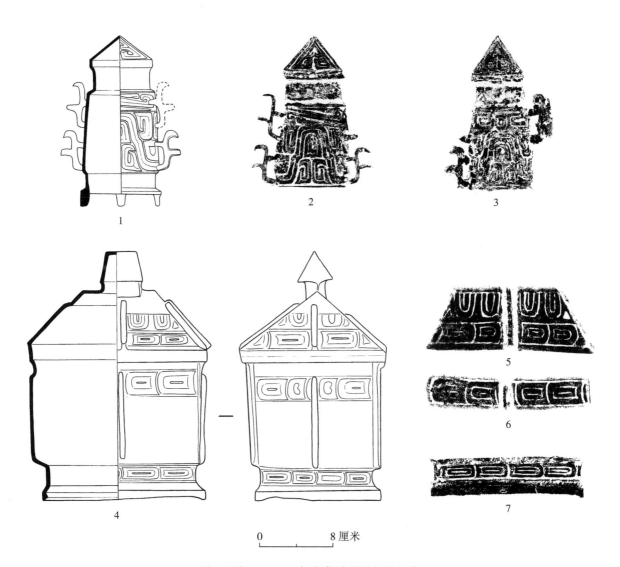

0 ____ 8 厘米

图一四九　M2009 铜方彝（明器）及拓本

1. 波曲纹方彝（M2009：553）　2. 波曲纹方彝（M2009：553）正面纹样拓本　3. 波曲纹方彝（M2009：553）侧面纹样拓本　4. 重环纹方彝（M2009：555）　5. 重环纹方彝（M2009：555）顶部纹样拓本　6. 重环纹方彝（M2009：555）腹部纹样拓本　7. 重环纹方彝（M2009：555）圈足纹样拓本

腹壁四面饰无珠重环纹。腹腔内实范土。

M2009：555，盖顶有四面坡式握手，顶部四坡面和腹壁四面正中及四侧棱各有一竖向扁体扉棱。顶部四面坡上部各饰垂鳞纹，盖缘与腹壁四面上部及圈足各饰无珠重环纹。通高 26.3、底长边 17.8、底短边 13.6 厘米。重 3.94 千克（图一四九，4～7；彩版九三，2）。

M2009：548，盖顶有四阿式握手。顶部四面坡各饰"S"形无目窃曲纹，腹壁四面各饰上下两组无珠重环纹。通高 19、底长边 12、底短边 10 厘米。重 1.59 千克（图一五〇，1～3；彩版九三，3）。

（5）素面方彝（明器）

2 件。盖与器身铸为一体。腹壁较直，无底，矮方圈足。腹腔内实范土。

M2009：673，盖为四坡式屋顶形，腹上部两侧有对称的半环形耳。通高 14.5、底长边 6.6、底短边 6.4 厘米。重 1.35 千克（图一五〇，4；彩版九三，4）。

M2009：678，盖为四阿式屋顶形。通高 10.4、底长边 8、底短边 6.6 厘米。重 1.2 千克（图一五〇，5；彩版九四，1）。

14. "S"形窃曲纹方尊

2 件。形制基本相同，大小、纹样略有差异。其中一件为实用器，另一件为明器。皆敞口，斜方唇，束腰，垂腹，平底，方圈足。器身正、背面的腹部各有一竖向扉棱，两侧附一对称的扁薄体龙首形耳。双耳两面饰无珠重环纹，腹部饰"S"形平目窃曲纹，圈足饰垂鳞纹。

M2009：554，实用器。体粗矮，横断面呈长方体。龙首高于器口，器身内束处略靠上，且内束程度较轻，圈足底中部有长方形豁口。腹部上、下各饰二组"S"形无目窃曲纹和"S"形平目窃曲纹。通高 16、口长 18、口宽 12.4、腹长 15、腹宽 9、圈足长 14、圈足宽 8.4、腹深 11.6 厘米。重 2.23 千克（图一五一；彩版九四，2）。

M2009：470，明器，为三段式尊。体较瘦高，横断面呈椭长方体。腹部有一道凸箍饰，底

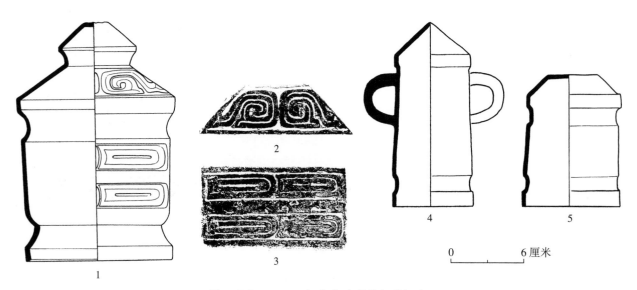

图一五〇　M2009 铜方彝（明器）及拓本

1. 重环纹方彝（M2009：548）　2. 重环纹方彝（M2009：548）顶部纹样拓本　3. 重环纹方彝（M2009：548）腹部纹样拓本
4. 素面方彝（M2009：673）　5. 素面方彝（M2009：678）

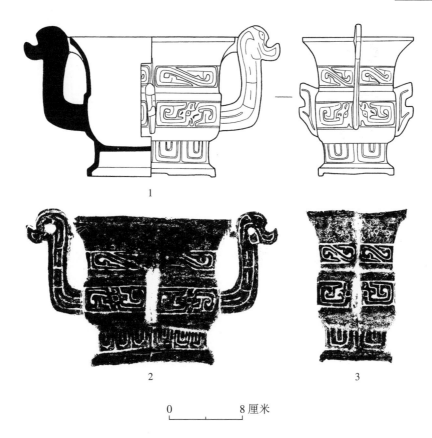

图一五一　M2009 "S" 形窃曲纹铜方尊（M2009：554）及拓本
1. "S" 形窃曲纹方尊　2.正面纹样拓本　3.侧面纹样拓本

在腹部偏上处，近平，高圈足。腹上部饰一周 "S" 形平目窃曲纹，凸箍上饰二周细凹弦纹。通高 19.6、口长 15.2、口宽 14.4、腹长 12.6、腹宽 10.4、圈足长 12.7、圈足宽 11.2、腹深 8.2 厘米，重 2.5 千克（图一五二；彩版九四，3）。

15. 圆尊

4 件。可分为虢仲尊、重环纹尊和素面尊三种。前一种为实用器，后两种为明器。

（1）虢仲圆尊

1 件。

M2009：705，敞口，斜尖唇。器身内束处略靠上，且内束程度较轻，直腹，平底，圈足。器身腹部四面正中各有一竖向扁体扉棱，两侧附一对称的扁薄体耳。腹部饰 "S" 形平目窃曲纹，圈足饰斜角 "S" 形无目窃曲纹。器内壁铸有竖款排列的铭文，自右至左共二行 5 字，即：

　　　虢中（仲）乍（作）

　　旅尊（彝）。

通高 18.8、口径 16.8、腹径 11.2、圈足径 12.2、腹深 14.6 厘米。重 2.14 千克（图一五三；彩版九五）。

（2）重环纹圆尊（明器）

2 件。皆敞口，斜尖唇，束腰，垂腹或鼓腹，近平底，圈足。腹部饰重环纹。

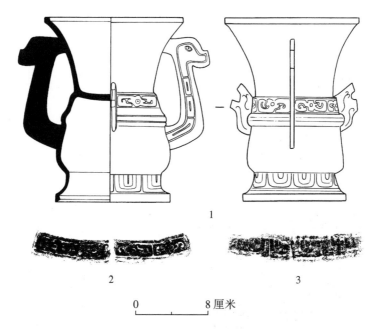

0   8厘米

图一五二　M2009 "S" 形窃曲纹铜方尊（M2009：470）（明器）及拓本
1. "S" 形窃曲纹方尊　2.腹部纹样拓本　3.圈足纹样拓本

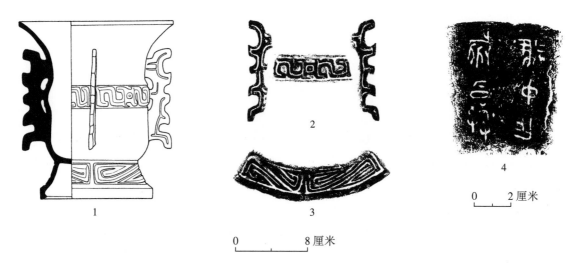

图一五三　M2009 虢仲铜圆尊（M2009：705）及拓本
1.虢仲圆尊　2.腹部与扉棱纹样拓本　3.圈足纹样拓本　4.铭文拓本

M2009：525，器身两侧附一对称的龙首形扁薄体耳，腰部有一道凸箍饰，垂腹，圈足较矮。腹部所饰重环纹为无珠。通高 15.3、口径 12、腹径 8、圈足径 7、腹深 14 厘米。重 0.87 千克（图一五四，1、2；彩版九六，1）。

M2009：565，无耳，鼓腹，高圈足。腹上部饰二周有珠重环纹。通高 15.7、口径 15.5、腹径 12、圈足径 12.6、腹深 12.6 厘米。重 2.21 千克（图一五四，3、4；彩版九六，2）。

（3）素面圆尊（明器）

1件。

M2009：506，敞口，斜尖唇，束腰，垂腹，近平底，矮圈足。器身腰部有一道凸箍饰，两侧有一对称的扁薄体耳。通高15.4、口径12、腹径8.2、圈足径7.1、腹深14.4厘米。重1.28千克（图一五四，5；彩版九六，3）。

16. 爵

9件。可分为虢仲爵、"S"形窃曲纹爵和素面爵三种。前两种为实用器，后一种为明器。

（1）虢仲爵

1件。

M2009：683，敞口，方唇，尖尾，短流，口沿上有一对菌形柱，腹壁下收，近平底，三棱形足外撇。腹部有一道凸箍饰，腹外壁的一侧有一个半环形钮。在爵尾内部铸有竖款排列的铭文，自左至右共二行5字，即：

　　　　虢中（仲）乍（作）

　　　　旅𤭪。

通高20.6、通长16.1、柱高3.6、足高6、腹深10.5厘米。重0.7千克（图一五五，1、2；彩版

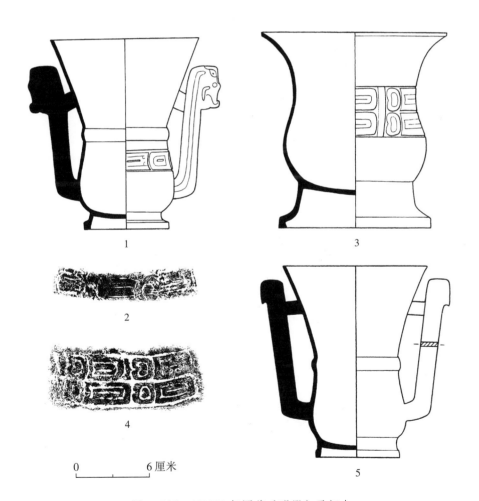

1

2

3

4

5

0 6厘米

图一五四　M2009铜圆尊（明器）及拓本

1.重环纹圆尊（M2009：525）　2.重环纹圆尊（M2009：525）纹样拓本　3.重环纹圆尊（M2009：565）

4.重环纹圆尊（M2009：565）纹样拓本　5.素面圆尊（M2009：506）

九七）。

（2）"S"形窃曲纹爵

1件。

M2009：688，敞口，方唇，尖尾，短流，口沿上有一对菌形柱，束腰，鼓腹，圜底，三棱形足外撇，腹外壁的一侧有一个半环形钮。口沿外饰"S"形平目窃曲纹，流下饰重环纹。通高18.8、通长13.4、柱高2.4、足高5、腹深10.6厘米。重0.87千克（图一五五，3、4；彩版九八）。

（3）素面爵（明器）

7件。又可分为菌柱爵和匜形爵二种。

① 菌柱爵

6件。形制基本相同，大小略有差异。敞口，方唇，尖尾，短流，口沿上有一对菌形，腹壁下收，圜底或近平底，三棱形足外撇，腹外壁的一侧有一个半环形钮。

M2009：654，腹部瘦高，圜底。通高20.4、通长13、柱高3.3、足高7.2、腹深9.2厘米。重0.46千克（图一五六，1；彩版九六，4）。

M2009：509，柱较高，圜底。通高14.6、通长12.3、柱高2.8、足高5.5、腹深6厘米。重0.38千克（图一五六，2；彩版九九，1）。

M2009：528，近平底。通高15.3、通长12.1、柱高2.6、足高6.6、腹深5.6厘米。重0.53千克（图一五六，3；彩版九九，2）。

M2009：524，近平底。通高14、通长12、柱高3.4、足高5、腹深5.2厘米。重0.34千克（图一五六，4；彩版一〇〇，1）。

M2009：549，平底。通高13.8、通长11.8、柱高3、足高4.4、腹深6.4厘米。重0.39千克（图

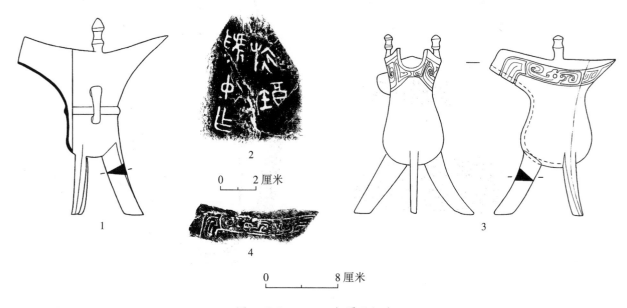

图一五五   M2009 铜爵及拓本

1.虢仲爵（M2009：683） 2.虢仲爵（M2009：683）铭文拓本 3."S"形窃曲纹爵（M2009：688）
4."S"形窃曲纹爵（M2009：688）纹样拓本

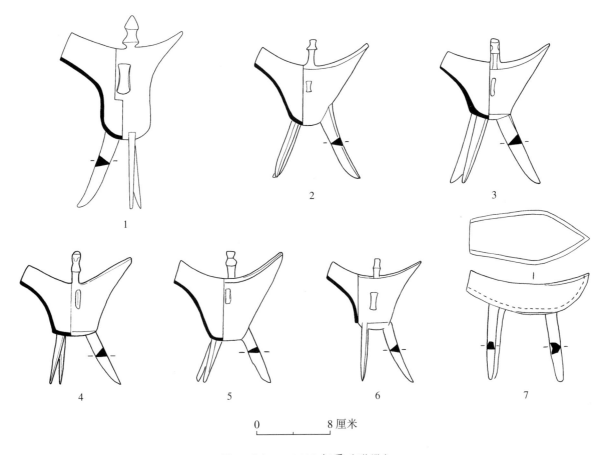

0 _____ 8厘米

图一五六　M2009 铜爵（明器）

1. 菌柱爵（M2009：654）　2. 菌柱爵（M2009：509）　3. 菌柱爵（M2009：528）　4. 菌柱爵（M2009：524）　5. 菌柱爵（M2009：549）
6. 菌柱爵（M2009：635）　7. 匜形爵（M2009：684）

一五六，5；彩版一〇〇，2）。

M2009：635，近平底。通高 13、通长 10.2、柱高 1.8、足高 5.3、腹深 5.1 厘米。重 0.27 千克（图一五六，6；彩版一〇一，1）。

②匜形爵

1 件。

M2009：684，体如匜形。直口，方唇，尖尾，短流，腹壁微弧，槽状底，直立三棱形足。通高 11.5、通长 12.6、口宽 5.6、腹深 2.3、足高 7.2 厘米。重 0.38 千克（图一五六，7；彩版一〇一，2）。

17. 素面觯（明器）

10 件。形制基本相同，大小有所不同。皆敞口，尖唇或斜尖唇，束颈，垂腹，平底，圈足。可分为有箍觯和无箍觯二种。

（1）有箍觯

5 件。器身中部有一道或二道凸起的箍饰。

M2009：611，口沿和圈足略残。体形较大，尖唇，器身中部有一道凸起的箍饰。通高

15.4、口径 11.5、腹径 7.8、圈足径 7.1、腹深 14.1 厘米。重 1 千克（图一五七，1；彩版一〇二，1）。

M2009：697，圈足略残。体瘦高，口部较大，尖唇，器身中部有一道凸起的箍饰。器腹与圈足内实范土。通高 12.8、口径 8.5、腹径 5、圈足径 4.6、腹深 11.8 厘米。重 0.44 千克（图一五七，2；彩版一〇二，2）。

M2009：529，圈足略残。口部较大，斜尖唇，器身中部有一道凸起的箍饰。器腹与圈足内实范土。通高 12.6、口径 8.4、腹径 4.6、圈足径 3.8、腹深 11.6 厘米。重 0.42 千克（图一五七，3；彩版一〇三，1）。

M2009：696，体瘦高，口部较小，斜尖唇，器身中部有二道凸起的箍饰。器腹与圈足内实范土。通高 12.2、口径 6.4、腹径 4.2、圈足径 4.3、腹深 11 厘米。重 0.24 千克（图一五七，4；彩版一〇三，2）。

M2009：657，体瘦高，口部较大，尖唇，器身中部有一道凸起的箍饰，内底在器中部。器腹与圈足内实范土。通高 13.2、口径 8.5、腹径 4.5、圈足径 4、腹深 6.6 厘米。重 0.41 千克（图一五七，5；彩版一〇三，3）。

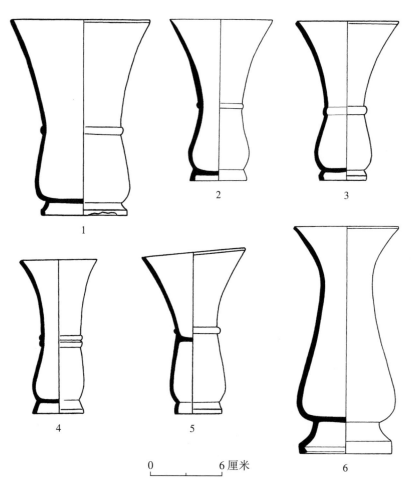

0   6厘米

图一五七　M2009 铜觯（明器）

1.有箍觯（M2009：611）　2.有箍觯（M2009：697）　3.有箍觯（M2009：529）　4.有箍觯（M2009：696）

5.有箍觯（M2009：657）　6.无箍觯（M2009：698）

（2）无箍觯

5件。器身中部无凸起的箍饰，器腹与圈足内实范土。

M2009：698，体形稍大，斜尖唇，垂腹外鼓。通高18、口径8.4、腹径8、圈足径7.6、腹深15厘米。重0.53千克（图一五七，6；彩版一〇三，4）。

M2009：695，斜尖唇，垂腹外鼓。通高15.2、口径7.8、腹径5.8、圈足径5.6、腹深13.4厘米。重0.56千克（图一五八，1；彩版一〇四，1）。

M2009：636，口沿与圈足略残。斜尖唇。通高14.1、口径7.5、腹径4.1、圈足径5.2、腹深12厘米。重0.43千克（图一五八，2；彩版一〇四，2）。

M2009：694，斜尖唇，圈足较大。通高15、口径5.8、腹径4.7、圈足径6.1、腹深12.6厘米。重0.56千克（图一五八，3；彩版一〇四，3）。

M2009：680，尖唇，内底偏上。通高11.8、口径6.4、腹径5.7、圈足径5.8、腹深7.8厘米。重0.52千克（图一五八，4；彩版一〇四，4）。

18. 重环纹觚（明器）

1件。

图一五八　M2009铜觯、觚（明器）及拓本

1. 无箍觯（M2009：695） 2. 无箍觯（M2009：636） 3. 无箍觯（M2009：694） 4. 无箍觯（M2009：680） 5. 重环纹觚（M2009：478） 6. 重环纹觚（M2009：478）纹样拓本

M2009：478，口部残损。体呈三段式。敞口，斜尖唇，粗颈，腹部外鼓，喇叭形圈足。腹部饰无珠重环纹。通高 14.4、口径 15.6、腹径 9、圈足径 10、腹深 9 厘米。重 0.85 千克（图一五八，5、6；彩版一〇五）。

（二）乐器

22 件。总重量 101.34 千克。计有编钟（附编钟钟钩）和钲二种，均为实用器。

1. 编钟

21 件。又分为虢仲钮钟（附编钟钟钩）和窃曲纹甬钟二种。

（1）虢仲钮钟

8 件。总重量 22.55 千克。形制、纹样基本相同，大小依次递减（彩版一〇六）。钟身呈合瓦形，横断面呈梭形。上有扁方体钮，钮下有小孔与钟腔相通，平舞，于口上拱，铣部下阔。在于口内唇沿上锉磨有纵向调音槽，或在侧鼓部内壁铸有较短的音梁。钟身正、背面纹样大致相同，舞部饰勾云纹，钲部两侧的篆间各饰一组"S"形人龙合纹，上端为长鼻龙首，下端为人首侧面。人面有卧蚕眉，臣字目，高鼻，云纹大耳。篆、钲、鼓之间隔以凸起的界格栏线，正鼓部饰一组相背对称的长鼻曲体龙纹。除 M2009：302 和 M2009：296 两钟外，其余六钟正面右鼓部均铸有用以标记侧鼓音的小鸟纹。在钮钟的正面均铸有铭文，也有的在钟背面铸有铭文，作器者皆为虢仲。依各钟之间形体大小的递减幅度，可将这八件钟分为 A、B 二组。

A 组 4 件（M2009：302、M2009：296、M2009：295、M2009：294），为低音钟组。形体较大，大小相次。在钟正面的钲部、左铣部与左鼓部均铸有竖款排列的铭文五行，其内容、字数、字形、字体各不相同，皆自右至左，自上而下。

M2009：302，钟的鼓部破裂，裂纹由上而下逐渐变宽。形体最大。于口内唇较厚，在于口唇沿上留有二个明显和二个不很明显的调音槽，在侧鼓部内壁铸有四道较长且微凸的音梁。钟正面所铸铭文共有五行 36 字，其中钲部的铭文有二行 18 字（含重文 4 字），左鼓部与左铣部的铭文有三行 18 字，即：

> 虢中（仲）乍（作）宝铃钟，龢
> 盅（调），乎（厥）音铼=（肃肃）鎗=（鎗鎗）雝=（雍雍）汤=（汤汤），（以上钲部）
> 用田用
> 行，用匽（宴）嘉
> 宾，于道于行，中氏受福无疆。（以上左鼓部与左铣部）

通高 29、铣间 21、鼓间 13、钮高 3.6 厘米。重 4.59 千克（图一五九、一六〇；彩版一〇七、一〇八）。

M2009：296，钟正面的左篆部和左鼓部覆盖有一大片丝织物痕迹。于口内唇较厚，但因调音时锉磨的原因，在于口唇沿上中部和两侧留有一个明显和四个不很明显的调音槽，在侧鼓部内壁有四道较长且微凸的音梁。钟正面所铸铭文共五行 32 字，其中钲部的铭文有二行 12 字，左鼓部与左铣部的铭文有三行 20 字（含重文 2 字），即：

> 丞首（？）城（成）且（祖），述匹
> 皇王，妥（绥）虘万民，（以上钲部）

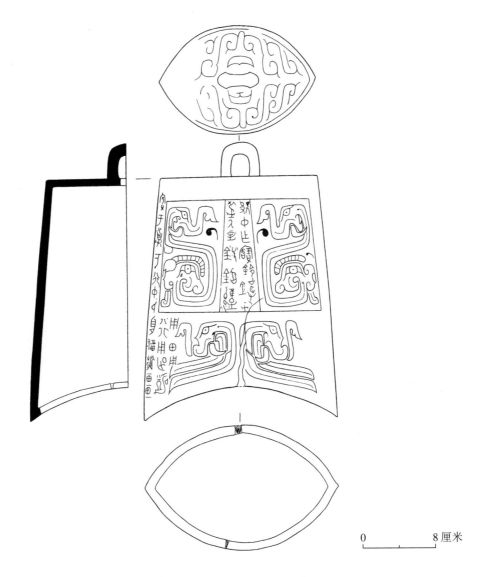

图一五九　M2009 虢仲铜钮钟（M2009：302）

　　蘕（义）旻（照）

　　四方，受天屯（纯）

　　录（禄），敫＝錝＝，虢中（仲）眉寿永宝用享。（以上左鼓部与左铣部）

通高 27.5、铣间 18、鼓间 12.8、钮高 3 厘米。重 3.89 千克（图一六一、一六二；彩版一〇九、

一一〇）。

　　M2009：295，于口处略残。钟的正面右鼓部铸有用以标记测音的小鸟纹。于口内唇较薄，

但调音时锉磨较轻，故无明显的调音槽，侧鼓部内壁的音梁也不明显。钟正面所铸铭文共有五行

39 字，其中钲部的铭文有二行 14 字（含重文 2 字），左鼓部与左铣部的铭文有三行 25 字（含重

文 2 字），即：

　　虢中（仲）乍（作）宝铃钟，

　　龢盅（淑），乎（厥）音鈺＝（肃肃）鎗＝（鎗鎗）（以上钲部）

1

2

0 _____ 4厘米

图一六〇　M2009 虢仲铜钮钟（M2009：302）拓本

1. 舞部纹样拓本　2. 正面纹样、铭文拓本

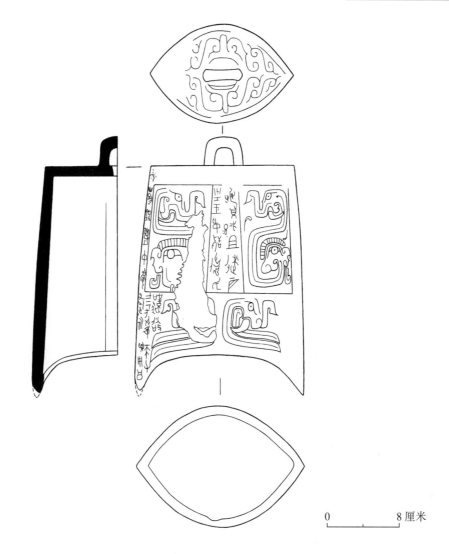

0   8厘米

图一六一　M2009 虢仲铜钮钟（M2009：296）

　　雝＝（雝雝）汤＝（汤汤），用田用

　　行，用匽（宴）嘉

　　宾，于道于行，中（仲）氏受福无疆。丞口城（成）。（以上左鼓部与左铣部）

通高 26.6、铣间 17.3、鼓间 13.2、钮高 3.4 厘米。重 4.65 千克（图一六三、一六四；彩版
一一一、一一二）。

　　M2009：294，钟的正面右鼓部铸有用以标记测音的小鸟纹。于口内唇厚，在正面的于口唇
沿中部有一道较深的调音槽，在侧鼓部内壁有四个较短小且明显凸起的音梁。钟正面所铸铭文共
计有五行 27 字，其中钲部的铭文有二行 9 字，左鼓部与左铣部的铭文有三行 18 字，即：

　　且（祖），述匹皇王，

　　妥（绥）贶万民，（以上钲部）

　　羛（义）叙（照）四方，

　　受天屯（纯）录（禄），

1

2

0   4厘米

图一六二　M2009 虢仲铜钮钟（M2009：296）拓本
1.舞部纹样拓本　2.正面纹样、铭文拓本

0 _____ 8厘米

图一六三　M2009 虢仲铜钮钟（M2009：295）

　　敨鍠，虢中（仲）眉寿永宝用享。（以上左鼓部与左铣部）

通高 24、铣间 16.8、鼓间 11.8、钮高 2.6 厘米。重 4 千克（图一六五、一六六；彩版一一三、一一四）。

　　B 组 4 件（M2009：308、M2009：293、M2009：303、M2009：309），为高音钟组。形体较小，大小相次。正面右鼓部皆铸有用以侧鼓音标记符号的小鸟纹。在钟正面的钲部与左鼓部均铸有铭文，还有的在钟正面的铣部或背面的右鼓部及右铣部也铸有铭文。皆竖款排列，其内容、字数、字形、字体各不相同。

　　M2009：308，于口内唇较薄，在于口唇沿中部和两侧有五道较明显的调音槽，侧鼓部内壁有四个较短且明显凸起的音梁。钟正面所铸铭文共计三行 13 字，其中钲部的铭文一行 3 字，左鼓部的铭文二行 10 字（含重文 2 字），即：

　　　　敆（照）四，受（以上钲部）

　　　　天屯（纯）录（禄），敨 ＝

　　　　鍠 ＝，虢中（仲）眉。（以上左鼓部）

0   4厘米

图一六四　M2009 虢仲铜钮钟（M2009：295）拓本
1.舞部纹样拓本　2.正面纹样、铭文拓本

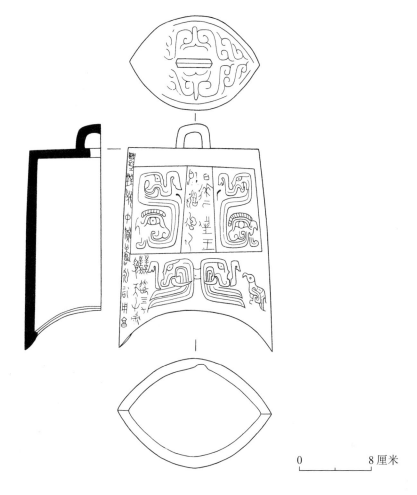

0 _____ 8厘米

图一六五 M2009 虢仲铜钮钟（M2009：294）

通高 18.2、铣间 12、鼓间 8.8、钮高 2.2 厘米。重 1.73 千克（图一六七；彩版一一五；彩版一一六，1）。

　　M2009：293，于口内唇较厚，多经调音时锉磨，在于口唇沿中部和两侧有八道大小、深浅不等的调音槽，在侧鼓部内壁有四个较短且明显凸起的音梁。钟正面所铸铭文先从钲部行款，再到左鼓部及左铣部，然后是右铣部，共计四行 28 字。其中钲部有铭文一行 4 字，左鼓部及左铣部有铭文二行 16 字（含重文 4 字），右铣部有铭文一行 8 字，即：

　　　　虢中（仲）乍（作）宝（以上钲部）

　　　铃钟，穌

　　　盅（淑），乒（厥）音鈇＝（肃肃）鎗＝（鎗鎗）簮＝（雍雍）汤＝（汤汤），用田（以上左鼓部及左铣部）

　　　用行，用匽（宴）嘉宾，于道。（以上右铣部）

通高 17.5、铣间 11.5、鼓间 9、钮高 2 厘米。重 1.98 千克（图一六八；彩版一一七、一一八）。

　　M2009：303，于口内唇较薄，侧鼓部内壁有四个较短且明显凸起的音梁。钟正面所铸铭文共计五行 21 字，其中钲部有铭文一行 4 字，左鼓部及左铣部有铭文二行 11 字；背面右鼓部及右铣部有铭文二行 6 字，即：

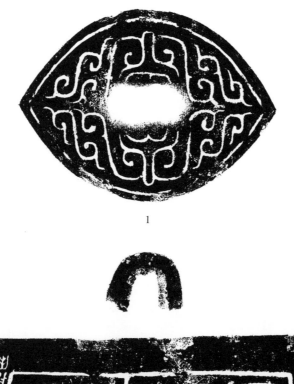

1

2

0   4厘米

图一六六　M2009 虢仲铜钮钟（M2009：294）拓本

1.舞部纹样拓本　2.正面纹样、铭文拓本

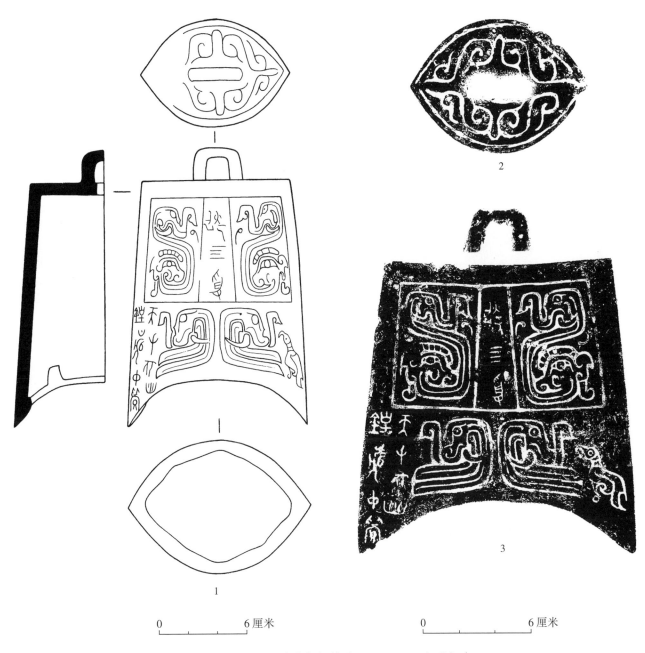

0   6厘米   0   6厘米

图一六七 M2009 虢仲铜钮钟（M2009：308）及拓本

1.虢仲钮钟 2.舞部纹样拓本 3.正面纹样、铭文拓本

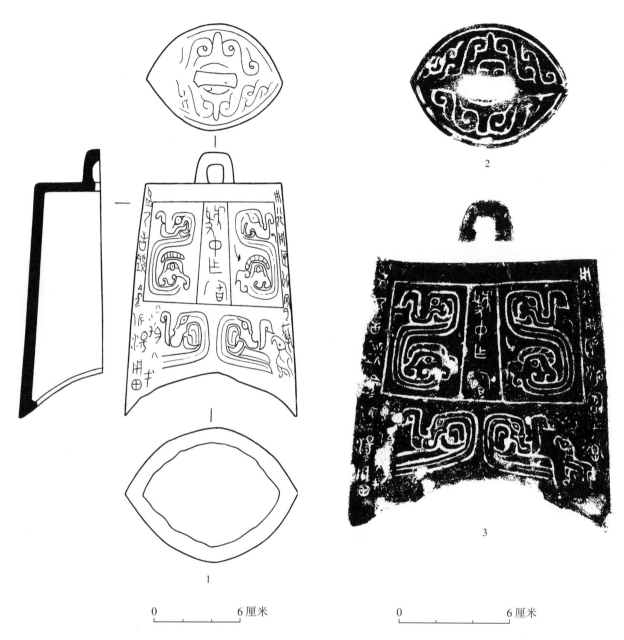

图一六八　M2009 虢仲铜钮钟（M2009∶293）及拓本
1.虢仲钮钟　2.舞部纹样拓本　3.正面纹样、铭文拓本

于行，中（仲）氏（以上钲部）

受福无疆。

丞口城（成）且（祖），述匹皇，（以上正面左鼓部及左铣部）

王妥（绥）庇万民，

糵（义）。（以上背面右鼓部及右铣部）

通高 14.7、铣间 9.7、鼓间 7.5、钮高 1.6 厘米。重 1.1 千克（图一六九；彩版一一九、一二〇）。

M2009：309，形体最小。于口内唇较厚，于口内唇沿上一周浇冒口处有毛茬，侧鼓部内壁有四个较短且明显凸起的音梁。钟正面所铸铭文共计二行 5 字，其中钲部有铭文一行 2 字，左鼓部有铭文一行 3 字，即：

寿永（以上钲部）

宝用享。（以上左鼓部）

通高 12.5、铣间 7.6、鼓间 5.5、钮高 1.5 厘米。重 0.61 千克（图一七〇；彩版一一六，2；彩版一二一）。

（2）钮钟钩

5 件。总重量 0.8 千克。出土时散置于椁室南端的铜礼器下面。其形制、纹样相同，大小依次递减（彩版一二二）。整体近"S"形，断面为圆形，上端作龙首，弯曲成圆环形，尾端尖细且曲成弯钩。龙身上饰多条阴刻细线云纹。

M2009：475-1，尾部钩尖残损。长 10.2、器身中段断面最大直径 1.5 厘米（图一七一，1～3）。

M2009：475-2，长 8.7、器身中段断面最大直径 1.35 厘米（图一七一，4～6）。

M2009：475-3，长 9.5、器身中段断面最大直径 1.3 厘米（图一七二，1～3）。

M2009：475-4，长 8.1、器身中段断面最大直径 1.25 厘米（图一七二，4～6）。

M2009：475-5，长 6.5、器身中段断面最大直径 1.05 厘米（图一七二，7～9）。

（3）窃曲纹甬钟

8 件。总重量 75.28 千克。形制、纹样基本相同，大小依次递减（彩版一二三）。钟身呈合瓦形，横断面呈梭形。上有长甬，中空，与钟腔相通，除个别外，绝大多数内实范土。衡端平齐，甬下端有旋，如箍形，旋上正面有斜方形环钮。平舞。钲部两侧的篆间各设三排九个柱状枚。于口上拱，铣部下阔。钟腔内壁锉磨有数量不等的纵向调音槽（即所谓隧），少者有二道，多者有八道。钟身正、背面纹样大致相同，旋上饰一周"C"形凸目窃曲纹，舞部饰"S"形无目窃曲纹，篆带饰斜角"S"形平目窃曲纹。枚、篆、钲、鼓之间隔以凸起的界格栏线，正鼓部饰一组对称的"C"形无目窃曲纹。除 M2009：253 和 M2009：288 两钟外，其余六钟正面右鼓部均铸有用以标记侧鼓音的小鸟纹。依各钟之间形体大小的递减幅度，可将这八件钟分为甲、乙二组。

甲组 4 件（M2009：253、M2009：279、M2009：288、M2009：291），为低音钟组。形体较大，大小相次。舞部饰双线"S"形无目窃曲纹，正鼓部饰一组对称的双线"C"形无目窃曲纹。

M2009：253，钮略残。钟枚顶端为凸弧面，钟腔内壁两正鼓、两右侧鼓部和左铣角处各有一道调音槽，共五道。通高 48.4、铣间 27.6、鼓间 21.2、甬高 16.4 厘米。重 16.43 千克（图一七三、一七四；彩版一二四）。

M2009：279，钟正面的钲部右侧篆间第一排第一个枚的顶端略残。钟枚顶端为平面，钟

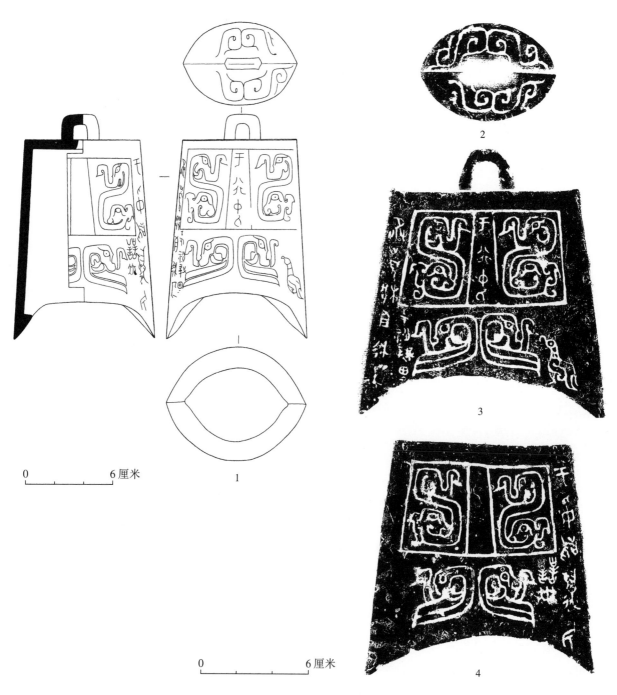

图一六九　M2009 虢仲铜钮钟（M2009：303）及拓本
1. 虢仲钮钟　2. 舞部纹样拓本　3. 正面纹样、铭文拓本　4. 背面纹样、铭文拓本

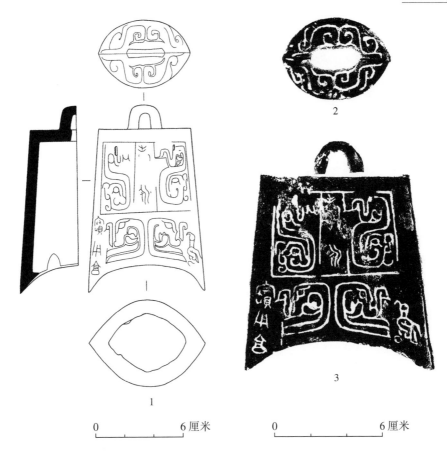

0　　　　　6厘米　　　　0　　　　　6厘米

图一七〇　M2009 虢仲铜钮钟（M2009：309）及拓本

1. 虢仲钮钟　2. 舞部纹样拓本　3. 正面纹样、铭文拓本

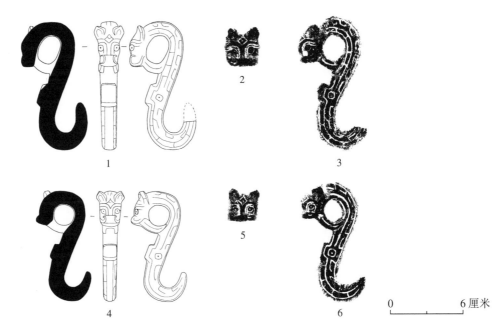

图一七一　M2009 虢仲铜钮钟钩及拓本

1. 虢仲钮钟钩（M2009：475-1）　2、3. 虢仲钮钟钩（M2009：475-1）纹样拓本　4. 虢仲钮钟钩（M2009：475-2）

5、6. 虢仲钮钟钩（M2009：475-2）纹样拓本

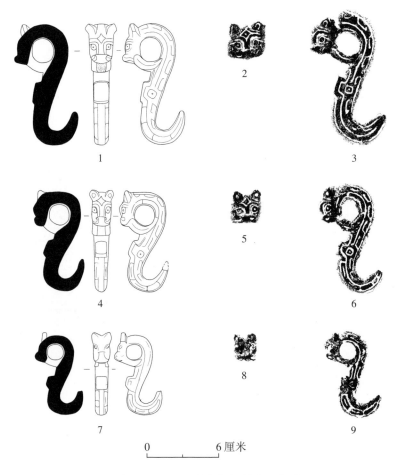

图一七二　M2009 虢仲铜钮钟钩及拓本

1. 虢仲钮钟钩（M2009：475-3）　 2、3. 虢仲钮钟钩（M2009：475-3）纹样拓本　4. 虢仲钮钟钩（M2009：475-4）　5、6. 虢仲钮
钟钩（M2009：475-4）纹样拓本　7. 虢仲钮钟钩（M2009：475-5）　8、9. 虢仲钮钟钩（M2009：475-5）纹样拓本

腔内壁两正鼓、两铣角和四侧鼓部共有七道规范的调音槽。正面右鼓部有侧鼓音标记符号的小鸟纹。通高 47.2、铣间 27、鼓间 19、甬高 15.8 厘米。重 16.24 千克（图一七五、一七六；彩版一二五）。

　　M2009：288，钟枚顶端为平面，钟腔内壁两正鼓、左铣角和两侧鼓部共有五道较规范的调音槽。通高 46、铣间 25.8、鼓间 18.7、甬高 14.8 厘米。重 13.06 千克（图一七七、一七八；彩版一二六）。

　　M2009：291，钟枚顶端为平面，钟腔内壁两正鼓、两铣角和四侧鼓部共有六道较规范的调音槽。钟的正面右鼓部铸有侧鼓音标记符号的小鸟纹。通高 44.8、铣间 24.6、鼓间 17.6、甬高 15.7 厘米。重 16.12 千克（图一七九、一八〇；彩版一二七）。

　　乙组 4 件（M2009：297、M2009：301、M2009：307、M2009：306），为高音钟组。形体较小，大小相次。舞部饰单阴线"S"形无目窃曲纹，正鼓部饰一组对称的单阴线"C"形无目窃曲纹，正面右鼓部皆铸有侧鼓音标记符号的小鸟纹。

　　M2009：297，钟枚顶端近平，钟腔内壁两正鼓、两铣角和四侧鼓部各有一道比较规范的

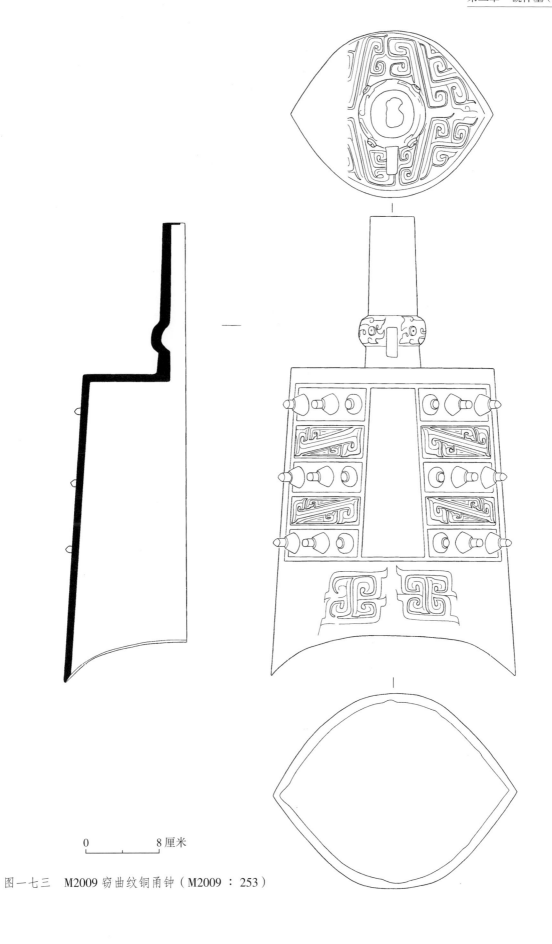

0   8厘米

图一七三 M2009 窃曲纹铜甬钟（M2009：253）

2

1

0 ⊢——⊢——⊢ 8厘米

图一七四 M2009 窃曲纹铜甬钟（M2009：253）拓本
1.正面纹样拓本 2.舞部纹样拓本

0   8厘米

图一七五　M2009 窃曲纹铜甬钟（M2009：279）

2

1

0   8厘米

图一七六　M2009 窃曲纹铜甬钟（M2009：279）拓本
1.正面纹样拓本　2.舞部纹样拓本

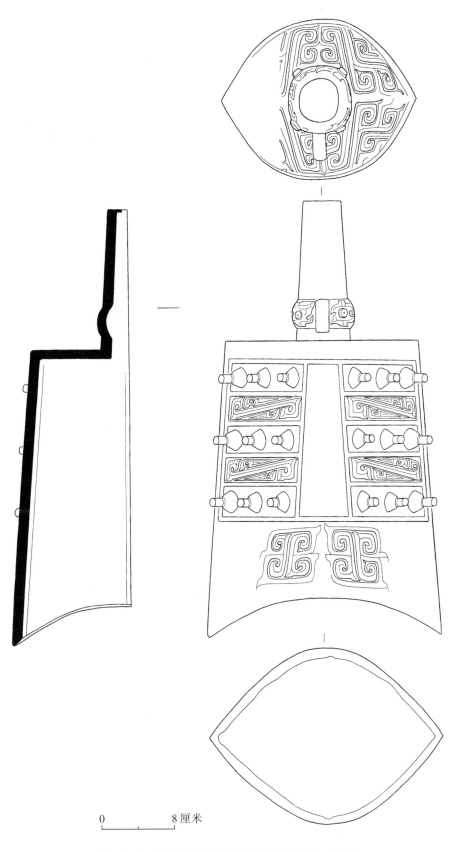

0   8厘米

图一七七 M2009 窃曲纹铜甬钟（M2009：288）

2

1

0 —————— 8厘米

图一七八　M2009 窃曲纹铜甬钟（M2009：288）拓本
1. 正面纹样拓本　2. 舞部纹样拓本

调音槽，共八道。通高 30.5、铣间 17.4、鼓间 11.8、甬高 11.4 厘米。重 5.04 千克（图一八一、一八二；彩版一二八）。

　　M2009：301，钟枚顶端为近平，钟腔内壁侧鼓部共有二道很明显的调音槽。通高 27.8、铣间 14.2、鼓间 10.4、甬高 11 厘米。重 3.85 千克（图一八三、一八四；彩版一二九）。

　　M2009：307，钟枚顶端为平面，钟腔内壁两正鼓、两铣角和四侧鼓部共有七道调音槽。通

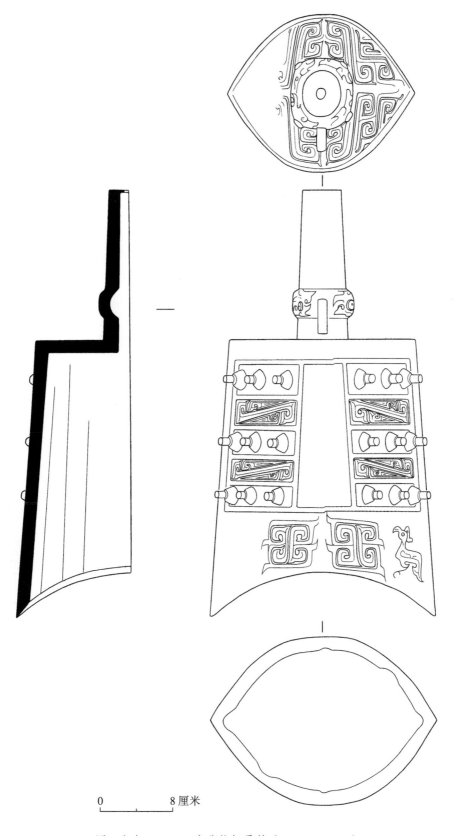

0 ⎯⎯ 8厘米

图一七九　M2009 窃曲纹铜甬钟（M2009：291）

0 _____ 8 厘米

图一八〇　M2009 窃曲纹铜甬钟（M2009 ∶ 291）拓本
1. 正面纹样拓本　2. 舞部纹样拓本

高 22、铣间 11.6、鼓间 8.6、甬高 8 厘米。重 2.4 千克（图一八五、一八六；彩版一三〇）。

　　M2009 ∶ 306，钟枚顶端为平面，钟腔内壁的调音槽不很明显。通高 20.4、铣间 10.5、鼓间 8、甬高 7.6 厘米。重 2.14 千克（图一八七、一八八；彩版一三一）。

　　2. 兽面纹钲

　　1 件。

　　M2009 ∶ 250，柄部下端残损（已修复），且裸露范土。器身呈合瓦形，器口于部下凹呈内弧形，内壁有四个两两相对的近方形小凹坑，或用以调音。器下有长柄，柄下端有圆形銎与舞顶部相贯通，

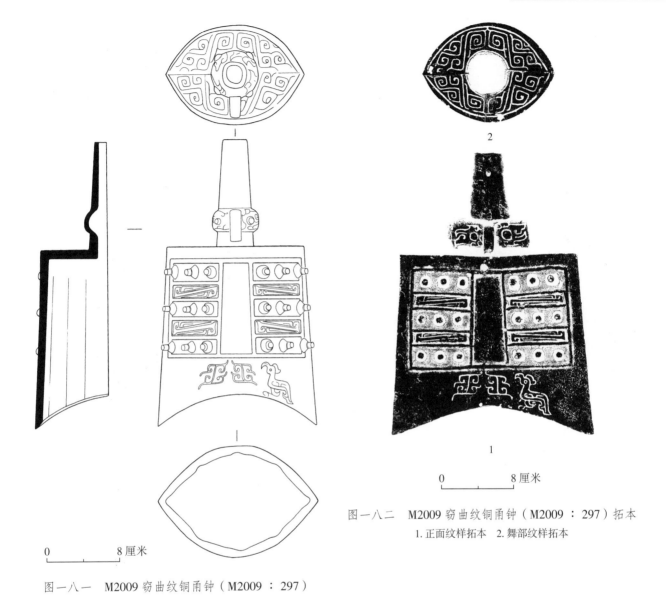

图一八一　M2009 窃曲纹铜甬钟（M2009 ： 297）

图一八二　M2009 窃曲纹铜甬钟（M2009 ： 297）拓本
1. 正面纹样拓本　2. 舞部纹样拓本

可安装木柄。器身正、背两面各饰一组相同的半浮雕状兽面纹，其角、眉、目、耳、鼻、獠牙等多凸出器表，其中獠牙向内弯曲。残高 25.8、铣间 13.4、鼓间 9.4、柄残长 9 厘米。重 2.71 千克（图一八九；彩版一三二）。

（三）兵器

266 件。总重量约 15.33 千克。计有戈、矛、钺、盾錫和箭镞五种，大部分放置在椁室底部的南部和东、西两侧。其中盾已腐朽，质地不明，因尚存部分铜盾錫，故列于铜兵器中。矛銎内有残木柲，箭镞带有苇杆，后者在出土时装于皮革或草囊箭箙中。木柲、苇杆大多数仅残留些腐朽的遗痕而已。

1. 戈

40 件。出土时皆平放在椁室底部，尚有木柲残迹或遗痕，有些戈的下面铺垫有薄竹片。木

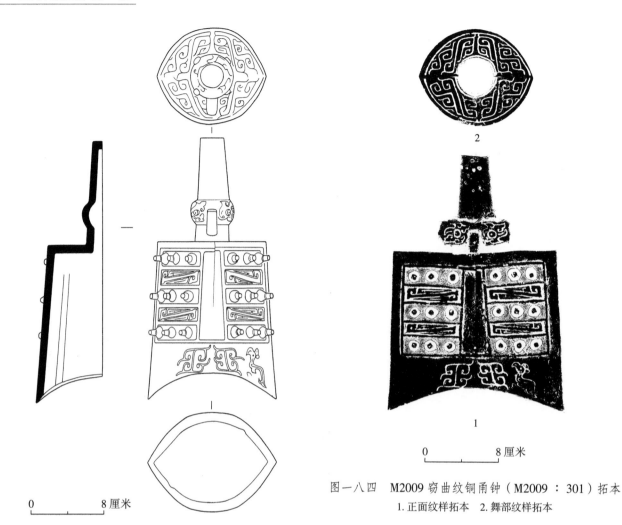

图一八三 M2009 窃曲纹铜甬钟（M2009 ∶ 301）

图一八四 M2009 窃曲纹铜甬钟（M2009 ∶ 301）拓本
1.正面纹样拓本 2.舞部纹样拓本

柲断面呈椭圆形，表面髹黑漆，上绘红色条带状与圆圈状纹样。木柲残迹长短不等，宽 3.2、厚 1.2～2 厘米。木柲的安装方法是，在木柲的一端横向凿穿一个长条形榫孔，将戈内插入其中，然后用二根绳子（仅有印痕）分别通过戈的每个穿孔，将铜戈与木柲捆绑结实。出土时大部分戈因受压而断裂成数截，有的局部残损。这些戈的形制基本相同：锋呈三角形，锐利；援略上扬，或有脊或无脊，上下边有锐刃；援下有胡或无胡，胡部长短不一；内、援之间有凸棱形栏，栏侧穿孔数量不等，形状不一。内皆为直内，近长方形，少数为平行四边形，中部或无穿孔，或有圆穿孔，或有一横条形穿孔，其后下角或有缺口，或无缺口。依据戈胡的长短与栏侧穿孔的数量，分为元字戈、短胡一穿戈、中胡一穿戈、中胡二穿戈、长胡二穿戈、长胡三穿戈、残胡戈、戈（明器）和残戈九种。

（1）元字戈

20 件。形制相同。锋呈斜三角形，锐利，援部近等腰梯形，援上有长条形凸脊，上下边有锐刃，援本上、下部各有一纵长条形穿孔，中部有一圆穿；长方形直内，正、背面饰有半方环形浅凹槽，中部亦有一圆穿。援本部正、背面各饰一个相同的曲体龙形纹样。在戈正面内后部皆铸有一个"元"字。

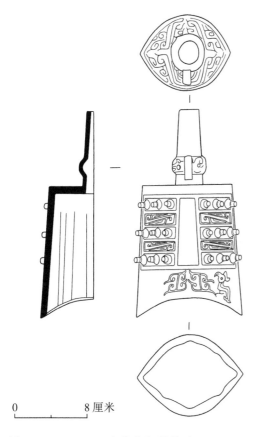

图一八五 M2009 窃曲纹铜甬钟（M2009：307）

图一八六 M2009 窃曲纹铜甬钟（M2009：307）拓本
1.正面纹样拓本 2.舞部纹样拓本

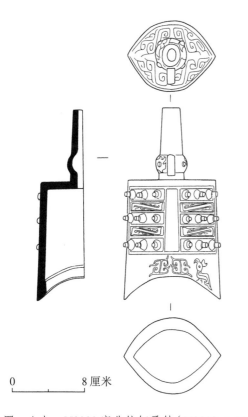

图一八七 M2009 窃曲纹铜甬钟（M2009：306）

图一八八 M2009 窃曲纹铜甬钟（M2009：306）拓本
1.正面纹样拓本 2.舞部纹样拓本

图一八九　M2009 兽面纹铜钲（M2009：250）及拓本
1.兽面纹钲　2.纹样拓本

　　M2009：280，"元"字的字体瘦长。通长 23、援长 13.4、援宽 4.6、内长 6.6、内宽 3.8、厚 0.3 厘米（图一九〇；彩版一三三，1、2）。

　　M2009：281，内部断为二截。"元"字的字体瘦长。通长 22.8、援长 16.2、援宽 4.7、内长 6.6、内宽 4、厚 0.3 厘米（图一九一；彩版一三三，3、4）。

　　M2009：676，"元"字的字体较长。通长 23、援长 16.6、援宽 4.8、内长 6.4、内宽 3.9、厚 0.3 厘米（图一九二；彩版一三四，1、2）。

　　M2009：505，"元"字的字体较粗矮。通长 22.7、援长 16.3、援宽 4.5、内长 6.4、内宽 3.9、厚 0.3 厘米（图一九三；彩版一三四，3、4）。

　　M2009：504，内部和援断裂。"元"字的字体粗矮。通长 22.8、援长 16.2、援宽 4.8、内长 6.6、内宽 3.8、厚 0.3 厘米（图一九四；彩版一三五，1、2）。

　　M2009：693，内部断为二截，且残缺一小块。"元"字的字体较瘦长。通长 23、援长 16.5、援宽 4.4、内长 6.5、内宽 4、厚 0.3 厘米（图一九五；彩版一三五，3、4）。

　　M2009：687，援部断为二截，援中部的上下刃部略残。"元"字的字体粗矮。通长 22.8、援长 16.3、援宽 4.7、内长 6.5、内宽 4、厚 0.3 厘米（图一九六；彩版一三六，1、2）。

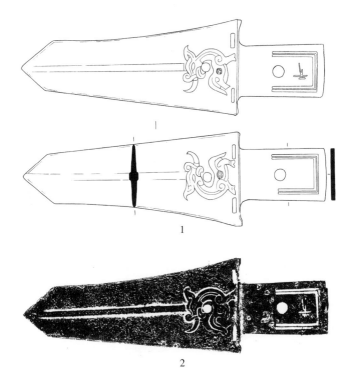

图一九〇　M2009 元字铜戈（M2009：280）及拓本
1. 元字戈　2. 纹样、铭文拓本

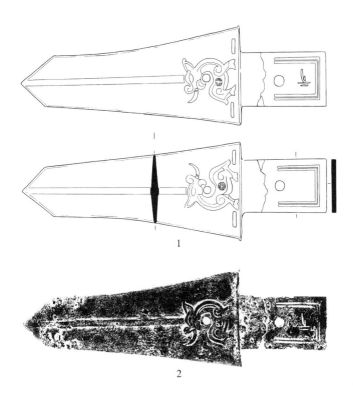

图一九一　M2009 元字铜戈（M2009：281）及拓本
1. 元字戈　2. 纹样、铭文拓本

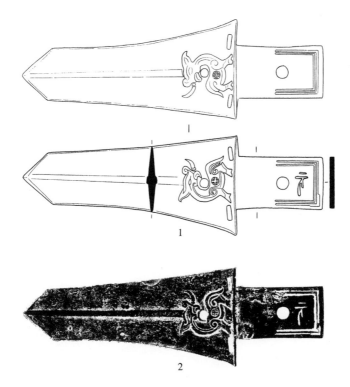

图一九二　M2009 元字铜戈（M2009：676）及拓本
1. 元字戈　2. 纹样、铭文拓本

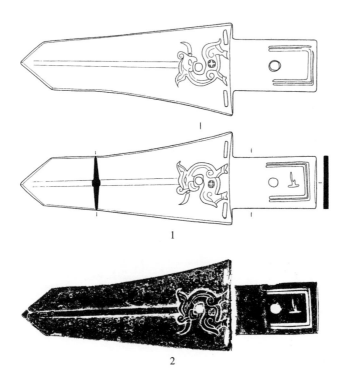

图一九三　M2009 元字铜戈（M2009：505）及拓本
1. 元字戈　2. 纹样、铭文拓本

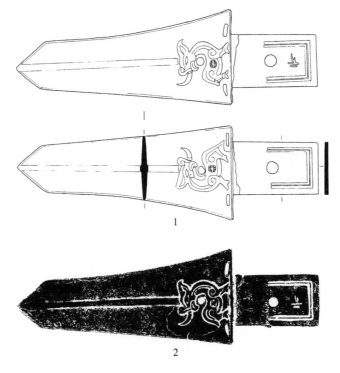

0 ____ 5厘米

图一九四　M2009元字铜戈（M2009：504）及拓本
1.元字戈　2.纹样、铭文拓本

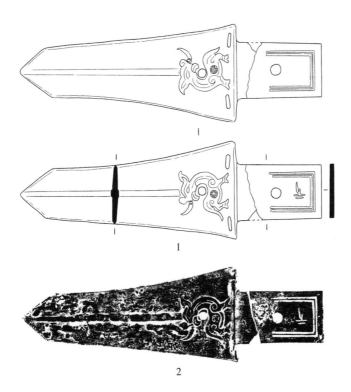

0 ____ 5厘米

图一九五　M2009元字铜戈（M2009：693）及拓本
1.元字戈　2.纹样、铭文拓本

M2009：387，援中部一侧刃部略残，内部断为二截。"元"字的字体粗矮。通长23、援长16.4、援宽4.4、内长6.6、内宽3.9、厚0.3厘米（图一九七；彩版一三六，3、4）。

M2009：531，内部与援部断裂，锋刃及援前部两侧刃部略残。"元"字的字体瘦长。通长22.8、援长16.2、援宽4.5、内长6.6、内宽4、厚0.3厘米（图一九八；彩版一三七，1、2）。

M2009：388，锋部及援部下侧的刃部略有残缺。"元"字的字体瘦长。通长22.8、援长16.4、援宽4.4、内长6.6、内宽4、厚0.3厘米（图一九九；彩版一三七，3、4）。

M2009：326，援部上侧的刃部略残。"元"字的字体粗矮。通长22.8、援长16.3、援宽5、内长6.5、内宽4、厚0.4厘米（图二〇〇；彩版一三八，1、2）。

M2009：532，援部断为二截，且援中部下侧刃部略残。"元"字的字体粗矮。通长23.2、援长16.5、援宽4.3、内长6.7、内宽3.9、厚0.4厘米（图二〇一；彩版一三八，3、4）。

M2009：389，锋部和援部的下侧刃部略有残缺，内部断为二截。"元"字的字体较瘦长。通长22.6、援长15.9、援宽4.5、内长6.7、内宽3.9、厚0.3厘米（图二〇二；彩版一三九，1、2）。

M2009：320，援部上下两侧的刃部因锈蚀严重而残损。"元"字的字体粗矮。通长22.3、援长15.7、援宽4.4、内长6.5、内宽4、厚0.4厘米（图二〇三；彩版一三九，3、4）。

M2009：533，锋尖、援部两侧的刃部及援本部一角略有残缺，援部断为二截。"元"字的字体瘦长。残长22.3、援残长15.7、援宽4.3、内长6.6、内宽4、厚0.3厘米（图二〇四；彩版一四〇，1、2）。

M2009：539，锋部两侧略残，内部断为二截。"元"字的字体较粗矮。通长23、援长16.3、援宽5、内长6.7、内宽4、厚0.3厘米（图二〇五；彩版一四〇，3、4）。

M2009：692，援本部两角残缺，内部断为二截且残缺一小块。"元"字的字体较瘦长。通长22.9、援长16.3、援宽4.6、内长6.6、内宽4、厚0.3厘米（图二〇六；彩版一四一，1、2）。

M2009：300，援本部一角及内后下部残缺（已修复）。残长23、援残长16.8、援宽4.5、内长6.5、内宽3.9、厚0.4厘米（图二〇七；彩版一四一，3、4）。

M2009：323，援两侧刃部和援本部两角略残缺，内部断为二截且下部残缺较甚。"元"字的字体较粗矮。通长23.1、援长16.5、援宽4.7、内长6.6、内宽4、厚0.4厘米（图二〇八；彩版一四二，1、2）。

M2009：679，锋部和援两侧刃部略残，内后半部残缺较甚。"元"字的字体较粗矮。残长21.7、援残长16.4、援宽4.4、内残长5.3、内宽4、厚0.3厘米（图二〇九；彩版一四二，3、4）。

（2）短胡一穿戈

1件。

M2009：377，出土时已断为二截。锋呈等腰三角形，锐利，援较窄直，援脊不明显，上下边有锐刃，内、援之间有凸棱形栏，胡较短，栏下侧有一穿。长方形直内，内部无穿孔。通长18.8、栏长8.3、援长12.7、援宽3、内长6.1、内宽3、厚0.3厘米（图二一〇，1；彩版一四三，1）。

（3）中胡一穿戈

1件。

M2009：357，援部断为二截且前半残缺，胡部断裂为三块。援略上扬，援脊不明显，上下边有锐刃，内、援之间有凸棱形栏，中胡，栏下侧有一穿。长方形直内，内部无穿孔。残长

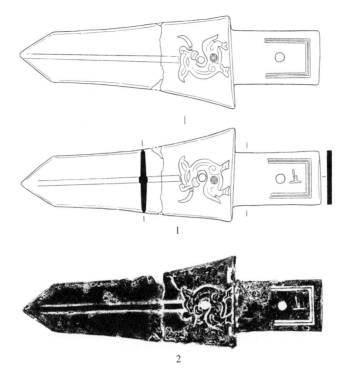

0　　　　　　　5厘米

图一九六　M2009元字铜戈（M2009：687）及拓本

1.元字戈　2.纹样、铭文拓本

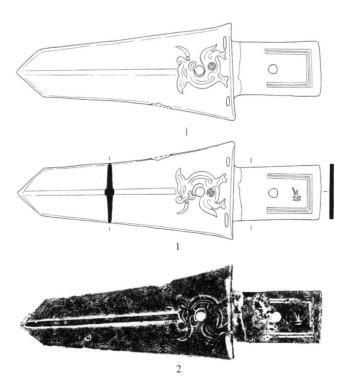

0　　　　　　　5厘米

图一九七　M2009元字铜戈（M2009：387）及拓本

1.元字戈　2.纹样、铭文拓本

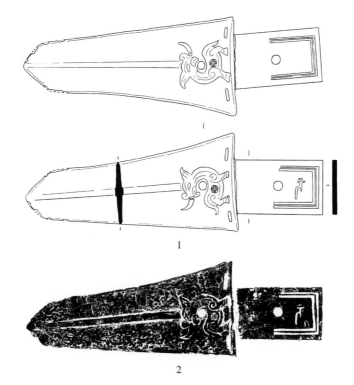

图一九八　M2009 元字铜戈（M2009：531）及拓本
1.元字戈　2.纹样、铭文拓本

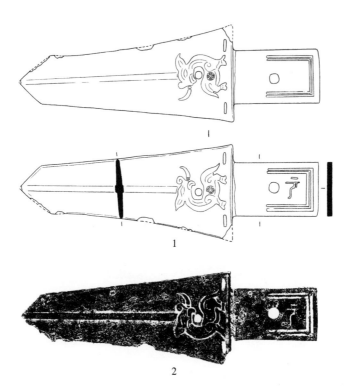

图一九九　M2009 元字铜戈（M2009：388）及拓本
1.元字戈　2.纹样、铭文拓本

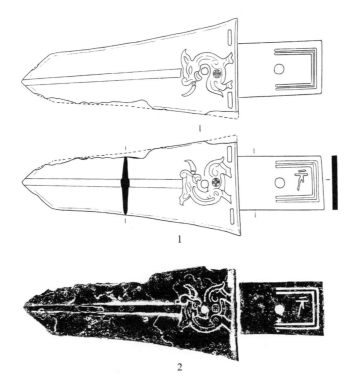

图二〇〇　M2009 元字铜戈（M2009：326）及拓本
1. 元字戈　2. 纹样、铭文拓本

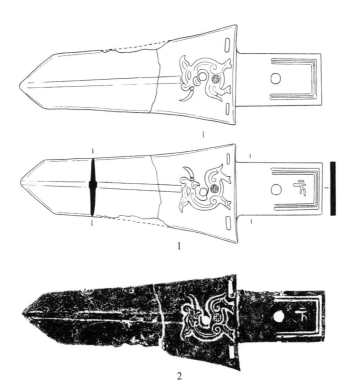

图二〇一　M2009 元字铜戈（M2009：532）及拓本
1. 元字戈　2. 纹样、铭文拓本

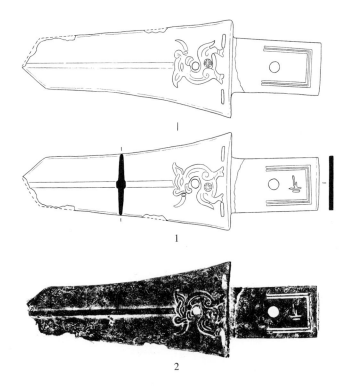

0   5厘米

图二〇二 M2009 元字铜戈（M2009：389）及拓本

1.元字戈　2.纹样、铭文拓本

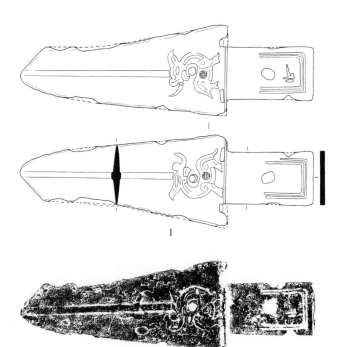

0   5厘米

图二〇三 M2009 元字铜戈（M2009：320）及拓本

1.元字戈　2.纹样、铭文拓本

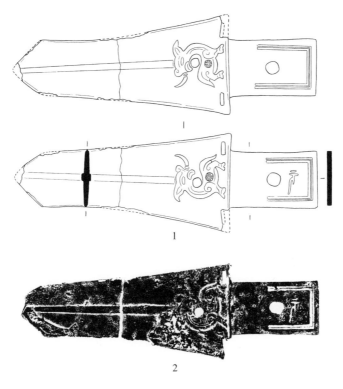

图二○四 M2009 元字铜戈（M2009：533）及拓本
1. 元字戈 2. 纹样、铭文拓本

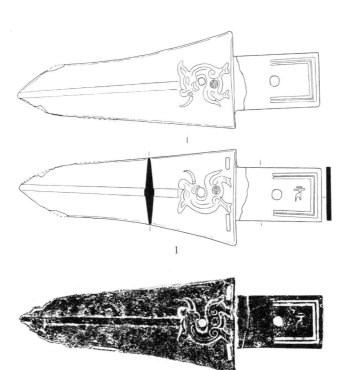

图二○五 M2009 元字铜戈（M2009：539）及拓本
1. 元字戈 2. 纹样、铭文拓本

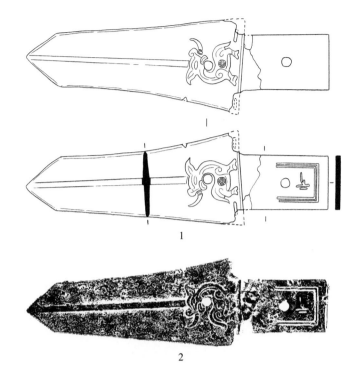

0 _____ 5厘米

图二〇六　M2009 元字铜戈（M2009：692）及拓本
1.元字戈　2.纹样、铭文拓本

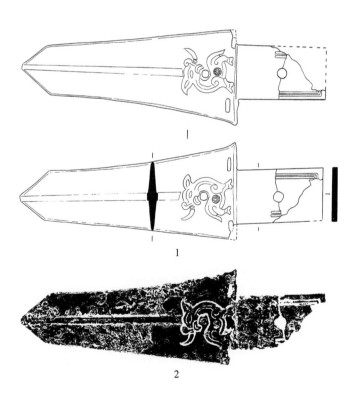

0 _____ 5厘米

图二〇七　M2009 元字铜戈（M2009：300）及拓本
1.元字戈　2.纹样、铭文拓本

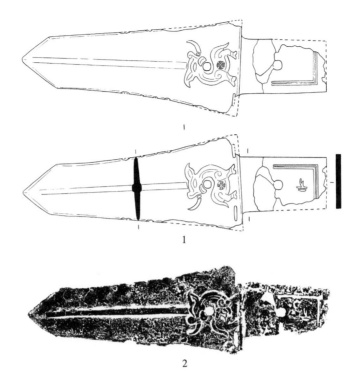

0 _____ 5厘米

图二〇八　M2009元字铜戈（M2009：323）及拓本
1.元字戈　2.纹样、铭文拓本

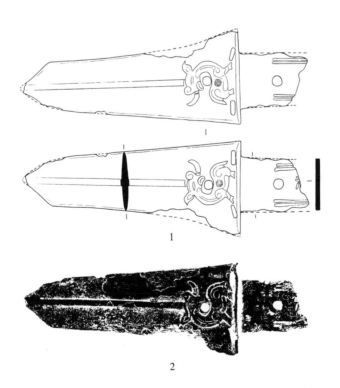

0 _____ 5厘米

图二〇九　M2009元字铜戈（M2009：679）及拓本
1.元字戈　2.纹样、铭文拓本

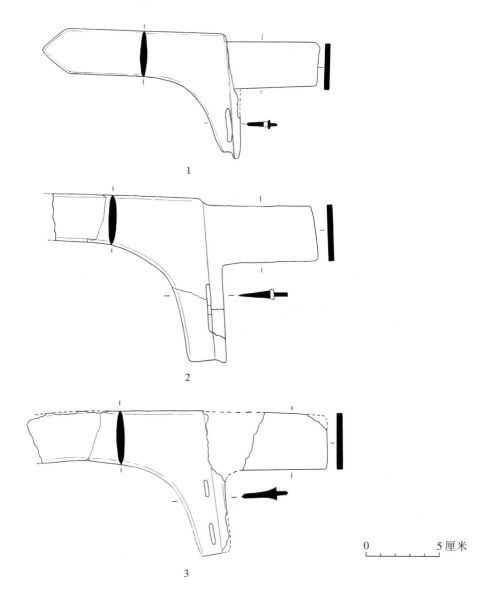

0   5厘米

图二一〇　M2009 铜戈

1.短胡一穿戈（M2009：377）　2.中胡一穿戈（M2009：357）　3.中胡二穿戈（M2009：391）

18.2、栏长 10.5、援残长 10.5、援宽 3.3、内长 6.5、内宽 3.8、厚 0.35 厘米（图二一〇，2；彩版一四三，2）。

（4）中胡二穿戈

2件。形制基本相同。援前部均残缺。援略上扬，无脊，上下边有锐刃，内、援之间有凸棱形栏，胡较短，栏侧有二穿。内皆为直内，近长方形，内部无穿孔。

M2009：391，援部断为二截，锋部、胡部下角、内前部及一角残缺。残长 20.5、栏长 9.4、援残长 13、援宽 3.5、内长 6、内宽 3.7、厚 0.3 厘米（图二一〇，3；彩版一四三，3）。

M2009：456，援前半部残缺，内末端略残。残长 14、栏长 10.1、援残长 6.3、援宽 2.8、内长 7.5、内宽 3.2、厚 3 厘米（图二一一，1；彩版一四四，1）。

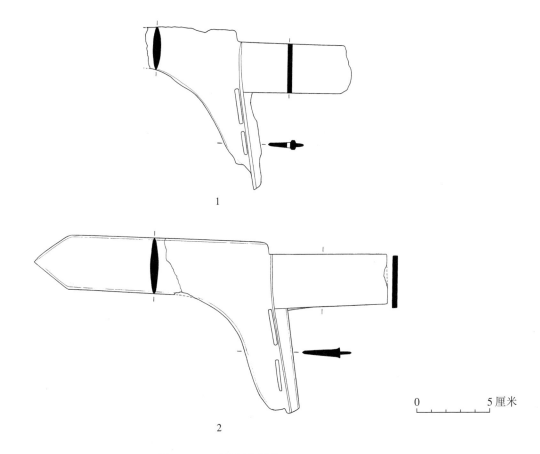

图二一一　M2009 铜戈

1. 中胡二穿戈（M2009：456）　2. 长胡二穿戈（M2009：318）

（5）长胡二穿戈

1件。

M2009：318，援部断为二截，援下侧中部和内后中部略残。锋呈三角形，锐利，援略上扬，无脊，上下边有锐刃，内、援之间有凸棱形栏，胡较长，栏侧有二穿。近长方形直内，内部无穿孔。通长24、栏长11.2、援长16、援宽3.7、内长8、内宽3.3、厚0.4厘米（图二一一，2；彩版一四四，2）。

（6）长胡三穿戈

5件。形制大体相同。锋呈三角形，锐利，援略上扬，有脊或无脊，上下边有锐刃，内、援之间有凸棱形栏，胡较长，栏侧有三穿，在胡上者均为纵长条形，在援本者则或为三角形，或为圆形，或为纵长条形，或为横条形。内皆为近长方形直内，内中部穿孔或为横条形，或为圆形，其后下角或有缺口，或无缺口。

M2009：282，断裂四块，锋尖略残。锋呈等腰三角形，援部有脊，援本中部和内中部的穿孔为圆形。援本部正、背面各饰一个长鼻象形纹样。通长23.9、栏长11.8、援长17.9、援宽4.2、内长6、内宽4、厚0.4厘米（图二一二；彩版一四四，3）。

M2009：322，援上下两侧刃部略残。偏三角形锋，援脊较细，援本上部穿孔为纵长条形，

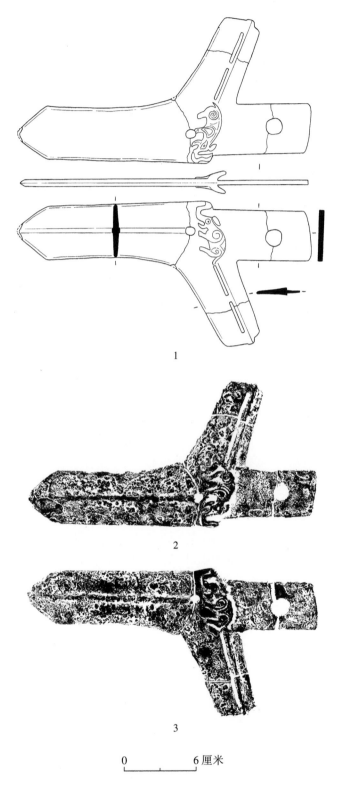

1

2

3

0　　　　　6厘米

图二一二　M2009长胡三穿铜戈（M2009：282）及拓本
1. 长胡三穿戈　2. 背面纹样拓本　3. 正面纹样拓本

内中部穿孔为横条形。通长 21.8、栏长 11.3、援长 15、援宽 2.5、内长 6.7、内宽 2.3、厚 0.3 厘米（图二一三，1；彩版一四五，1）。

M2009 ：741，援部断为二截，上侧刃部略残。偏三角形锋，援部无脊，援本上部的穿孔为纵长条形，内中部穿孔为横条形。通长 22.3、栏长 10.8、援长 15.4、援宽 3.1、内长 6.9、内宽 3.4、厚 0.4 厘米（图二一三，2；彩版一四五，2）。

M2009 ：327，偏三角形锋，援部有脊，援本上部的穿孔为近三角形，内中部穿孔为横条形，内部后下角有缺口。内部正、背面饰有四条平行的细凸线纹。通长 21.8、栏长 11.3、援长 14.5、

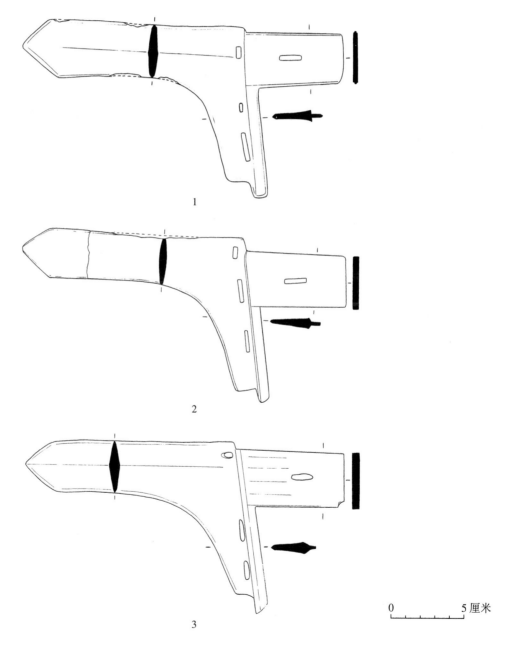

图二一三　M2009 长胡三穿铜戈
1. M2009 ：322　2. M2009 ：741　3. M2009 ：327

援宽 3.4、内长 7.3、内宽 3.7、厚 0.5 厘米（图二一三，3；彩版一四六，1）。

M2009：317，援前半部残缺，残存部分已断裂为三块。援无脊，援本上部和内中部穿孔为横条形。残长 17.3、栏长 10.2、援残长 10.5、援宽 3.5、内长 7、内宽 3.2、厚 0.3 厘米（图二一四，1；彩版一四六，2）。

（7）残胡戈

8 件。锋皆呈三角形，锐利，援略上扬，有脊或无脊，上下边有锐刃，内、援之间有凸棱形栏，胡下端残缺，栏侧有穿。内皆为近长方形直内，内中部有一横条形穿孔，其后下角或有缺口，或无缺口。

M2009：511，锋刃及援的刃部略残，胡下端残缺。近等腰三角形锋，援无脊。栏侧残存有三穿，援本上部穿孔为长方形，其他为纵长条形，内中部穿孔为横条形。通长 24.5、栏残长 8.3、

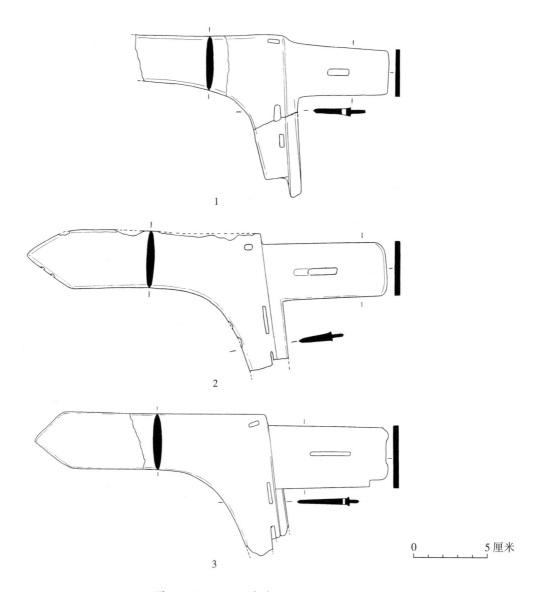

图二一四　M2009 铜戈

1. 长胡三穿戈（M2009：317）　2. 残胡戈（M2009：511）　3. 残胡戈（M2009：455）

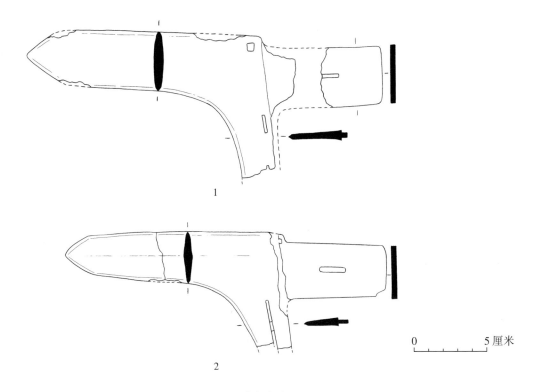

图二一五　M2009 残胡铜戈
1. M2009：325　2. M2009：691

援残长 16.3、援宽 3.5、内长 8.2、内宽 3.2、厚 0.35 厘米（图二一四，2；彩版一四六，3）。

　　M2009：455，援断为二截，胡下端残缺。偏三角形锋，援无脊。栏侧残存有三穿，援本上部和内中部穿孔为横条形，其他为纵长条形。内部后下角有缺口。通长 24.2、栏残长 9.3、援残长 16.4、援宽 3.5、内长 7.8、内宽 4.1、厚 0.4 厘米（图二一四，3；彩版一四七，1）。

　　M2009：325，援刃部略残，胡下端和内中部残缺。等腰三角形锋，援无脊。栏侧残存有三穿，援本上部穿孔近方形，内中部穿孔为横条形，其他为纵长条形。通长 24、栏残长 9.3、援长 16.2、援宽 3.9、内长 8、内宽 4、厚 0.3 厘米（图二一五，1；彩版一四七，2）。

　　M2009：691，断为三截，援下侧刃部及内与援的结合部略残，胡下端残缺。等腰三角形锋，援有脊。栏侧残存有三穿，援本上部和内中部穿孔为横条形，其他为纵长条。内部后下角有缺口。通长 21.8、栏残长 7.7、援长 14.6、援宽 3.4、内长 7.2、内宽 3.6、厚 0.35 厘米（图二一五，2；彩版一四七，3）。

　　M2009：547，断为三截，锋部和援的刃部因锈蚀严重而略有残损，胡部残缺。锋呈等腰三角形，援略上扬，有脊。援本上部有攒心钻孔，内部无穿孔，后下角有缺口。援本部正背面饰牙形纹样，内部正背面饰倒 "n" 字纹。通长 26.7、援长 18.5、援宽 4.1、内长 8、内宽 3.3、厚 0.35 厘米（图二一六，1；彩版一四八，1）。

　　M2009：360，援部上侧刃部因锈蚀略有残缺，胡部残缺。斜三角形锋，援部较窄，无脊。援本部和内中部穿孔为横长条形，内部后下角有缺口。通长 23.4、援长 15.5、援宽 3、内长 7.9、内宽 3.4、厚 0.4 厘米（图二一六，2；彩版一四八，2）。

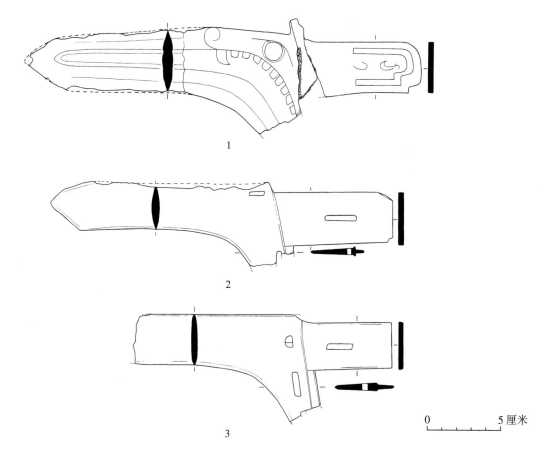

图二一六　M2009 残胡铜戈

1. M2009 ：547　2. M2009 ：360　3. M2009 ：390

　　M2009 ：390，锋部和胡下端残缺。援略上扬，无脊。栏侧残存有二穿，援本部穿孔为不规则形，胡部穿孔为纵长条形，内中部穿孔为横长条形。残长 17.7、援残长 11.7、援宽 3.3、内长 6.1、内宽 3.1、厚 0.3 厘米（图二一六，3；彩版一四八，3）。

　　M2009 ：328，锋尖和援刃部因锈蚀略残，胡部与内部残缺。锋呈等腰三角形，援脊不明显。援本上部穿孔为横长条形。残长 14.3、援宽 3.5、援厚 0.6 厘米（图二一七，1；彩版一四九，1）。

　　（8）戈（明器）

　　1件。

　　M2009 ：550，断为三截，援前端上侧刃部和内部后上角略残。锋呈等腰三角形，较锐利，直援，援脊不明显，上下边刃较薄，栏侧无穿孔，而有三个长条形浅凹槽，短胡，长方形直内的中部有一横条形穿孔。通长 22.2、栏长 10.3、援长 15.8、援宽 3.5、内长 6.4、内宽 3.8、厚 0.4 厘米（图二一七，2；彩版一四九，2）。

　　（9）残戈

　　1件。

　　M2009 ：690，仅存内部。内呈长方形，无穿孔。在内后部的正、背面饰相同的涡纹。内残长 8、宽 4.4、厚 0.45 厘米（图二一七，3、4；彩版一四九，3）。

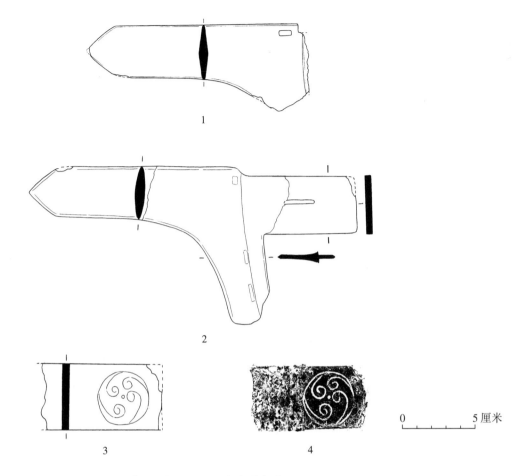

图二一七　M2009 铜戈及拓本

1. 残胡戈（M2009∶328）　2. 戈（M2009∶550）（明器）　3. 残戈（M2009∶690）　4. 残戈（M2009∶690）纹样拓本

2. 矛

11 件。依纹样可分为蝉纹矛和素面矛二种。

（1）蝉纹矛

3 件。骹内均有残木柲。除 M2009∶733 外，其他二件形制、大小及纹样基本相同。器身呈柳叶形，叶刃较窄且锐利，有脊，圆骹銎延伸至叶身前段。骹銎和叶身正、背面饰变形蝉纹，蝉纹内上镶嵌有绿松石，大部分已脱落。

M2009∶376，銎口和锋尖略残。木柲露于骹外。残长 21.5、叶宽 3.3、骹残长 6.2、口径 2.4 厘米（图二一八，1、2；彩版一五〇，1）。

M2009∶729，銎口残损。木柲断于骹内。残长 22.3、叶宽 3.2、骹残长 5、口径 2.3 厘米（图二一八，3、4；彩版一五〇，2）。

M2009∶733，器身残缺，仅存骹銎。木柲断于骹内。銎骹銎呈圆形，正、背面饰变形蝉纹，蝉纹内上镶嵌有绿松石。骹长 10.5、口径 2.7 厘米（图二一八，5、6；彩版一五〇，3）。

（2）素面矛

8 件。除 M2009∶369 外，其余七件骹内有残木柲。形制相同，长短略有差异。器身呈柳叶形，

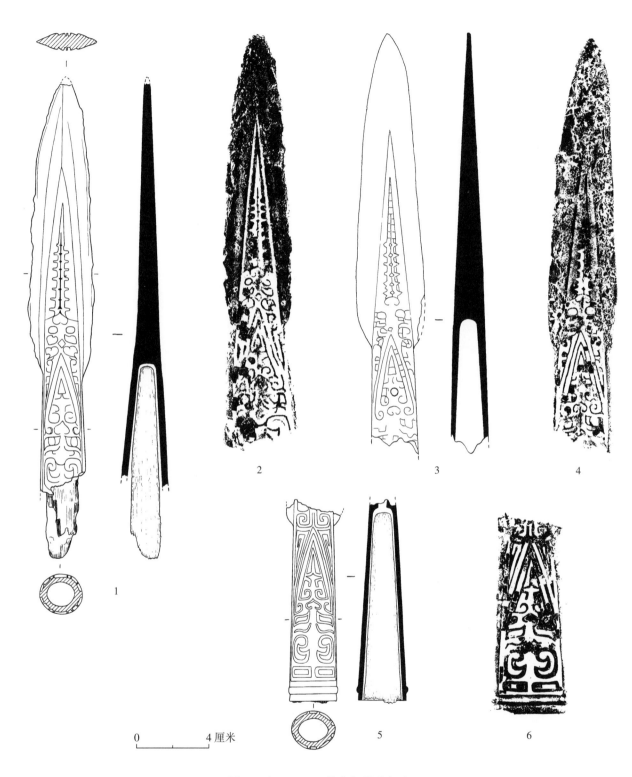

0 ____ 4厘米

图二一八　M2009 蝉纹铜矛及拓本

1. 蝉纹矛（M2009：376）　2. 蝉纹矛（M2009：376）纹样拓本　3. 蝉纹矛（M2009：729）　4. 蝉纹矛（M2009：729）纹样拓本
5. 蝉纹矛（M2009：733）　6. 蝉纹矛（M2009：733）纹样拓本

尖锋和叶刃较锐利，中脊隆起，长骹圆銎延伸至叶身前段。

M2009：374，銎口略残。骹上正面有一个不规则形小穿孔。木柲端与銎平齐。通长 25.5、叶宽 3.8、骹长 12、口径 2.4 厘米（图二一九，1；彩版一五一，1）。

M2009：368，銎口稍有残损。骹上正面有一个近圆形小穿孔。木柲端与銎平齐。通长 25.7、叶宽 3.7、骹长 12.5、口径 2.5 厘米（图二一九，2；彩版一五一，2）。

M2009：375，銎口稍有残损。骹上正面有一个长条形小穿孔。木柲露出骹外少许。残长 25.7、叶宽 3.6、骹长 12.3、口径 2.6 厘米（图二一九，3；彩版一五一，3）。

M2009：373，锋尖和銎口略残。木柲露于骹外。残长 23.2、叶宽 3.6、骹残长 10.3、口径 2.5 厘米（图二二〇，1；彩版一五一，4）。

M2009：370，断为二截。木柲断于骹内。通长 25.2、叶宽 3.4、骹长 11.6、口径 2.6 厘米（图

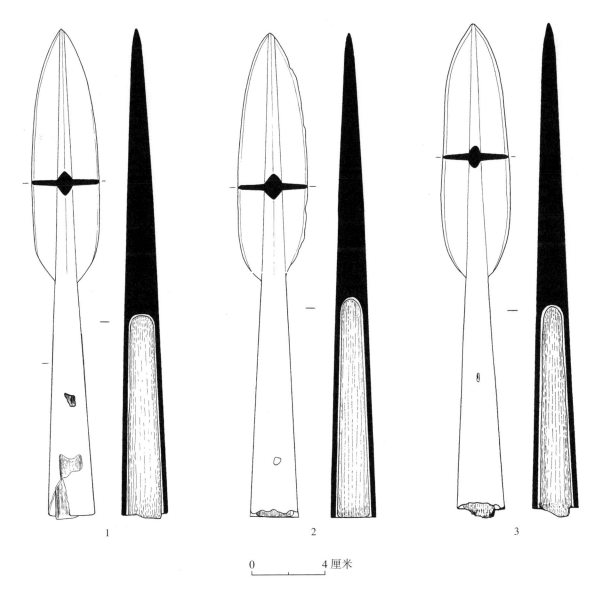

1   2   3

0   4厘米

图二一九　M2009 素面铜矛

1. M2009：374　2. M2009：368　3. M2009：375

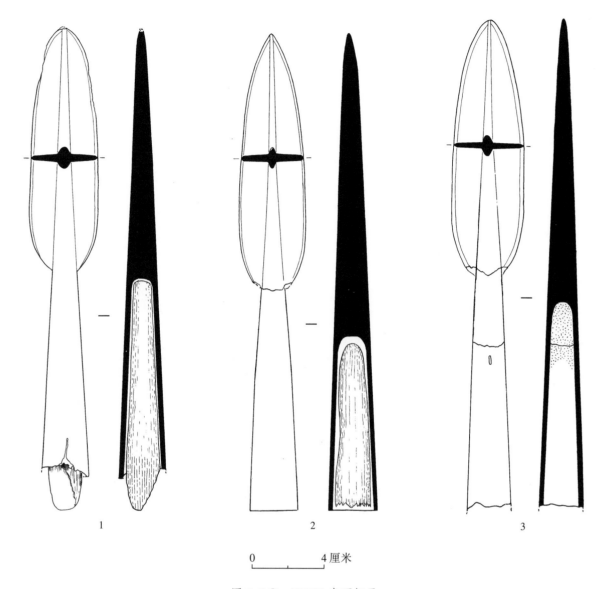

0   4厘米

图二二○　M2009 素面铜矛
1. M2009：373　2. M2009：370　3. M2009：369

二二○，2；彩版一五二，1）。

M2009：369，断为三截，銎口残损。骹上正面有一个长条形小穿孔。残长25.7、叶宽3.8、骹残长12.4、口径2.4厘米（图二二○，3；彩版一五二，2）。

M2009：372，断为二截，叶刃略残。骹上正面有一个长条形小穿孔，背面有一个圆形小穿孔。木柲露于骹外。通长26.2、叶宽3.1、骹长13.2、口径2.5厘米（图二二一，1；彩版一五二，3）。

M2009：371，断为二截，锋残缺。骹上正面有一个长条形小穿孔。木柲端与銎平齐。残长22.8、叶宽3.7、骹长12.3、口径2.5厘米（图二二一，2；彩版一五二，4）。

3. 钺

1件。

M2009：261，出土时断为三截，钺上端后部和下部一穿残缺。整体呈"C"形，内沿为背，

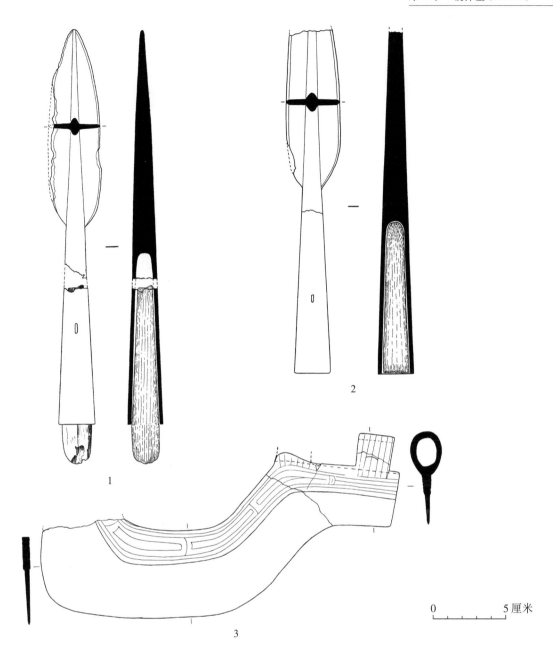

图二二一　M2009 铜矛、钺

1. 素面矛（M2009 ：372）　2. 素面矛（M2009 ：371）　3. 钺（M2009 ：261）

外沿整体为刃，下部有两个椭圆形管状穿（其中一穿已残缺）。穿孔内残存有朽木痕迹。近内沿处的正、背面饰无珠重环纹。通长 24.7、刃部宽 5.7、銎长 2.5、孔径 2.9 厘米 ×2.2 厘米（图二二一，3；彩版一五三，1）。

　　4. 盾鍚

　　27 件。分别出于椁与外棺之间的不同位置。大部分盾鍚因壁胎较薄，受腐蚀严重，已破碎不堪。盾鍚应是盾上的装饰物，盾已腐朽不存，质地不明。出土时仅剩下反面朝上的铜盾鍚，因而推知这些盾原来是正面朝下放置的。铜鍚的正面中部均向上隆起，背面相应凹陷。依其形状可分为长方形盾鍚、圆形盾鍚和方锥形盾鍚三种。

（1）长方形盾鍚

4件。形状、大小基本相同。正面呈圆角长方形，中部向上隆起成弧面，并分布有四个长条形穿孔，周边有较宽的边缘，背面相应凹陷。在四角的背面各向内凸出一个环形钮。钮和穿孔都是用以系绳或贯钉的。

标本 M2009：435，残破。长17.5、宽12.8、高2.6、厚0.15厘米（图二二二，1）。

（2）圆形盾鍚

21件。形状基本相同，大小、厚薄不同。整体呈圆形，正面中部向上隆起，顶部正中有一个小圆钉孔，周边有较宽的边缘，背面相应凹陷。器表或有长条形穿孔，或无穿孔。可分大、小二种。其中较大者3件，较小者18件。

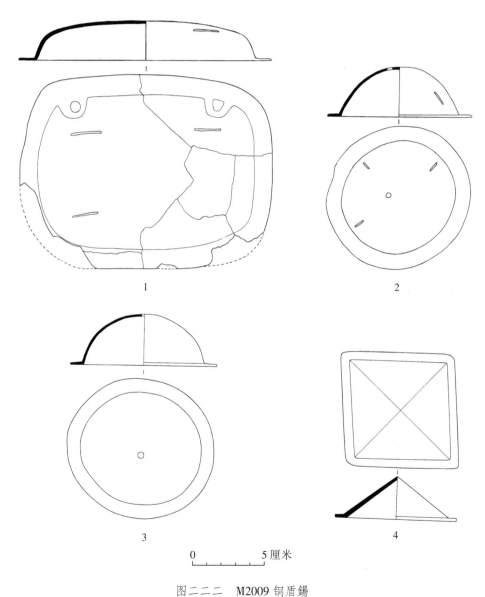

图二二二　M2009 铜盾鍚

1. 长方形盾鍚（M2009：435）　2. 圆形盾鍚（M2009：245）　3. 圆形盾鍚（M2009：233）　4. 方锥形盾鍚（M2009：235）

标本 M2009 ：737，残甚。形体较大，壁胎极薄。外径 20.5、高 1.7、厚 0.05 厘米（图二二三，1）。

标本 M2009 ：448，周边残甚。形体较小，壁胎极薄。外径 11.45、高 1.4、厚 0.05 厘米（图二二三，2）。

标本 M2009 ：245，形体较小，壁胎相对较厚，器表分布有三个长条形穿孔，近中心处有一个同形穿孔。外径 9.8、高 3.3、厚 0.15 厘米（图二二二，2；彩版一五三，2）。

标本 M2009 ：233，形体较小，壁胎相对较厚，器表中心有一圆形穿孔。外径 10.3、高 3.3、厚 0.15 厘米（图二二二，3；彩版一五三，3）。

（3）方锥形盾錫

2 件。形状相同。整体近方形，正面中部向上隆起成方锥形，背面相应凹陷。

标本 M2009 ：235，边长 8.2、高 2.8、厚 0.2 厘米（图二二二，4；彩版一五四，1）。

5. 镞

187 件。多数已残。放置在五处，分别编号，每个编号中箭镞的数量不等。其中 M2009 ：244 为 16 件，M2009 ：579 为 31 件，M2009 ：601 为 12 件，M2009 ：638 为 16 件，M2009 ：658 为 112 件。而 M2009 ：579、M2009 ：244 与 M2009 ：638 三处都尚存箭杆，箭杆因腐朽而长短不等，多少不一，依形状可知系用苇杆做成，有的箭杆表面髹黑漆为地。苇杆已

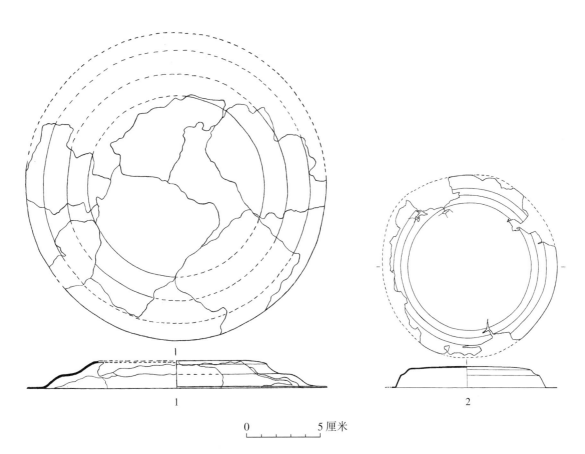

0   5厘米

图二二三　M2009 圆形铜盾錫

1. M2009 ：737　2. M2009 ：448

脱水收缩，断面直径约 0.7 厘米。从腐朽痕迹推知，一支箭矢的长度在 70 厘米左右。依铜镞的形制，可分为双翼镞和无翼方锥锋镞二种。前者占总数的 99.8% 以上，可用于实战；而后者为异形镞，用于弋射及游猎等娱乐活动。

（1）双翼镞

185 件。尖锋，双翼有锐刃，高脊，铤或呈圆柱状，或呈圆锥状，或呈四棱锥状。依双翼的形状，可分为双翼内收形镞与双翼外张形镞二种。

① 双翼内收形镞

132 件。双翼贴近镞身。

标本 M2009：658-1，左翼略残。铤呈圆柱状。镞长 4.8、双翼宽 1.5、铤长 2 厘米（图二二四，1；彩版一五四，2）。

标本 M2009：658-2，铤近圆柱状。镞长 5、双翼宽 1.3、铤长 2 厘米（图二二四，2；彩版一五四，2）。

标本 M2009：658-3，铤呈圆柱状。镞长 5、双翼宽 1.4、铤长 2.1 厘米（图二二四，3；彩版一五四，2）。

标本 M2009：658-4，右翼略残。铤呈四棱锥状。镞长 4.7、双翼宽 1.4、铤长 2 厘米（图二二四，4；彩版一五四，2）。

标本 M2009：658-5，铤呈四棱锥状。镞长 4.8、双翼宽 1.4、铤长 2 厘米（图二二四，5；彩版一五四，2）。

标本 M2009：658-6，铤较短，呈圆锥状。镞长 4.4、双翼宽 1.5、铤长 1.7 厘米（图二二四，6；

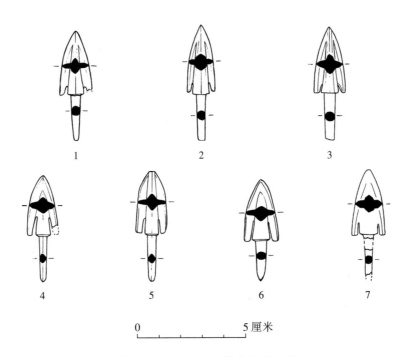

图二二四　M2009 双翼内收形铜镞

1. M2009：658-1　2. M2009：658-2　3. M2009：658-3　4. M2009：658-4　5. M2009：658-5　6. M2009：658-6

7. M2009：579-1

彩版一五四，2）。

标本 M2009：579-1，断为两截，残存有苇制箭杆痕迹，长约 70 厘米，因腐朽较甚而无法连接。镞铤较长，呈圆锥状。镞长 5、双翼宽 1.5、铤长 2.2 厘米（图二二四，7；彩版一五四，2）。

② 双翼外张形镞

53 件。与双翼内收形镞杂放。双翼稍微远离镞身。

标本 M2009：638-1，残存有苇制箭杆，表面有细线绳缠绕的痕迹，箭杆残长 23.5 厘米。镞体形较大，铤下端残损，呈圆柱状。镞残长 4.8、双翼宽 2.2、铤残长 1 厘米（图二二五，1；彩版一五四，3）。

标本 M2009：638-2，残存有苇制箭杆，表面有细线绳缠绕的痕迹，箭杆残长 20 厘米。镞体形较大，锋略残，铤较长，呈圆柱状。镞长 4、双翼宽 2.4、铤长 3.3 厘米（图二二五，2；彩版一五四，3）。

标本 M2009：579-23，锋与右翼稍残。体形较大，铤较长，近圆柱状。镞残长 8.7、双翼宽 2.4、铤长 4.2 厘米（图二二五，3）。

标本 M2009：244-1，锋残。体形较大，铤较长，呈圆柱状。镞残长 7、双翼宽 2.2、铤长 3 厘米（图二二五，4；彩版一五四，4）。

标本 M2009：244-2，双翼残。体形较大，铤较长，呈四棱锥状。镞长 8.2、双翼宽 2.1、铤长 3.4

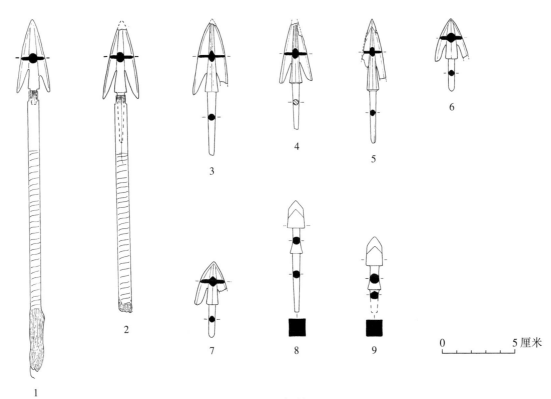

图二二五　M2009 铜镞

1. 双翼外张形镞（M2009：638-1）　2. 双翼外张形镞（M2009：638-2）　3. 双翼外张形镞（M2009：579-23）　4. 双翼外张形镞（M2009：244-1）　5. 双翼外张形镞（M2009：244-2）　6. 双翼外张形镞（M2009：658-111）　7. 双翼外张形镞（M2009：658-112）　8. 无翼方锥锋镞（M2009：579-30）　9. 无翼方锥锋镞（M2009：579-31）

厘米(图二二五，5；彩版一五四，4)。

标本M2009：658-111，右翼稍残。体形较小，铤较短，呈四棱锥状。镞长4.8、双翼宽2.2、铤长2.2厘米(图二二五，6；彩版一五五，1)。

标本M2009：658-112，右翼稍残。体形较小，铤较短，呈四棱锥状。镞长5、双翼宽2.2、铤长2.1厘米(图二二五，7；彩版一五五，2)。

(2)无翼方锥锋镞

2件。大小，形制相同。镞身由三部分组成，前部为正方体，锋尖呈方锥体，中部为较细的圆锥体，后部是圆柱状铤。

M2009：579-30，体形较长。通长7.4、铤长3.9厘米(图二五五，8；彩版一五五，3)。

M2009：579-31，铤部残缺。体形较短。通长5、铤长1.5厘米(图二二五，9；彩版一五五，3)。

(四)工具

11件。总重量1.97千克。计有锛、凿、刻刀、削和刀五种。

1.锛

2件。形制、大小相同。出土时銎口内尚残留有木柄，木柄上存有长方形榫口。整体呈倒梯形，顶端銎口呈长方形，末端为弧形单面刃，且有使用痕迹。正面向下垂直，背面向下斜直，后接慢弧形前收于刃端。

M2009：721，刃部右角略残。高11.75、銎口长3.6、銎口宽2厘米。残存的木柄长12.3厘米(图二二六，1；彩版一五五，4)。

M2009：724，刃部右角残损。高12.25、銎口长3.5、銎口宽2厘米。残存的木柄长11.4厘米(图二二六，2；彩版一五六，1)。

2.凿

1件。

M2009：722，整体呈倒长梯形，銎口呈梯形，刃部稍宽，为弧形偏刃。正面稍宽平，中部微凹；背面略窄，上部略弧，下部斜直前收于刃端。銎口残存有朽木。高17.4、銎口长边2.4、短边2.1、高2厘米(图二二七，1；彩版一五六，2)。

3.刻刀

1件。

M2009：725与M2009：726合为一件，出土时断为二截。器外残存有木鞘的朽木。器身作扁平长条状，正面略宽于背面，上端略窄，下部稍宽，末端单面平刃，微阔，背面有一道竖向细凸棱。长17、正面宽1.5~1.9、正面比背面宽0.15、厚0.4厘米(图二二七，2；彩版一五六，3)。

4.削

6件。分为大削和小削二种。其中大削4件，小削2件。

(1)大削

4件。形制相同。斜尖锋，背稍弧，刃略凹，长方形柄，矩形柄首。刃部有使用痕迹。

M2009：714，出土时断为二截，刃部和尖部稍残损。残长29.7、刃部宽3.7厘米(图二二八，1；彩版一五七，1)。

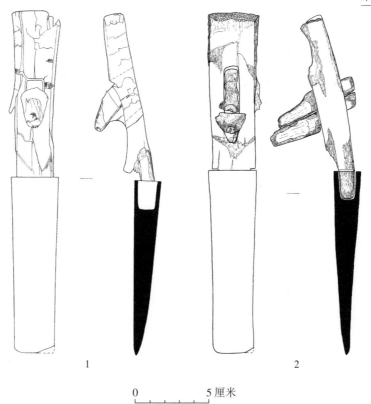

0   5厘米

图二二六　M2009 铜锛

1. M2009：721　2. M2009：724

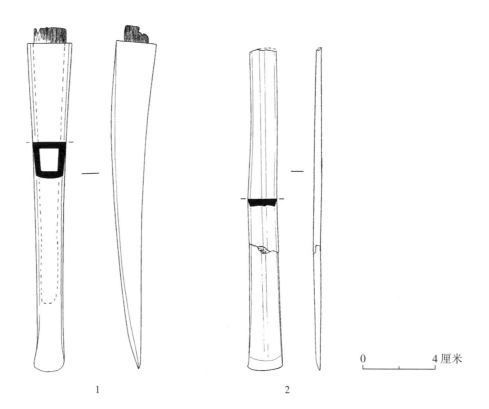

0   4厘米

图二二七　M2009 铜凿、刻刀

1. 凿（M2009：722）　2. 刻刀（M2009：725、M2009：726）

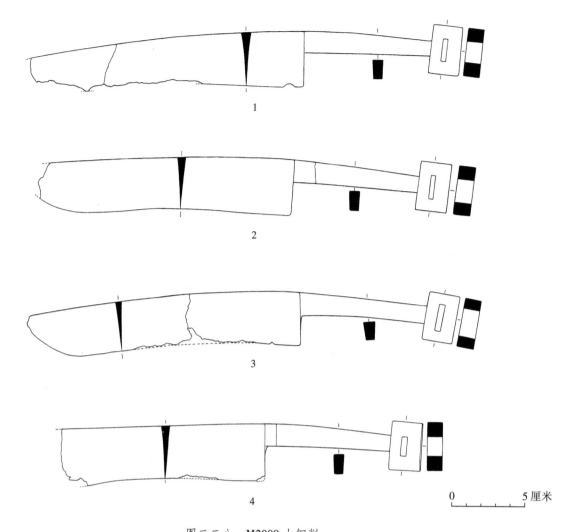

图二二八　M2009 大铜削
1. M2009：714　2. M2009：715　3. M2009：716　4. M2009：717

　　M2009：715，出土时断为二截，尖部残缺。残长 28.2、刃部宽 3.6 厘米（图二二八，2；彩版一五七，2）。

　　M2009：716，出土时断为二截，刃部和尖部稍残损。残长 29.8、刃部宽 3.5 厘米（图二二八，3；彩版一五七，3）。

　　M2009：717，出土时刃部前段残缺。残长 24.2、刃部宽 3.7 厘米（图二二八，4；彩版一五七，4）。

　　（2）小削

　　2 件。

　　M2009：723，出土时断为四截，刃部多残损。刃部窄直，长方形柄，矩形柄首。柄正、背面饰有简易变形蝉纹。残长 24.8、刃部宽 1.3 厘米（图二二九，1；彩版一五八，1）。

　　M2009：1040，出土时刃部前端和柄部残缺，仅存刃部少许和矩形柄首。刃部窄直。柄首正、背面镶嵌有绿松石。残长 11.2、刃部宽 1.2 厘米（图二二九，2；彩版一五八，2）。

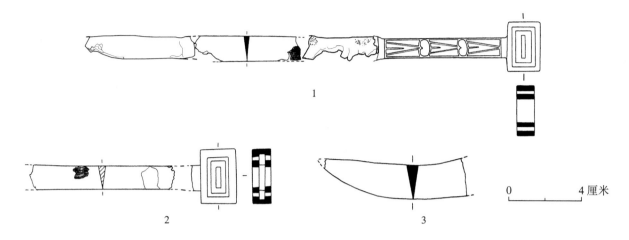

图二二九　M2009 小铜削、刀
1. 小削（M2009：723）　2. 小削（M2009：1040）　3. 刀（M2009：1041）

5. 刀

1 件。

M2009：1041，出土时仅存刀部前半截。形体较小，刀背部微凹，为斜尖刃。残长 7.2、刃部宽 1.8
厘米（图二二九，3；彩版一五八，3）。

（五）车器

162 件。总重量 54.21 千克。计有軎、辖、銮铃、轭和轭饰件五种。其中銮铃与车轭常相伴出土，
大多数的辖与軎套在一起。

1. 軎

48 件。每二件形制、大小、纹样相同者为一对。圆筒状，开口端略粗，顶端封闭，近口端一
侧设一长方形或豁口形辖孔，并与其相对应的另一个长方形辖孔相对穿。依形制和纹样不同可分
为重环纹軎、多棱形軎和素面軎三种。

（1）重环纹軎

28 件。近口端的一侧设一长方形或豁口形辖孔，并与其相对应的另一个长方形辖孔相对穿。
器身中部饰一周凸弦纹，末端饰有珠重环纹与变形蝉纹，顶端饰一周无珠重环纹。其中豁口形辖
孔軎 2 件，长方形辖孔軎 26 件。

标本 M2009：339-1，形体较大。近口端的一侧设一豁口，并与其相对应的另一个长方形辖
孔相对穿。顶端饰一周无珠重环纹与涡纹。长 12.5、口径 5.6、底径 4.3 厘米，辖孔长 2.6、宽 1.1
厘米（图二三〇，1～3；彩版一五八，4）。

标本 M2009：45，形体中等。近口端有长方形对穿辖孔。顶端饰一周无珠重环纹。长
11.3、口径 5.3、底径 4.2 厘米，辖孔长 3、宽 1.5 厘米（图二三〇，4～6；彩版一五九，1）。

标本 M2009：514-1，形体较小。近口端有长方形对穿辖孔。顶端饰一周无珠重环纹。长
10、口径 5、底径 4.2 厘米，辖孔长 2.5、宽 1 厘米（图二三一，1～3；彩版一五九，2）。

标本 M2009：451-1，形体较小。近口端有长方形对穿辖孔。顶端饰一周无珠重环纹。长

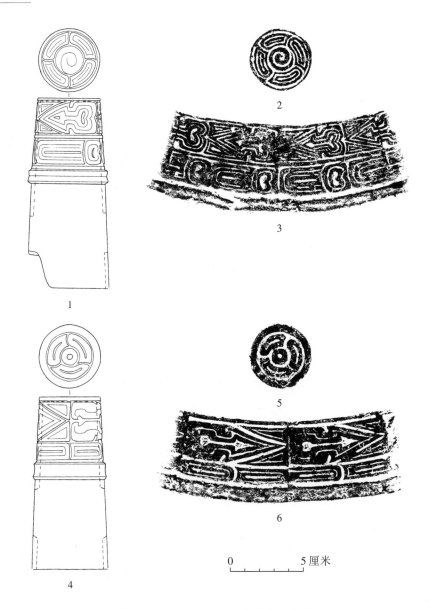

图二三〇　M2009 重环纹铜軎及拓本

1. 重环纹軎（M2009：339-1）　2. 重环纹軎（M2009：339-1）顶部纹样拓本　3. 重环纹軎（M2009：339-1）上部纹样拓本
4. 重环纹軎（M2009：45）　5. 重环纹軎（M2009：45）顶部纹样拓本　6. 重环纹軎（M2009：45）上部纹样拓本

10.2、口径 4.8、底径 4 厘米，辖孔长 2.6、宽 1.1 厘米（图二三一，4～6；彩版一五九，3）。

（2）多棱形軎

18 件。末端表面被等分为多个面，形成多棱体。中部饰凸弦纹。其中豁口形辖孔軎 2 件，长方形辖孔軎 16 件。

标本 M2009：1053-1，口略残。近口端的一侧设一豁口，并与其相对应的另一个长方形辖孔相对穿，末端表面被等分为 11 个面。长 10.2、口径 5.2、底径 3.7 厘米，辖孔长 2.6、宽 1.1 厘米（图二三二，1；彩版一五九，4）。

标本 M2009：515-1，近口端有长方形对穿辖孔，末段表面被等分为 14 个面。长 10、口径 5.3、

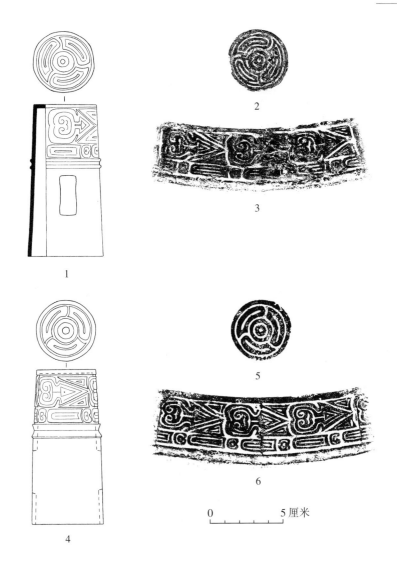

图二三一　M2009 重环纹铜軎及拓本

1. 重环纹軎（M2009：514-1）　2. 重环纹軎（M2009：514-1）顶部纹样拓本　3. 重环纹軎（M2009：514-1）上部纹样拓本
4. 重环纹軎（M2009：451-1）　5. 重环纹軎（M2009：451-1）顶部纹样拓本　6. 重环纹軎（M2009：451-1）上部纹样拓本

底径 4.4 厘米，辖孔长 2.2、宽 1.1 厘米（图二三二，2；彩版一五九，5）。

标本 M2009：623-1，近口端有长方形辖孔，末段表面被等分为 12 个面。长 10.1、口径 5.3、底径 4.1 厘米，辖孔长 2.4、宽 1 厘米（图二三二，3；彩版一五九，6）。

（3）素面軎

2 件。成对。近口端的一侧设一豁口，并与其相对应的另一个长方形辖孔相对穿。

标本 M2009：641-1，形体较小。长 8.9、口径 4.8、底径 4.1 厘米，辖孔长 2.5、宽 1 厘米（图二三二，4；彩版一六〇，1）。

2. 辖

48 件。每二件形制、纹样、大小相同者为一对。辖首正面的形状与纹样各有不同，但两侧面上均各有一个相贯通的穿孔。背面为平面，或呈方形，或呈等腰梯形。辖键呈扁长条形，末端为

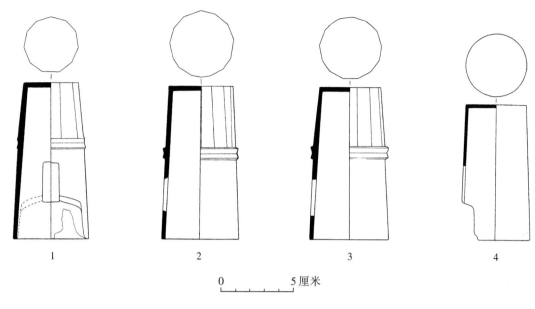

图二三二　M2009 铜軎

1. 多棱形軎（M2009：1053-1）　2. 多棱形軎（M2009：515-1）　3. 多棱形軎（M2009：623-1）　4. 素面軎（M2009：641-1）

斜边或弧边。依辖首正面所饰纹样的不同，可分为兽首形辖、龙首形辖和素面辖三种。

（1）兽首形辖

27件。辖首的正面饰一兽首。但兽首的形状、纹样略有不同。以头部顶端的差异，分为桃形耳和尖角"n"形耳二种。前者25件，后者2件。同一种辖的大小、形制与纹样相同。

标本 M2009：58，兽首顶端为桃形耳，圆形目，鼻部高起，月牙形口位于鼻下端的另一平面。辖首背面呈马蹄形，两侧穿孔为不规则形，键末端为弧边。通长10.4厘米，辖键长7.5、宽2.2、厚1厘米（图二三三，1、2；彩版一六〇，2）。

标本 M2009：62，兽首顶端为桃形耳，圆形目，鼻部高起，月牙形口位于鼻下端的另一平面。辖首背面呈马蹄形，两侧穿孔近长方形，键末端为斜边。通长11.2厘米，辖键长8.2、宽2.1、厚1厘米（图二三三，3、4；彩版一六〇，3）。

标本 M2009：339-2，兽首顶端为桃形耳，圆形目，鼻部高起，上细下粗，月牙形口位于鼻下端的另一平面，鼻上有小圆孔。辖首背面为马蹄形，两侧穿孔近长方形，键末端为弧边。通长12厘米，辖键长8.8、宽2.1、厚0.9厘米（图二三四，1、2；彩版一六〇，4）。

标本 M2009：283-2，兽首顶端为尖角"n"形耳，圆形目微凸，鼻部凸起，扁三角形口位于鼻下端的另一平面。辖首背面为等腰梯形，两侧穿孔近三角形，键末端为直边。通长11.8厘米，辖键长8.1、宽2.5、厚0.9厘米（图二三四，3、4；彩版一六〇，5）。

（2）龙首形辖

1件。

M2009：348-2，辖首的正面饰一龙首，龙首上端的犄角呈"Y"形，梭形目，阔鼻，口微张。辖首背面为正方形，两侧穿孔近三角形，键末端为斜边。通长9.6厘米，辖键长7.5、宽1.7、厚0.8厘米（图二三五，1、2；彩版一六〇，6）。

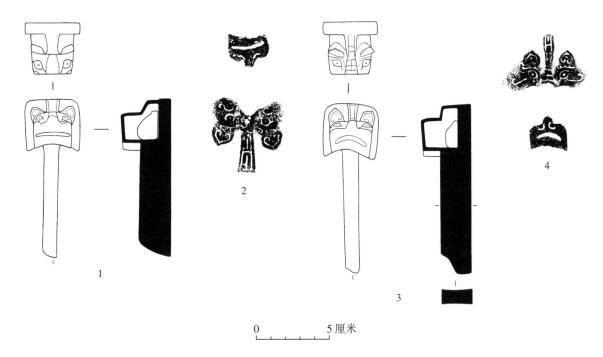

0 5厘米

图二三三 M2009 兽首形铜辖及拓本

1. 兽首形辖（M2009：58） 2. 兽首形辖（M2009：58）辖首纹样拓本 3. 兽首形辖（M2009：62） 4. 兽首形辖（M2009：62）辖首纹样拓本

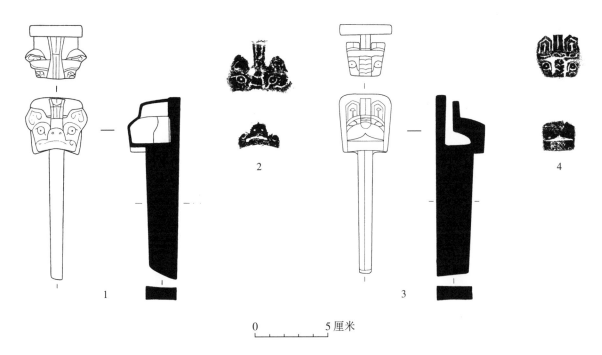

0 5厘米

图二三四 M2009 兽首形铜辖及拓本

1. 兽首形辖（M2009：339-2） 2. 兽首形辖（M2009：339-2）辖首纹样拓本 3. 兽首形辖（M2009：283-2）

4. 兽首形辖（M2009：283-2）辖首纹样拓本

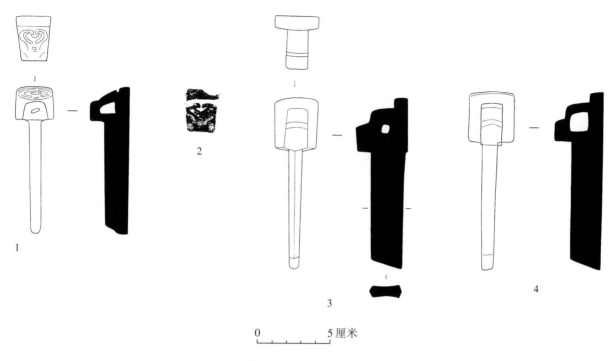

0   5厘米

图二三五　M2009 铜辖

1. 龙首形辖（M2009：348-2）　2. 龙首形辖（M2009：348-2）辖首纹样拓本　3. 素面辖（M2009：289）　4. 素面辖（M2009：66-2）

（3）素面辖

20件。又可分为固定首素面辖和活动首素面辖二种。

① 固定首素面辖

18件。辖首素面，均呈二级台阶状，背面呈长方形。。

标本 M2009：289，辖首两侧面穿孔近方形，键末端为斜边。通长 11.2 厘米，辖键长 7.7、宽 2.2、厚 0.8 厘米（图二三五，3；彩版一六〇，7）。

标本 M2009：66-2，辖首两侧面穿孔近方形，键末端为斜边。通长 11.7 厘米，辖键长 8.4、宽 2、厚 0.9 厘米（图二三五，4；彩版一六〇，7）。

标本 M2009：31，辖首两侧面穿孔为不规则形，键末端为弧边。通长 10.6 厘米，辖键长 7、宽 2、厚 0.9 厘米（图二三六，1）。

标本 M2009：29-2，辖首两侧面穿孔为不规则形，键末端为斜边。通长 11.6 厘米，辖键长 7.9、宽 2.1、厚 0.9 厘米（图二三六，2；彩版一六〇，7）。

标本 M2009：623-2，辖首两侧面穿孔为不规则形，键末端为弧边。通长 11 厘米，辖键长 7.4、宽 2.1、厚 0.9 厘米（图二三六，3；彩版一六〇，7）。

② 活动首素面辖

2件。大小、形制与纹样相同。辖首正面有一凸棱，呈三级台阶状，两侧面穿孔为不规则形，背面呈圆角长方形。辖首下部有一细圆轴，与键套接在一起，可以转动，键末端为斜边。

标本 M2009：414-2，通长 10.9 厘米，辖键长 7、宽 2.1、厚 0.9 厘米（图二三六，4）。

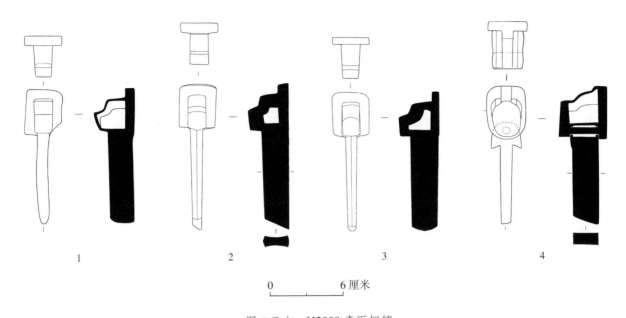

图二三六　M2009 素面铜辖
1. M2009：31　2. M2009：29-2　3. M2009：623-2　4. M2009：414-2

3. 銮铃

38 件。均残。形制基本相同，大小略有差异。出土时有的銮座内尚存木质朽痕。器上部为铃体，下部为方座。铃体外边缘呈椭圆形，正、背两面的中部均为半球形铃腔，正面自中心向外呈辐射状等距分布八个三角形镂孔，铃腔内有一个弹丸。下部銮形座呈上端略细的长方体，其四面的上下端各分别设一个倒三角形和一个圆形穿孔。正、背两面各有五条纤细的竖向凸线，并间以两行四个菱形凸饰。

标本 M2009：454，出土时已断为二截。形体最大，铃柄较粗长。通高 19.6 厘米，铃部外轮长径 11.5、短径 9.8 厘米，銮口长 4.8、宽 3.2 厘米（图二三七，1；彩版一六一，1）。

标本 M2009：453，出土时已断为二截。形体较大，铃柄较粗短。通高 19 厘米，铃部外轮长径 11.3、短径 9.2 厘米，銮口长 5、宽 3.2 厘米（图二三七，2；彩版一六一，2）。

标本 M2009：458，出土时已断为二截。形体略小，铃柄较粗长。通高 19 厘米，铃部外轮长径 10.4、短径 8.8 厘米，銮口长 5、宽 3.1 厘米（图二三八，1；彩版一六一，3）。

标本 M2009：337，出土时已断为二截，铃体外边缘一侧略残。形体最小，铃柄较细长。通高 16.5 厘米，铃部外轮长径 9.1、短径 7.2 厘米，銮口长 3.7、宽 2.8 厘米（图二三八，2；彩版一六一，4）。

4. 轭

2 件。形状、大小基本相同。均为铜木结构，内为人字形木胎，外上端套一兽面纹铜轭首，中部轭肢上包一层薄铜皮（铜皮因太薄已锈蚀成粉末状），下端向外向上弯曲，并各安装一个底端封闭的双龙首纹铜轭足。

M2009：444，整个轭身高 56 厘米（图二三九、二四〇；彩版一六二）。

M2009：398，整个轭身高 53.5 厘米（图二四一、二四二；彩版一六三）。

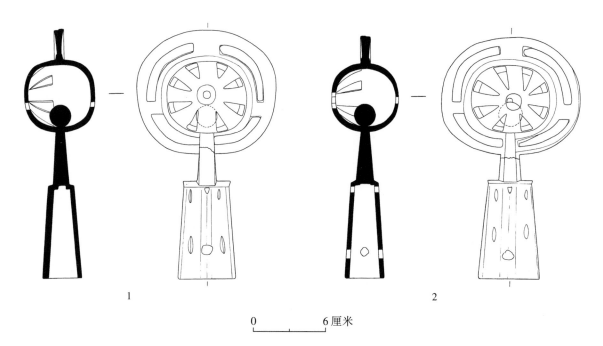

0 _____ 6厘米

图二三七　M2009 铜銮铃
1. M2009：454　2. M2009：453

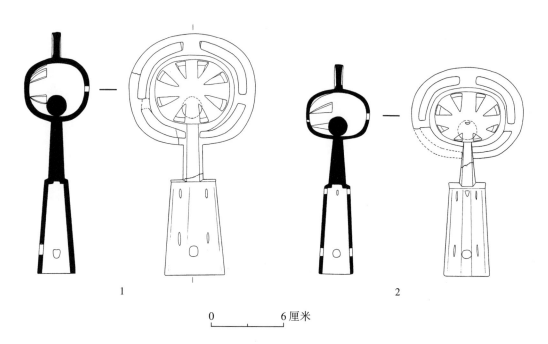

0 _____ 6厘米

图二三八　M2009 铜銮铃
1. M2009：458　2. M2009：337

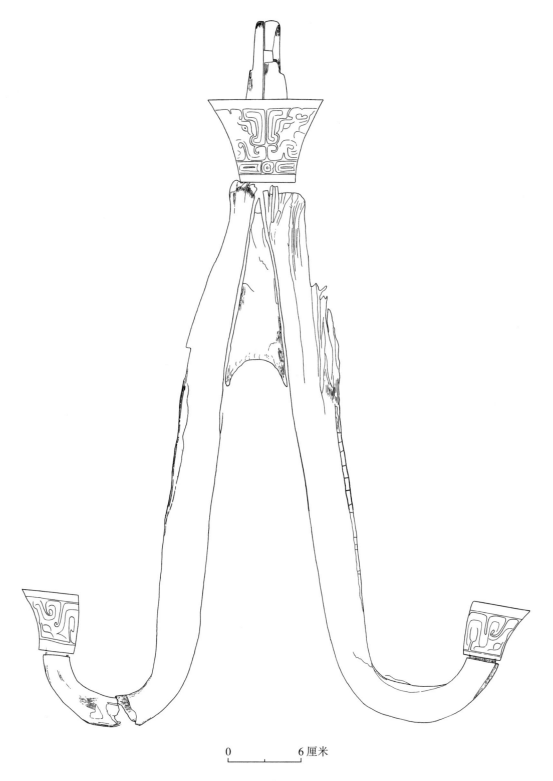

0 ⸺⸺⸺⸺ 6厘米

图二三九　M2009 铜轭（M2009：444）

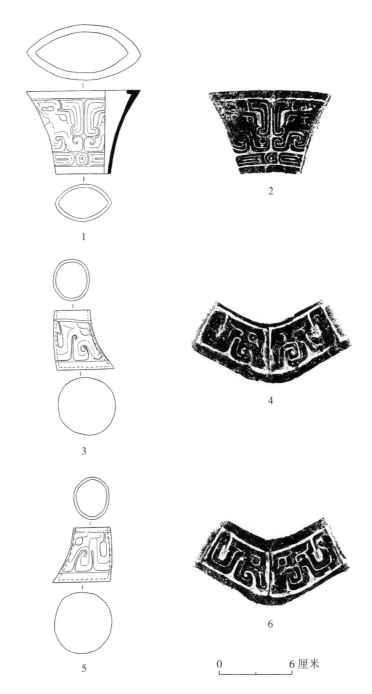

图二四〇　M2009铜轭（M2009：444）饰件及拓本

1. 轭首（M2009：444-1）　2. 轭首（M2009：444-1）纹样拓本　3. 左轭足（M2009：444-2）　4. 左轭足（M2009：444-2）纹样拓本
5. 右轭足（M2009：444-3）　6. 右轭足（M2009：444-3）纹样拓本

5. 轭饰件

10套26件。其中四套车轭的铜轭首缺失。清理时车轭经常与銮铃、环伴出。木胎轭肢及外包铜皮均已残坏，有的仅存痕迹。现就铜轭首、轭足做一介绍：

（1）兽面纹轭首

6件。形状、大小及纹样相同。正面近倒梯形，中部两侧略内束，断面呈梭形，上下贯通。轭首正、

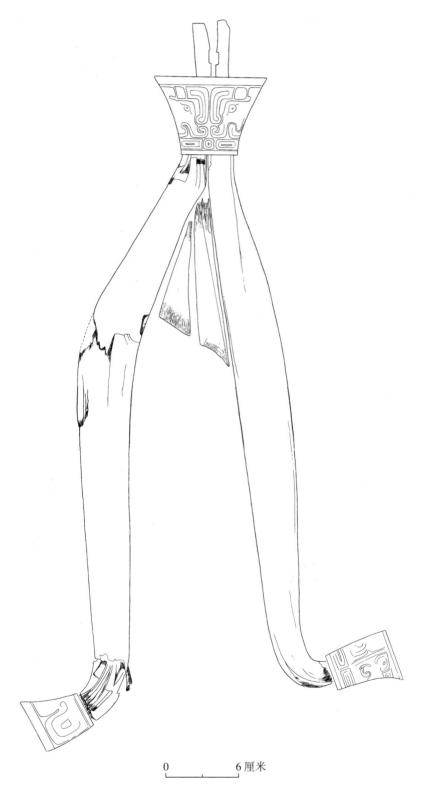

0 _____ 6厘米

图二四一 M2009 铜轭（M2009：398）

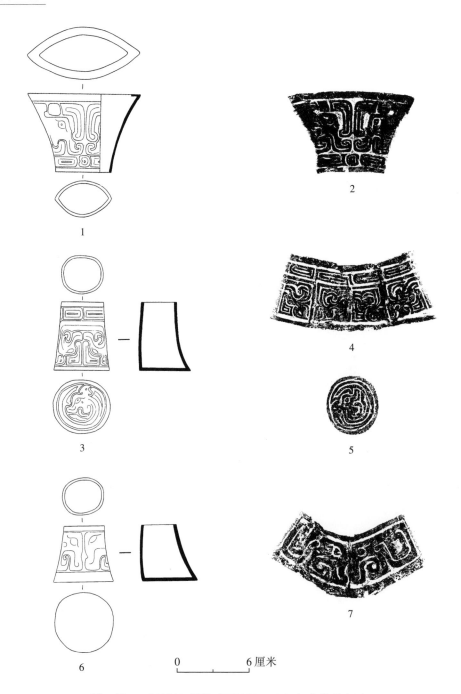

0   6厘米

图二四二 M2009 铜轭（M2009：398）饰件及拓本

1. 轭首（M2009：398-1）   2. 轭首（M2009：398-1）纹样拓本   3. 左轭足（M2009：398-2）   4. 左轭足（M2009：398-2）正面
纹样拓本   5. 右轭足（M2009：398-3）底部纹样拓本   6. 右轭足（M2009：398-3）   7. 右轭足（M2009：398-3）拓本

背面上部各饰一兽面纹，下部饰一周有珠重环纹。有的轭首内尚残存有朽木。

标本 M2009：399-1，高 7.2 厘米，上口长 10.7、宽 4.4 厘米，下口长 4、宽 3 厘米（图
二四三；彩版一六四，1）。

（2）双龙首纹轭足

20 件。形制大体相同，粗细略有差异。均为兽蹄形，上端有口，底端封闭。口、底平面为椭

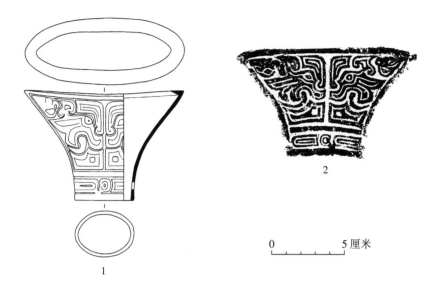

图二四三　M2009 兽面纹铜轭首（M2009：399-1）及拓本
1.兽面纹轭首　2.纹样拓本

图二四四　M2009 双龙首纹铜轭足及拓本

1.双龙首纹轭足（M2009：459-2）　2.双龙首纹轭足（M2009：459-2）正面纹样拓本　3.双龙首纹轭足（M2009：459-2）底部纹样拓本　4.双龙首纹轭足（M2009：367）　5.双龙首纹轭足（M2009：367）正面纹样拓本　6.双龙首纹轭足（M2009：367）底部纹样拓本

0   4厘米

图二四五　M2009 双龙首纹铜轵足及拓本

1. 双龙首纹轵足（M2009：380）　2. 双龙首纹轵足（M2009：380）正面纹样拓本　3. 双龙首纹轵足（M2009：380）底部纹样拓本
4. 双龙首纹轵足（M2009：362）　5. 双龙首纹轵足（M2009：362）正面纹样拓本　6. 双龙首纹轵足（M2009：362）底部纹样拓本

圆形。正、背面上部饰一周简易无珠重环纹，下部饰二组双首龙纹，底端饰曲体龙纹。

　　标本 M2009：459-2，器身较粗。高5.5、口径3.5厘米，底端长径4.8、短径4.2厘米（图二四四，1～3；彩版一六四，2）。

　　标本 M2009：367，器身略粗。高5.2、口径3.5厘米，底端长径4.7、短径4.2厘米（图二四四，4～6；彩版一六四，3）。

　　标本 M2009：380，足内残有朽木。器身较细。高5.4、口径3.3厘米，底端长径4.5、短径4.2厘米（图二四五，1～3；彩版一六四，4）。

　　标本 M2009：362，足内残有朽木。器身较细。高5.2、口径3.2厘米，底端长径4.2、短径4.1厘米（图二四五，4～6；彩版一六四，4）。

（六）马器

861件。总重量22.83千克。计有衔、镳、兽面纹铃、节约、络饰、带扣、小腰、环和游环九种。

1.衔

55件。出土时衔与镳或套在一起，或拆散后放在一起，故每一件衔和二件相配对的镳编为一个号。衔的形状大体相同，长短相差无几，均由两个8字形铜环套接而成。而两端环的形状则有所不同，计有圆形、椭圆形和椭方形三种。

标本M2009：249-1，端环为圆形。通长20.7厘米，环外直径3.7厘米（图二四六，1；彩版一六五，1）。

标本M2009：594-1，端环为椭圆形。通长20.6厘米，环外长径3.8、短径3.3厘米（图二四六，3）。

标本M2009：450-1，端环为椭圆形。通长21厘米，环外长径4.1、短径3.6厘米（图二四六，4）。

标本M2009：329-1，端环为椭方形。通长19.5厘米，环外边长3.7、宽3.5厘米（图二四六，5；彩版一六六，1）。

标本M2009：596-1，端环为椭圆形。通长20.5厘米，环外长径3.8、短径3.2厘米（图二四六，2；彩版一六八，1）。

标本M2009：1051-1，端环为椭方形。通长20.2厘米，环外边长3.8、宽3.6厘米（图二四六，6；彩版一六五，2）。

2.镳

112件。出土时二件镳往往与一件衔套在一起，故二件相配对的镳和衔编为一个号。一般情

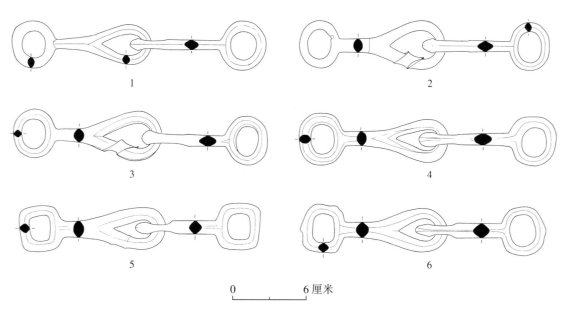

0   6厘米

图二四六　M2009铜衔

1. M2009：249-1　2. M2009：596-1　3. M2009：594-1　4. M2009：450-1　5. M2009：329-1　6. M2009：1051-1

况下，每一副镳的大小、形状、纹样相同，且左右相对。只有少数不同形状者相互搭配成一副。器身均作弧形弯曲状，表面略鼓，背面中部有两个半环形钮。依镳首端形状的不同，可分为无首镳、龙首镳、圆首镳和环首镳四种。

（1）无首镳

38 件。形制、大小基本相同。上端渐粗，下端较细。正面较鼓，背面有脊。断面为扁圆形。

标本 M2009：249-2、M2009：249-3，一副。断面近扁圆形。长 11、宽 1、厚 0.6 厘米（图二四七，1、2；彩版一六五，1）。

标本 M2009：1051-2、M2009：1051-3，一副。断面呈扁圆形。长 11.5、宽 1.1、厚 0.6 厘米（图二四七，3、4；彩版一六五，2）。

（2）龙首镳

52 件。大小、纹样基本相同，形状稍有差异。

标本 M2009：457-2、M2009：457-3，一副。形制、大小相同，体形较宽。正面略鼓，背面略有凹陷。镳首卷曲成龙首形，末端饰侧视龙首纹，中部饰三组变形蝉纹。长 10.5、宽 1.8、厚 0.4 厘米。M2009：457-2，左首镳（图二四八，1、2；彩版一六七，1）；M2009：457-3，右首镳（图二四八，3、4；彩版一六七，1）。

标本 M2009：356-2、M2009：356-3，一副。形制、大小相同，体形较宽。正面略鼓，背面略有凹陷。镳首卷曲成龙首形，末端饰侧视龙首纹，中部饰三组变形蝉纹。长 12.5、宽 1.8、厚 0.4 厘米。M2009：356-2，左首镳（图二四九，1、2；彩版一六七，2）；M2009：356-3，右首镳（图二四九，3、4；彩版一六七，2）。

标本 M2009：258-2、M2009：258-3，一副。出土时左侧镳的下端残缺，右侧镳断为三截。形制、大小相同。体形较窄，正面平齐，背面微凹。镳首卷曲成龙首形，中部饰简易重环纹。长 10.7、宽 1.4、厚 0.5 厘米。M2009：258-2，左首镳（图二五○，1、2；彩版一六六，2）；M2009：258-3，右首镳（图二五○，3、4；彩版一六六，2）。

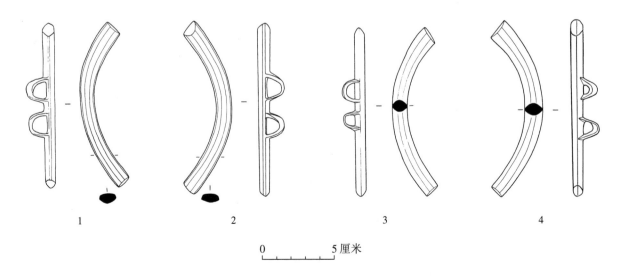

图二四七　M2009 无首铜镳

1. M2009：249-2（左）　2. M2009：249-3（右）　3. M2009：1051-2（左）　4. M2009：1051-3（右）

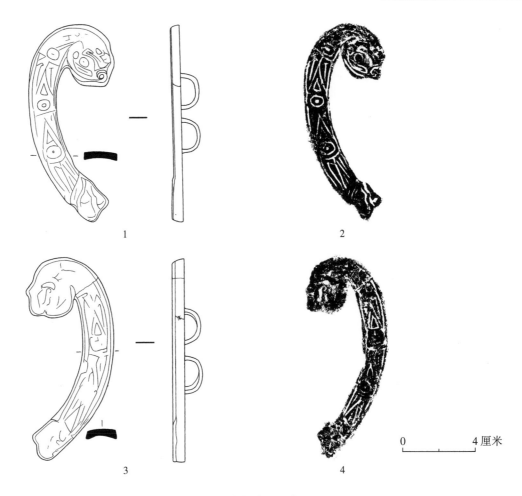

图二四八 M2009 龙首铜镳及拓本

1. 龙首镳（M2009 ：457-2）（左） 2. 龙首镳（M2009 ：457-2）（左）纹样拓本 3. 龙首镳（M2009 ：457-3）（右）
4. 龙首镳（M2009 ：457-3）（右）纹样拓本

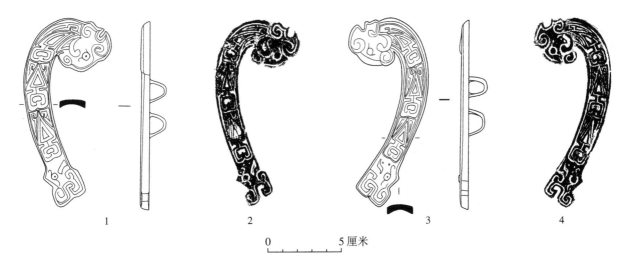

图二四九 M2009 龙首铜镳及拓本

1. 龙首镳（M2009 ：356-2）（左） 2. 龙首镳（M2009 ：356-2）（左）纹样拓本 3. 龙首镳（M2009 ：356-3）（右）
4. 龙首镳（M2009 ：356-3）（右）纹样拓本

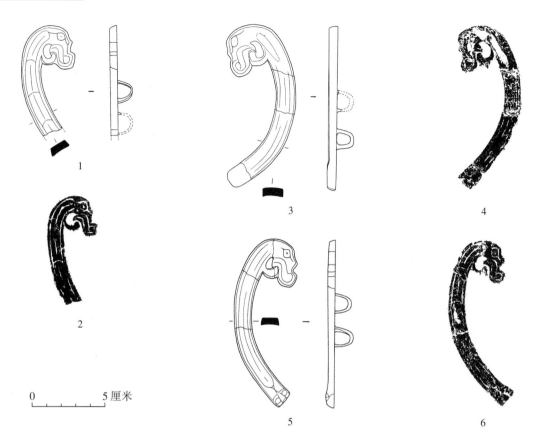

图二五〇　M2009 龙首铜镳及拓本

1.龙首镳（M2009：258-2）（左）　2.龙首镳（M2009：258-2）（左）纹样拓本　3.龙首镳（M2009：258-3）（右）　4.龙首镳（M2009：258-3）（右）纹样拓本　5.龙首镳（M2009：329-2）（左）　6.龙首镳（M2009：329-2）（左）纹样拓本

标本 M2009：329-2、M2009：329-3，一副。出土时右侧镳的两端残缺，仅存镳身中段。形制、大小相同。体形较窄，正面平齐，背面微凹。镳首卷曲成龙首形，中部饰简易重环纹。长 11、宽 1.2、厚 0.5 厘米。M2009：329-2，左首镳（图二五〇，5、6；彩版一六六，1）。

（3）圆首镳

14 件。形状基本相同，大小、纹样不尽相同。镳首卷曲成圆形，正面所饰纹样有所不同，或饰重环纹或饰变形蝉纹。饰重环纹者 1 件，饰变形蝉纹者 13 件。

标本 M2009：596-2、M2009：596-3，一副。形制、大小、纹样相同。正面平，背面略有凹陷。正面饰二组变形蝉纹。长 11.6、宽 1.9、厚 0.35 厘米。M2009：596-2，左首镳（图二五一，1、2；彩版一六八，1）；M2009：596-3，右首镳（图二五一，3、4；彩版一六八，1）。

标本 M2009：364-2、M2009：364-3，一副。形制、大小、纹样不同。M2009：364-2，左首镳。正面平，背面略有凹陷。正面饰二组变形蝉纹。长 12、宽 1.9、厚 0.35 厘米（图二五二，1、2；彩版一六八，2）；M2009：364-3，右首镳。正面略鼓，背面平齐。正面饰四组简易无珠重环纹。长 12.9、宽 1.8、厚 0.4 厘米（图二五二，3、4；彩版一六八，2）。

（4）环首镳

8 件。大小、形状、纹样不尽相同。镳首端卷曲成圆环形，背面平齐。圆环部位正面或为素面，

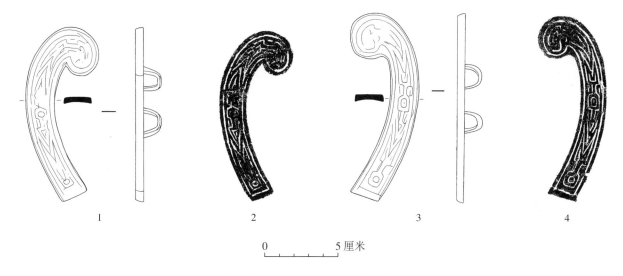

图二五一 M2009 圆首铜镳及拓本

1.圆首镳（M2009：596-2）（左） 2.圆首镳（M2009：596-2）（左）纹样拓本 3.圆首镳（M2009：596-3）（右）

4.圆首镳（M2009：596-3）（右）纹样拓本

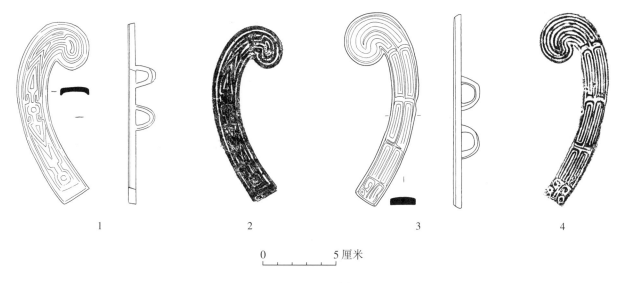

图二五二 M2009 圆首铜镳及拓本

1.圆首镳（M2009：364-2）（左） 2.圆首镳（M2009：364-2）（左）纹样拓本 3.圆首镳（M2009：364-3）（右）

4.圆首镳（M2009：364-3）（右）纹样拓本

或饰龙首纹。其中环首素面者 4 件，环首饰龙首纹者 4 件。

标本 M2009：597-2、M2009：597-3，一副。形制、大小相同。正面平齐。镳首素面，中部有三道竖向凹槽。长 12.5、宽 1.3、厚 0.5 厘米。M2009：597-2，左首镳（图二五三，1；彩版一六九，1）。

标本 M2009：433-2、M2009：433-3，一副。形制、大小相同。正面微鼓。镳首与末端的正面各饰一龙首形纹，中部饰三组变形蝉纹。长 12.7、宽 1.7、厚 0.35 厘米。M2009：433-2，左首镳（图二五三，2、3；彩版一六九，2）。

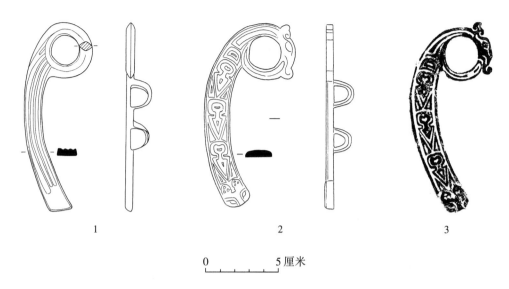

0 ⊢——┴——┴——┴——┤ 5厘米

图二五三　M2009 环首铜镳及拓本

1. 环首镳（M2009：597-2）　2. 环首镳（M2009：433-2）　3. 环首镳（M2009：433-2）纹样拓本

3. 兽面纹铃

6件。形制、纹样相同，大小有所差异。其中较大者二件，为一对；较小者四件，除 M2009：593 破碎严重外，其余三件保存完整，且大小相若。器身呈上窄下宽的梯形，横断面呈空腔椭圆形，平顶中心有穿孔，上方有方形钮。下口部边缘呈凹弧形，皆有一周内折沿，腔内有槌状铃舌。正、背面各饰一组纤细的凸线兽面纹。

M2009：440，形体较大。通高 16.9 厘米，下口长径 9.9、短径 7.1 厘米，铃舌长 10.7 厘米（图二五四；彩版一七〇，1、2）。

M2009：405，形体较大。通高 16.8 厘米，下口长径 9.9、短径 7.3 厘米，铃舌长 10.2 厘米（图二五五；彩版一七〇，3、4）。

M2009：493，形体较小。通高 12.1 厘米，下口长径 7.5、短径 5.9 厘米，铃舌长 8.2 厘米（图二五六；彩版一七一，1、2）。

M2009：616，形体较小，正面有二个长条形镂空。通高 12 厘米，下口长径 7.6、短径 5.9 厘米，铃舌长 8.3 厘米（图二五七；彩版一七一，3、4）。

M2009：483，下口部略残。形体较小。通高 12 厘米，下口长径 7.9、短径 5.7 厘米，铃舌长 8.2 厘米（图二五八；彩版一七二，1、2）。

4. 节约

76件。皆呈双管交叉且相通的形状。可分为"A"形节约、十字形节约和"X"形节约三种。

（1）"A"形节约

4件。大小、形制、纹样基本相同。其中二件出土时下半段已残缺。

标本 M2009：600-1，器身作弯曲的管状，中部相连呈束腰的"A"形。正面中部饰兽面纹，上部饰简易无珠重环纹。正面下部有两个纵向长方形穿孔，背面有一个近方形穿孔。长 12.7、中部宽 3、管径 2.2 厘米（图二五九，1、2；彩版一七二，3、4）。

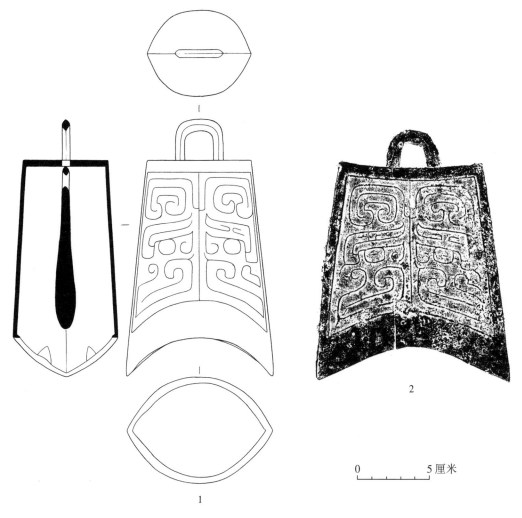

0　　　　　5厘米

图二五四　M2009 兽面纹铜铃（M2009 ：440）及拓本
1. 兽面纹铃　2. 纹样拓本

（2）十字形节约

37 件。以正面纹样的差异，可分为蝉纹与兽面纹二种。

① 蝉纹十字形节约

21 件。表面纵向饰一蝉纹。背面穿孔或为方形，或为长方形，或为不规则形。又可分为大、小二种。其中较大者 13 件，较小者 8 件。

标本 M2009 ：600-5，体形较大。体呈纵十字形，背面穿孔为纵长方形。长 4.4、宽 3、管径 1.2 厘米（图二五九，3、4；彩版一七三，1）。

标本 M2009 ：600-8，体形较大。体呈正十字形，背面穿孔为正方形。长 3.4、宽 3.3、管径 1.3 厘米（图二五九，5、6；彩版一七三，1）。

标本 M2009 ：600-17，体形较小。体呈正十字形，背面穿孔为不规则形。长 2.8、宽 2.8、管径 1.2 厘米（图二六〇，1、2；彩版一七三，1）。

② 兽面纹十字形节约

16 件。皆呈正十字形，背面穿孔或为方形，或为圆形。正面中部饰一兽面纹。又可分为大、

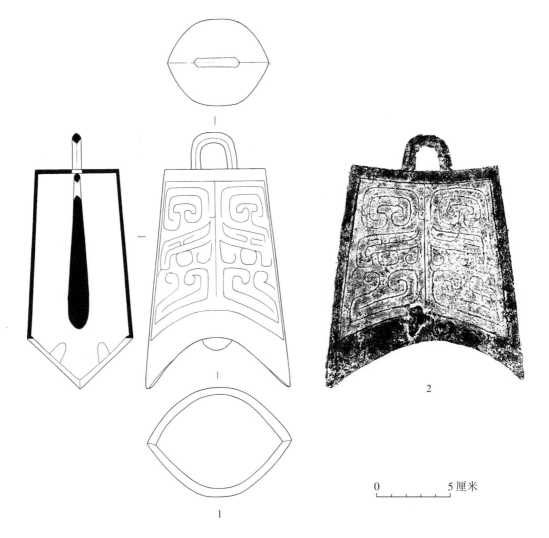

0 _____ 5 厘米

图二五五　M2009 兽面纹铜铃（M2009 ：405）及拓本
1. 兽面纹铃　2. 纹样拓本

小二种。其中较大者 11 件，较小者 5 件。

标本 M2009 ：600-26，形体较大。背面穿孔近方形。长、宽皆 3.3、管径 1.2 厘米（图二六〇，3、4；彩版一七三，2）。

标本 M2009 ：600-27，形体较大。背面穿孔近长方形。长、宽皆 3.2、管径 1.3 厘米（图二六〇，5、6；彩版一七三，2）。

标本 M2009 ：600-37，形体较小。背面穿孔为圆形。长、宽皆 2.7、管径 1.2 厘米（图二六〇，7、8；彩版一七三，2）。

（3）"X"形节约

35 件。正面中部饰兽面纹。背面或为方形，或为圆形，或为不规则形穿孔。可分为修长形与宽短形二种。其中宽短形 20 件；修长形 15 件，且有大、小之别。

标本 M2009 ：314-1，为修长形节约之较大者，背面有方形穿孔，正面下端刻有三道竖向浅凹槽。长 7.1、中部宽 3、管径 1.9 厘米（图二六一，1、2；彩版一七三，3）。

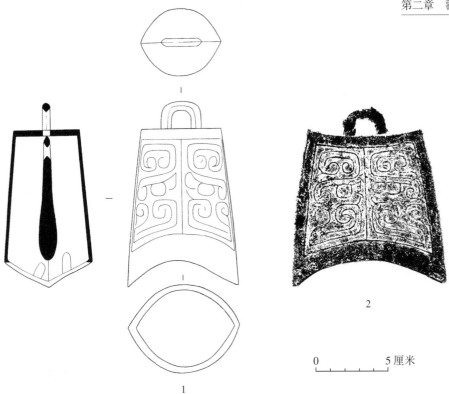

图二五六　M2009 兽面纹铜铃（M2009：493）及拓本
1. 兽面纹铃　2. 纹样拓本

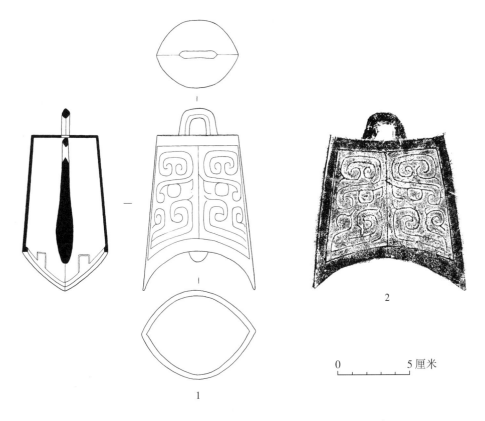

图二五七　M2009 兽面纹铜铃（M2009：616）及拓本
1. 兽面纹铃　2. 纹样拓本

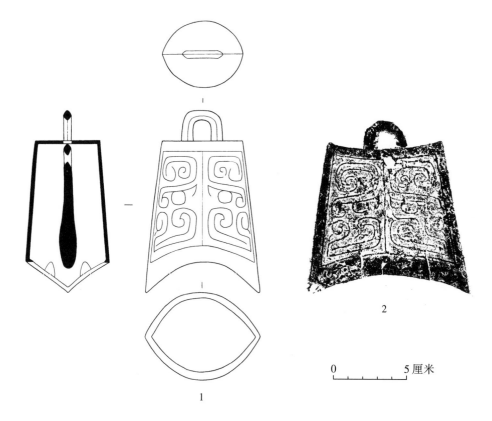

0　　　　　5厘米

图二五八　M2009 兽面纹铜铃（M2009：483）及拓本
1.兽面纹铃　2.纹样拓本

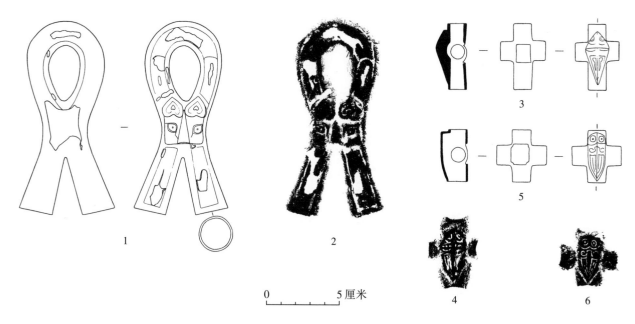

0　　　　　5厘米

图二五九　M2009 铜节约及拓本
1.“A”形节约（M2009：600-1）　2.“A”形节约（M2009：600-1）纹样拓本　3.蝉纹十字形节约（M2009：600-5）　4.蝉纹
十字形节约（M2009：600-5）纹样拓本　5.蝉纹十字形节约（M2009：600-8）　6.蝉纹十字形节约（M2009：600-8）纹样拓本

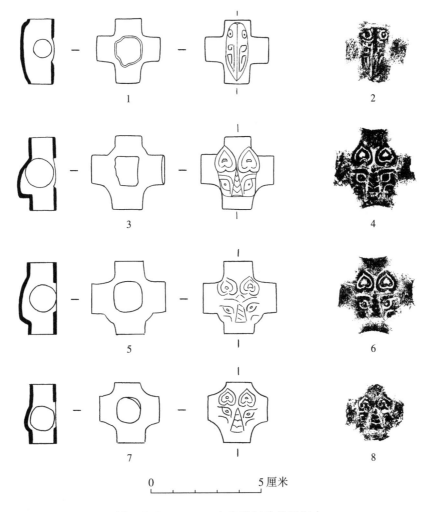

0 _____ 5厘米

图二六〇　M2009 十字形铜节约及拓本

1.蝉纹十字形节约（M2009 ：600-17）　2.蝉纹十字形节约（M2009 ：600-17）纹样拓本　3.兽面纹十字形节约（M2009 ：600-26）
4.兽面纹十字形节约（M2009 ：600-26）纹样拓本　5.兽面纹十字形节约（M2009 ：600-27）　6.兽面纹十字形节约（M2009 ：600-
27）纹样拓本　7.兽面纹十字形节约（M2009 ：600-37）　8.兽面纹十字形节约（M2009 ：600-37）纹样拓本

　　标本 M2009 ：314-3，为修长形节约之较小者，背面有方形穿孔。长 3.9、中部宽 2.3、管径 1.3
厘米（图二六一，3、4；彩版一七四，1）。

　　标本 M2009 ：314-16，为宽短形节约，背面有方形穿孔。长 3.2、中部宽 2.3、管径 1.2 厘米（图
二六一，5、6；彩版一七四，1）。

　　标本 M2009 ：314-17，为宽短形节约。形状、大小尺寸与 M2009 ：314-16 相同（彩版
一七四，1）。

　　标本 M2009 ：314-23，为宽短形节约，背面有圆形穿孔。长 3.3、中部宽 1.8、管径 1.2 厘米（图
二六一，7、8；彩版一七四，1）。

　　5.络饰

　　421 件。皆为短圆形管，长短、粗细不一。出土时部分络饰的管孔内尚有黑褐色绳的痕迹（彩
版一七四，2）。

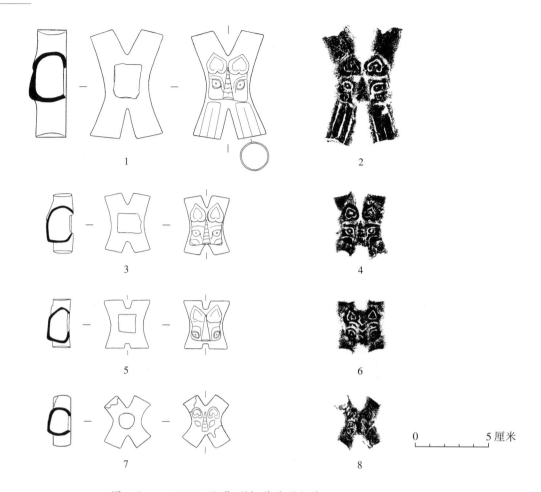

图二六一　M2009 "X" 形铜节约及拓本

1. "X" 形节约（M2009：314-1）　2. "X" 形节约（M2009：314-1）纹样拓本　3. "X" 形节约（M2009：314-3）　4. "X" 形节约（M2009：314-3）纹样拓本　5. "X" 形节约（M2009：314-16）　6. "X" 形节约（M2009：314-16）纹样拓本　7. "X" 形节约（M2009：314-23）　8. "X" 形节约（M2009：314-23）纹样拓本

标本 M2009：312-1，较粗长，管孔内尚存有黑褐色绳的残段。长 2.1、管径 1.2 厘米（图二六二，1；彩版一七四，2）。

标本 M2009：312-2，长 2.2、管径 1.1 厘米（图二六二，2；彩版一七四，2）。

标本 M2009：312-3，较粗大。管孔内尚有残绳的痕迹。长 2、管径 1.3 厘米（图二六二，3；彩版一七四，2）。

标本 M2009：312-4，长 2、管径 1.15 厘米（图二六二，4；彩版一七四，2）。

标本 M2009：312-5，管孔内尚有残绳的痕迹。长 1.6、管径 1.2 厘米（图二六二，5；彩版一七四，2）。

标本 M2009：312-6，长 1.4、管径 1.1 厘米（图二六二，6；彩版一七四，2）。

6. 带扣

84 件。包括兽面形带扣、兽首形带扣、牛首形带扣和扁筒形带扣四种。

（1）兽面形带扣

1 件。

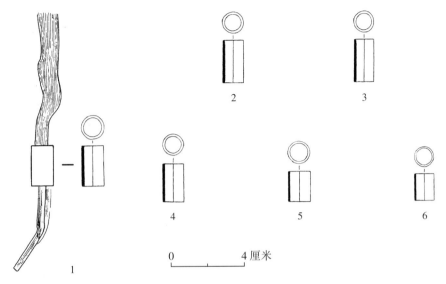

图二六二　M2009 铜络饰

1. M2009：312-1　2. M2009：312-2　3. M2009：312-3　4. M2009：312-4　5. M2009：312-5　6. M2009：312-6

　　M2009：392-1，器身近长方形。正面呈兽面形，且向上隆起；背面相应凹陷，有一细圆柱状横梁。兽面上部有下垂犄角，鼻部凸起，如虎鼻样上细下粗，梭形眼上挑。长 2.9、中部宽 4、厚 1 厘米（图二六三，1、2；彩版一七四，3）。

　　（2）兽首形带扣

　　47 件。器身正面呈兽首形，并向上隆起；背面凹陷，且设一横梁。兽首上有丫形双角，倒八字形眉，圆睛凸目，下端兽首处有一对獠牙。可分为大、小二种。

　　① 兽首形大带扣

　　45 件。兽首双角间或有长条形穿孔，或有短梯形豁口。其中前者 29 件，后者 16 件。凡有穿孔者，背面横梁呈薄宽带状；而有豁口者，背面横梁则为细圆柱或三棱柱状。兽首均有一对獠牙，鼻部均作牛鼻形。

　　标本 M2009：393-1，兽首双角之间为一横向短梯形豁口，阔鼻翻卷，器身背面横梁呈细圆柱状。长 5.3、中部宽 4.6、厚 1.5 厘米（图二六三，3、4；彩版一七四，4）。

　　标本 M2009：392-2，兽首双角之间为一横向短梯形豁口，高鼻，器身背面横梁呈圆柱状。长 5.2、中部宽 4.8、厚 1.3 厘米（图二六三，5、6；彩版一七五，1）。

　　标本 M2009：351-1，兽首双角之间为一横向短梯形豁口，高鼻，器身背面横梁呈三棱柱状。长 4.9、中部宽 4.2、厚 1.2 厘米（图二六四，1、2；彩版一七五，2）。

　　标本 M2009：315-1，一獠牙残损。兽首双角之间为一横向短梯形豁口，高鼻，器身背面横梁呈细圆柱状。长 4.6、中部宽 4.1、厚 1.3 厘米（图二六四，3、4；彩版一七五，3）。

　　标本 M2009：351-2，兽首双角间为一横向长条形穿孔，高鼻，背面横梁呈薄宽带状。长 4.7、中部宽 4.1、厚 1.8 厘米（图二六四，5、6；彩版一七五，4）。

　　标本 M2009：344-1，獠牙略残。兽首双角间为一横向长条形穿孔，阔鼻较平，且向前突出，器身背面横梁呈薄窄带状。长 4.5、中部宽 4.1、厚 1.2 厘米（图二六四，7、8；彩版一七五，5）。

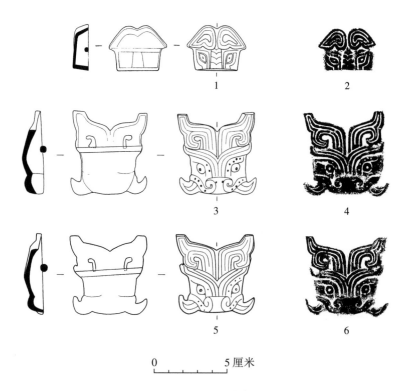

0 |___|___| 5厘米

图二六三   M2009 铜带扣及拓本

1.兽面形带扣（M2009：392-1）   2.兽面形带扣（M2009：392-1）纹样拓本   3.兽首形大带扣（M2009：393-1）   4.兽首形大带扣（M2009：393-1）纹样拓本   5.兽首形大带扣（M2009：392-2）   6.兽首形大带扣（M2009：392-2）纹样拓本

② 兽首形小带扣

2 件。兽首鼻部皆作牛鼻形，双角间皆有梯形豁口，高鼻，器身背面横梁呈圆柱状。其形制、纹样与上述同类型的牛鼻形兽首大带扣相同，只是形体略小而已。

M2009：63-1，体形较瘦长。长 2.3、中部宽 2.1、厚 0.8 厘米（图二六五，1、2；彩版一七五，6）。

M2009：63-2，体形较宽短。长 2、中部宽 2.1、厚 0.7 厘米（图二六五，3、4；彩版一七六，1）。

（3）牛首形带扣

14 件。器身正面呈牛首形，且向上隆起；背面凹陷，并设有一根细柱状横梁。牛首双角向上耸立，倒八字眉，梭形眼，阔鼻圆滑。其中 4 件较为瘦长，10 件稍宽大。

标本 M2009：61-1，背面横梁残损。形瘦而长。长 2.1、中部宽 1.8、厚 0.6 厘米（图二六五，5、6；彩版一七六，2）。

标本 M2009：61-5，背面横梁残缺。形宽而大，较肥胖。长 2.2、中部宽 2.3、厚 0.7 厘米（图二六五，7；彩版一七六，3）。

（4）扁筒形带扣

22 件。分为大、小二种。

① 扁筒形大带扣

9 件。形状、大小相同。两端皆呈平底扁筒状，断面近椭圆形。表面分为八个纵向不等宽的平面，

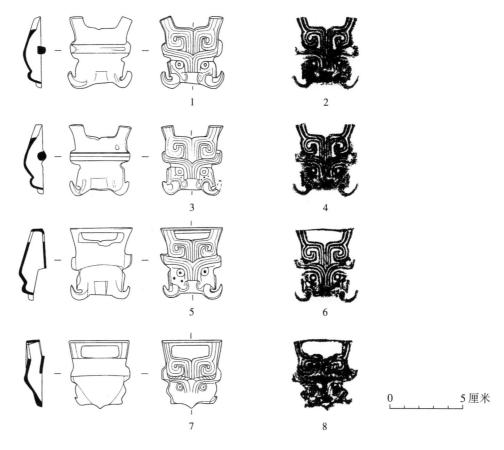

图二六四　M2009 兽首形大铜带扣及拓本

1. 兽首形大带扣（M2009：351-1）　2. 兽首形大带扣（M2009：351-1）纹样拓本　3. 兽首形大带扣（M2009：315-1）　4. 兽首形大带扣（M2009：315-1）纹样拓本　5. 兽首形大带扣（M2009：351-2）　6. 兽首形大带扣（M2009：351-2）纹样拓本　7. 兽首形大带扣（M2009：344-1）　8. 兽首形大带扣（M2009：344-1）纹样拓本

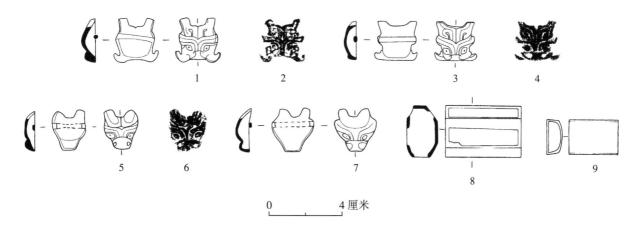

图二六五　M2009 铜带扣及拓本

1. 兽首形小带扣（M2009：63-1）　2. 兽首形小带扣（M2009：63-1）纹样拓本　3. 兽首形小带扣（M2009：63-2）　4. 兽首形小带扣（M2009：63-2）纹样拓本　5. 牛首形带扣（M2009：61-1）　6. 牛首形带扣（M2009：61-1）纹样拓本　7. 牛首形带扣（M2009：61-5）　8. 扁筒形大带扣（M2009：40-1）　9. 扁筒形小带扣（M2009：313-1）

并且不等距地分布四个纵向长条形穿孔。

标本 M2009：40-1，长 4.2 厘米，底面长径 2.7、短径 1.7 厘米（图二六五，8；彩版一七六，4）。

② 扁筒形小带扣

13 件。形状、大小相同。器身呈扁筒状，正面略窄且微上鼓，背面宽平。

标本 M2009：313-1，长 2.6、宽 1.8、厚 0.8 厘米（图二六五，9；彩版一七六，5）。

7. 小腰

65 件。依用途亦可称之为绳扣。器身中段细而两端粗。依断面形状，可分为圆形小腰和多棱形扁小腰二种。

（1）圆形小腰

53 件。两端呈束腰竹节形，中段为细圆柱状。有大小、粗细之别。

标本 M2009：51-1，长 5.4、两端直径 1.2 厘米（图二六六，1；彩版一七七，1）。

标本 M2009：51-2，长 3.9、两端直径 1.1 厘米（图二六六，2；彩版一七七，2）。

标本 M2009：51-3，长 3.7、两端直径 1 厘米（图二六六，3；彩版一七七，3）。

标本 M2009：51-4，长 3.4、两端直径 0.8 厘米（图二六六，4；彩版一七七，4）。

（2）多棱形扁小腰

12 件。形状相同，大小略有差异。正面上鼓，背面平齐。两端的正面被分割成 3 个平面，形成多个棱脊。

标本 M2009：52-1，形体较大。长 4.3、中部宽 1.2 厘米（图二六六，5；彩版一七七，5）。

标本 M2009：52-2，长 4.2、宽 1 厘米（图二六六，6；彩版一七七，6）。

8. 环

31 件。依形状不同，可分为圆形环和长方形环二种。

（1）圆形环

29 件。依大小可分为大、中、小三种。其中大环 24 件，中环 3 件，小环 2 件。

标本 M2009：321-3，大环，断面呈圆形。外径 5.6、断面直径 0.7 厘米（图二六七，1；彩

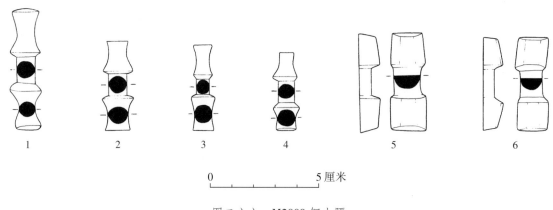

图二六六　M2009 铜小腰

1. 圆形小腰（M2009：51-1）　2. 圆形小腰（M2009：51-2）　3. 圆形小腰（M2009：51-3）　4. 圆形小腰（M2009：51-4）

5. 多棱形扁小腰（M2009：52-1）　6. 多棱形扁小腰（M2009：52-2）

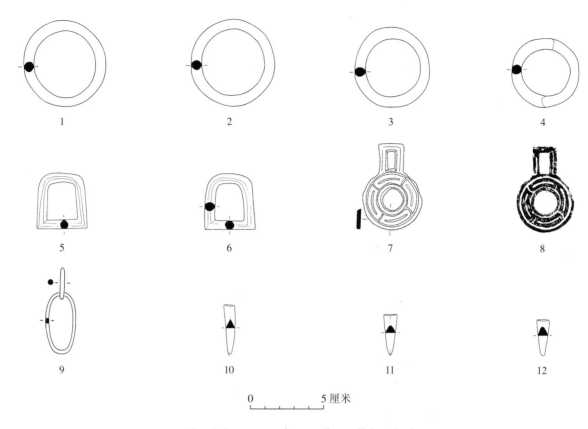

图二六七　M2009 铜环、游环、棺钉及拓本

1. 圆形环（M2009：321-3）　2. 圆形环（M2009：363-1）　3. 圆形环（M2009：463-1）　4. 圆形环（M2009：599-1）　5. 长方形环（M2009：359-1）　6. 长方形环（M2009：359-2）　7. 联钮游环（M2009：267-1）　8. 联钮游环（M2009：267-1）纹样拓本　9. 联环游环（M2009：1062）　10. 棺钉（M2009：7-1）　11. 棺钉（M2009：7-2）　12. 棺钉（M2009：7-3）

版一七七，7）。

标本 M2009：363-1，大环，断面呈多边形。外径5.8厘米，断面长径0.7、短径0.6厘米（图二六七，2；彩版一七七，7）。

标本 M2009：463-1，中环，断面呈椭圆形。外径5.1厘米，断面长径0.8、短径0.6厘米（图二六七，3；彩版一七七，7）。

标本 M2009：599-1，出土时断为二截。小环，断面呈圆形。外径4.5、断面直径0.6厘米（图二六七，4；彩版一七七，7）。

（2）长方形环

2件。形制、大小相同。器身近长方形，上部两角较圆。断面呈圆形。

M2009：359-1，长3.6、宽3.4、断面直径0.45厘米（图二六七，5；彩版一七八，1）。

M2009：359-2，长3.7、宽3.4、断面直径0.6厘米（图二六七，6；彩版一七八，2）。

9. 游环

11件。可分为联钮游环和联环游环二种。

（1）联钮游环

10件。其中四件完整，六件残损。形制、大小及纹样相同。皆在扁薄圆形环的外侧附有一个同样扁薄的长方形环钮，环身背面平齐。正面饰重环纹。

标本 M2009：267-1，通高 5.7 厘米，环外径 4、内径 1.8 厘米，联钮高 1.8、宽 1.7、厚 0.25 厘米（图二六七，7、8；彩版一七八，3）。

（2）联环游环

1 件。

M2009：1062，为一椭圆形环和一圆形环联在一起。椭圆形环的断面呈椭圆形，圆形环断面呈圆形。椭圆形环长径 4.1、短径 2.2、断面径 0.2 厘米 ×0.3 厘米；圆形环外径 2、断面直径 0.2 厘米（图二六七，9；彩版一七八，4）。

（七）棺饰

746 件。总重量 19.47 千克。包括棺钉、云纹小铃、鱼和翣残片等。

1. 棺钉

110 枚。呈三棱锥体，断面呈三角形（彩版一七八，5）。分为大、中、小三种。

标本 M2009：7-1，大号钉。长 3.3、末端边长 0.7 厘米（图二六七，10；彩版一七八，6）。

标本 M2009：7-2，中号钉。长 2.7、末端边长 0.9 厘米（图二六七，11；彩版一七八，6）。

标本 M2009：7-3，小号钉。长 2.4、末端边长 0.8 厘米（图二六七，12；彩版一七八，6）。

2. 云纹小铃

38 件。出土时大部分位于棺罩上面及其周围。形状基本相同，大小略有差异。体上细下粗，平顶，上有半环形钮，钮下有小穿孔与腹腔贯通，铃腔内有一个槌状铃舌，下口边缘向上弧起，器身断面近椭圆形。铃正面或正、背面有长条形穿孔。体外侧饰细线勾云纹。分大、小二种，较大者和较小者各 19 件。

标本 M2009：384，形体较大。正面有两个相平行的细长条形穿孔。通高 7、下口长 4.5、腔宽 3.5 厘米（图二六八，1、2；彩版一七九，1）。

标本 M2009：358，形体较大。正面左侧有一个纵向细长条形穿孔。通高 7、下口长 4.5、腔宽 3.5 厘米（图二六八，3、4；彩版一七九，2）。

标本 M2009：20，形体较大。正面左侧有一个纵向细长条形穿孔。通高 7.1、下口长 4.5、腔宽 3.6 厘米（图二六九，1、2；彩版一七九，3）。

标本 M2009：23，形体较小。正、背面各有两个相平行的细长条形穿孔。通高 6.5、下口长 3.9、腔宽 3.1 厘米（图二六九，3、4；彩版一七九，4）。

标本 M2009：19，形体较小。正、背面各有一个纵向细长条形穿孔。通高 6.3、下口长 4、腔宽 3.1 厘米（图二七〇，1、2；彩版一七九，5）。

标本 M2009：736-1，形体较小。正、背面无穿孔。通高 6.5、下口长 4.1、腔宽 3.2 厘米（图二七〇，3、4；彩版一七九，6）。

3. 鱼

591 件。出土时大部分残损。皆出于棺罩上面及其周围，大部分散落于椁室内。形状大体相同，大小略有差异。鱼身作扁薄的长条形，背上有一鳍，腹、臀各有一鳍，头端有一个椭圆形或不规则形的穿孔，是为鱼眼，可系绳。鱼的正面或有鳞纹，或为素面。其中有鳞纹者 277 件，素面者

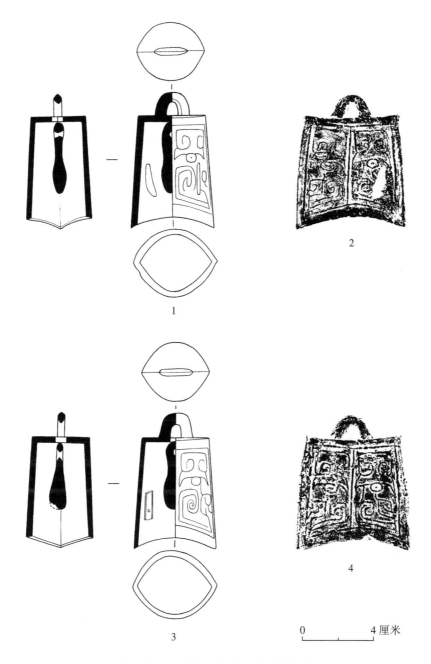

图二六八　M2009 云纹小铜铃及拓本

1. 云纹小铃（M2009：384）　2. 云纹小铃（M2009：384）纹样拓本　3. 云纹小铃（M2009：358）
4. 云纹小铃（M2009：358）纹样拓本

314 件。

标本 M2009：5-1，体较瘦长，正面饰鳞纹。长 12.7、身宽 2.3、厚 0.2 厘米（图二七一，1、2；彩版一八〇，1）。

标本 M2009：5-2，体较肥大，正面饰鳞纹。长 11.5、身宽 2.4、厚 0.2 厘米（图二七一，3、4；彩版一八〇，1）。

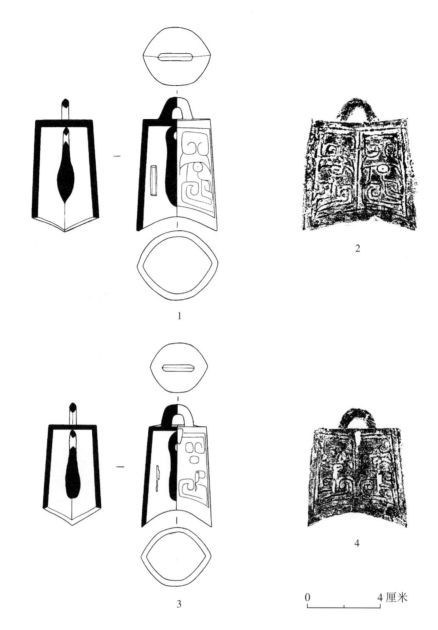

图二六九　M2009 云纹小铜铃及拓本
1.云纹小铃（M2009：20）　2.云纹小铃（M2009：20）纹样拓本　3.云纹小铃（M2009：23）
4.云纹小铃（M2009：23）纹样拓本

标本 M2009：5-3，体较肥短，正面饰鳞纹。长 10.1、身宽 2.4、厚 0.2 厘米（图二七一，5、6；彩版一八〇，1）。

标本 M2009：5-4，体较瘦长，正面饰鳞纹。长 12、身宽 2.2、厚 0.2 厘米（图二七一，7、8；彩版一八〇，1）。

标本 M2009：5-5，体较肥大，正面为素面。长 11、身宽 2.3、厚 0.2 厘米（图二七二，1、2；彩版一八〇，1）。

标本 M2009：5-6，体较瘦小，嘴部呈圆形，正面为素面。长 8.6、身宽 2.1、厚 0.15 厘米（图

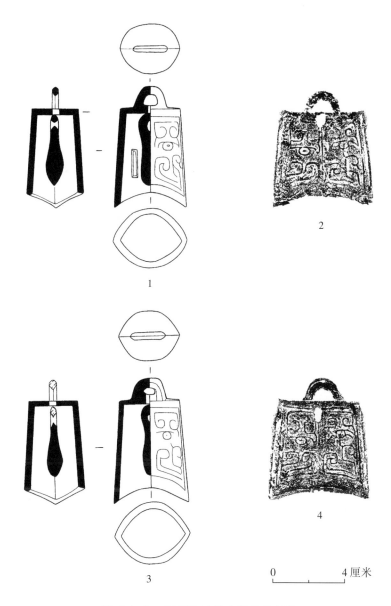

图二七〇 M2009 云纹小铜铃及拓本

1.云纹小铃（M2009：19） 2.云纹小铃（M2009：19）纹样拓本 3.云纹小铃（M2009：736-1）
4.云纹小铃（M2009：736-1）纹样拓本

二七二，3、4；彩版一八〇，1）。

标本M2009：5-7，体较短而肥，嘴部呈圆形，正面为素面。长7.8、身宽2.3、厚0.15厘米（图二七二，5、6；彩版一八〇，1）。

4.翣残片

7件。位于棺罩和外棺盖板上，皆为极薄的铜片。出土时因锈蚀严重已破碎不堪，无法修复。从残存的铜翣碎片痕迹中可以看出，大多数为长方形，正面大都分布有数个形状不一的镂孔，沿镂孔边缘并摁压有多组很浅的平行线纹。

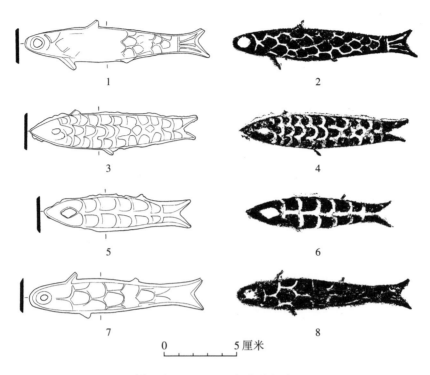

图二七一　M2009铜鱼及拓本

1.鱼（M2009：5-1）　2.鱼（M2009：5-1）纹样拓本　3.鱼（M2009：5-2）　4.鱼（M2009：5-2）纹样拓本
5.鱼（M2009：5-3）　6.鱼（M2009：5-3）纹样拓本　7.鱼（M2009：5-4）　8.鱼（2009：5-4）纹样拓本

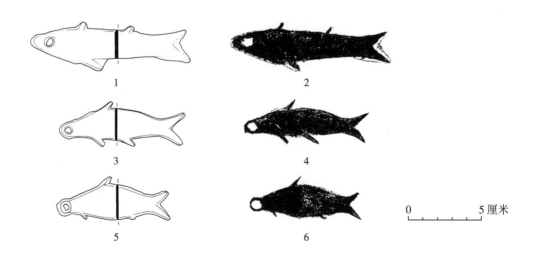

图二七二　M2009铜鱼及拓本

1.鱼（M2009：5-5）　2.鱼（M2009：5-5）纹样拓本　3.鱼（M2009：5-6）　4.鱼（M2009：5-6）纹样拓本
5.鱼（M2009：5-7）　6.鱼（M2009：5-7）纹样拓本

（八）其他

98件。总重量10.33千克。包括长方钮合页、三通形构件、三叉形构件、活动型管状构件、长方形构件、圆帽首形构件、镂孔长管、镂孔"Y"形管、帽首、素面管状饰、圆銎锥形饰和三角龙形带饰十二种。

1.长方钮合页

16件。多数在出土时已残。大小、形制及纹样相同。由上、下两个构件组成。上部是一个下连横轴的长方形钮，下部是顶端以横轴相连的长方形双层页片。上、下构件套接在一起，可自由转动。器身正、背面下部各有一个圆形穿孔，中部各饰一组无珠重环纹。

标本M2009：1052-1，通高6厘米，页片长3.9、宽2.6、厚0.3厘米（图二七三，1、2；彩版一八〇，2）。

标本M2009：1052-2，形状、大小尺寸与M2009：1052-1相同（彩版一八〇，2）。

2.三通形构件

2件。形制、大小相同。

标本M2009：712，一圆管口略残。三通圆管形，内相通，但三管不在一个平面，其中两管之间有一弧形钮，器表面分布有细长条形镂孔。宽16.5、高8.9、管径5厘米（图二七三，3；彩版一八〇，3）。

3.三叉形构件

2件。形制、大小相同。

标本M2009：621-1，两个銎口略残，三个銎孔内尚存有朽木。整体呈"Y"形，器下部为圆形銎，上部向两边分叉出管，分叉的两管顶端各设一长方形钮。钮上各套接一可活动的短圆形銎，但三个圆形銎不在一个平面，其中分叉的两管之间有一弧形钮。宽9、高9.8、銎孔径2.5厘米（图二七三，4；彩版一八一，1）。

4.活动型管状构件

1件。

M2009：428，由上、下两部分组成。下部为一圆管形銎，銎上端有竖长方形窄槽，槽内设一横轴，轴上套接一个可活动且一端带长方形钮的短管状銎。銎口略残，銎孔内尚存有朽木。高9、銎孔径2.4厘米（图二七四，1；彩版一八一，2）。

5.长方形构件

3件。形制、大小相同。

标本M2009：1071-1，器顶端呈斜三角形，较宽且封闭。器身为长方形銎，断面呈长方形，顶端有一斜长方形对穿孔。銎孔内尚存有朽木。长7.2、宽1.4、厚1厘米（图二七四，2；彩版一八一，3）。

6.圆帽首形构件

12件。形状、大小基本相同。整体呈圆帽首状，开口端较细，末端封闭较粗，近末端有长方形或三角形对穿孔。有的銎孔内插入一圆形长管，管的表面有纵长条形镂孔。

标本M2009：1072-1，近末端穿孔为三角形，銎孔内圆管一端残缺。长4.6、管径1.3～1.6

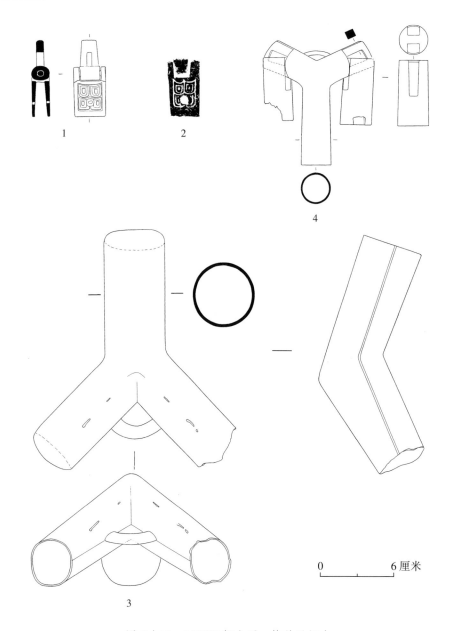

图二七三　M2009 铜合页、构件及拓本

1. 长方钮合页（M2009：1052-1）　2. 长方钮合页（M2009：1052-1）纹样拓本　3. 三通形构件（M2009：712）
4. 三叉形构件（M2009：621-1）

厘米，孔内圆管残长 3、管径 1 厘米（图二七四，3；彩版一八二，1）。

　　标本 M2009：1072-2，近末端穿孔为长方形，銎孔内圆管一端残缺。长 4.5、管径 1.3 ~ 1.6 厘米，
孔内圆管残长 3.8、管径 1 厘米（图二七四，4；彩版一八二，1）。

　　标本 M2009：1072-3，近末端穿孔为三角形，銎孔内无圆管。长 4.9、管径 1.3 ~ 1.6 厘米（图
二七四，5；彩版一八二，1）。

　　标本 M2009：1072-4，近末端穿孔为长方形，銎孔内无圆管。长 4.5、管径 1.3 ~ 1.6 厘米（图
二七四，6；彩版一八二，1）。

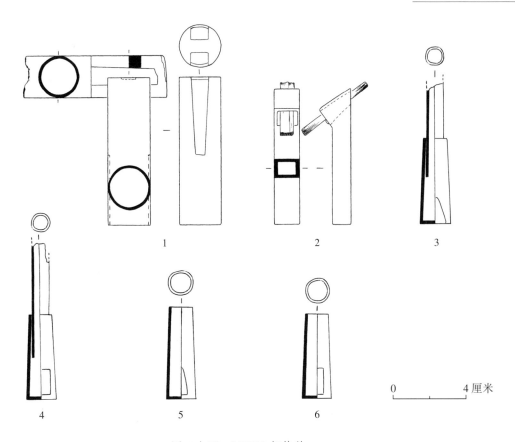

0　　　　　　4厘米

图二七四　M2009 铜构件

1.活动型管状构件（M2009：428）　2.长方形构件（M2009：1071-1）　3.圆帽首形构件（M2009：1072-1）
4.圆帽首形构件（M2009：1072-2）　5.圆帽首形构件（M2009：1072-3）　6.圆帽首形构件（M2009：1072-4）

7. 镂孔长管

16 件。均残。出土时大多数与镂孔"Y"形管伴出。大小、粗细、形状基本相同。表面有数个长条形镂孔。

标本 M2009：41-1，残长 9.6、管径 1 厘米（图二七五，1；彩版一八二，2）。

8. 镂孔"Y"形管

10 件。一般与镂空长管伴出。出土时均残甚。形制、大小基本相同。整体呈"Y"形，管表面有数个长条形镂孔。

标本 M2009：591-1，断为三截。通高 17.9、管径 1.2 厘米（图二七五，2；彩版一八二，2）。

标本 M2009：591-2，下端残损。残高 12.5、管径 1.2 厘米（图二七五，3；彩版一八二，2）。

9. 帽首

16 件。出土时銎内皆尚存有朽木。依形状的不同，可分为圆筒形、扁筒形和蘑菇状帽首三种。

（1）兽面纹圆筒形帽首

2 件。形状、纹样相同，大小略有差异。器身呈圆筒状，开口端较粗，末端封闭较细。器身表面的上部和中部饰波曲纹与兽面纹，波曲纹之间饰三组"S"形无目窃曲纹，下部饰变形的三角形兽面纹。

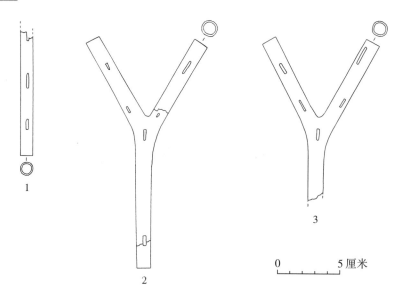

图二七五　M2009 镂孔铜管

1. 长管（M2009：41-1）　2. "Y"形管（M2009：591-1）　3. "Y"形管（M2009：591-2）

图二七六　M2009 兽面纹圆筒形铜帽首（M2009：254）及拓本

1. 兽面纹圆筒形帽首　2. 纹样拓本

M2009：254，銎内朽木伸出体外较长。器身中部有一纵向长条形镂孔。高21.1、口径6.5、底径6厘米（图二七六；彩版一八三，1）。

M2009：562，銎内朽木伸出体外较短。器身上部有一纵向长条形镂孔。高21.2、口径6.5、底径5.8厘米（图二七七；彩版一八三，2）。

（2）兽面纹扁筒形帽首

2件。形状、大小及纹样相同。器身呈扁筒状，开口端较窄，末端封闭较宽且微鼓，横断面呈椭圆形。銎内朽木断于口内。正、背面的上部饰兽面纹，下部饰无珠重环纹。

标本M2009：642-1，高5.3厘米，口长径3.9、短径2.5厘米，底长径4.5、短径2.5厘米（图二七八，1、2；彩版一八三，3）。

（3）蘑菇状帽首

12件。形状、大小基本相同。整体呈蘑菇状，上部近圆饼状，下部为圆形銎，器身下部有对称的方形小钉孔。有的銎内残存有朽竹竿或朽木。其中二件帽首的上部镶嵌有绿松石。

标本M2009：605-1，銎内的朽木伸出体外较长。高3.6、上端径2.5、銎口径1.6厘米（图二七八，3；彩版一八四，1）。

标本M2009：605-2，高3.8、上端径2.5、銎口径1.5厘米（图二七八，4；彩版一八四，2）。

标本M2009：608-1，帽首的上部镶嵌有绿松石，銎内的朽竹竿伸出体外较长。高3.6、上端

1　2

0　　　　5厘米

图二七七　M2009兽面纹圆筒形铜帽首（M2009：562）及拓本
1.兽面纹圆筒形帽首　2.纹样拓本

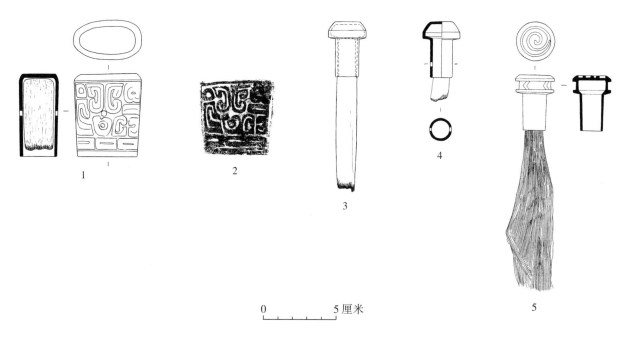

0 ____ 5 厘米

图二七八　M2009 铜帽首及拓本

1. 兽面纹扁筒形帽首（M2009：642-1）　2. 兽面纹扁筒形帽首（M2009：642-1）纹样拓本　3. 蘑菇状帽首（M2009：605-1）
4. 蘑菇状帽首（M2009：605-2）　5. 蘑菇状帽首（M2009：608-1）

径 2.6、銎口径 1.5 厘米（图二七八，5；彩版一八四，3）。

　　10. 素面管状饰

　　9 件。其中一件出土时已残碎。形状、大小相同。圆管状，一端原用很薄的铜片封闭，但多因锈蚀严重而不存，个别的还残存有痕迹。管内皆残存有朽木。

　　标本 M2009：265-1，朽木伸出体外较长。长 7.2、管径 2.9 厘米（图二七九，1；彩版一八四，4）。

　　标本 M2009：265-2，朽木断于管内。长 7.4、管径 2.9 厘米（图二七九，2；彩版一八四，5）。

　　11. 圆銎锥形饰

　　10 件。出土时与铜车马器在一起，应为某件细柱状物末端的饰件。均残。形状相同，粗细、长短不一。上部为圆形銎，有的表面有一钉孔，銎内有朽木；下部为三棱形实锥尖，锥尖断面呈三角形。

　　标本 M2009：626-1，銎口残损。体形较粗，表面有二个钉孔，朽木伸出銎内。残长 6.8、銎孔直径 1.6 厘米（图二七九，3；彩版一八四，6）。

　　标本 M2009：626-2，銎口和锥尖残损。体形较细，朽木伸出銎外。残长 6.5、銎孔直径 1.5 厘米（图二七九，4；彩版一八四，7）。

　　12. 三角龙纹带饰

　　1 件。

　　M2009：229，出土时尖部略残。器身底部呈等腰三角形，正面中部向上隆起，呈矮三棱锥体，背面微凹，沿底部一周有外折框边，其上分布有五组 10 个小穿孔。器表饰镂孔龙形纹，因锈蚀较甚，纹样不很清晰。锥体高 1.6、三角形长 7.1、底边宽 4.1 厘米（图二七九，5；彩版一八五，1）。

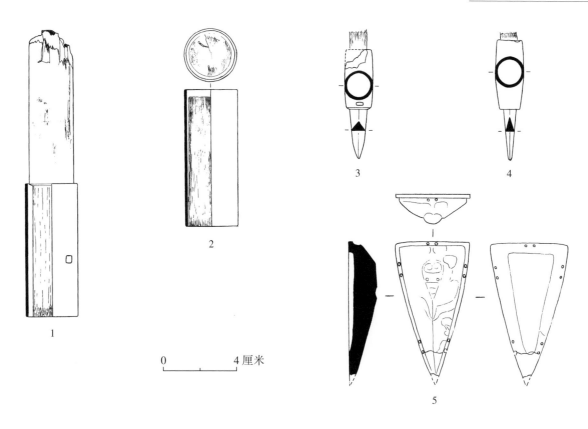

图二七九 M2009 铜管状饰、锥形饰

1. 素面管状饰（M2009：265-1） 2. 素面管状饰（M2009：265-2） 3. 圆銎锥形饰（M2009：626-1） 4. 圆銎锥形饰（M2009：626-2）
5. 三角龙纹带饰（M2009：229）

二 铁 器

10件。依用途可分为兵器和工具两类。

（一）兵器

2件。计有铜内铁援戈与铜骹铁叶矛二种。

1. 铜内铁援戈

1件。

M2009：703，由铜内、铁援锻接组合而成。出土时铁援锈蚀膨胀而残断，铜质内、胡及援本部均保存完好。铜质栏侧有四穿，内中部有一穿，内后下角有小缺口。铜质援本部正、背两面均以绿松石片镶嵌成一组长鼻龙首纹样，内部正、背两面均以绿松石镶嵌条框及水波纹。器身残长19、栏长11.1厘米，内长7.5、宽3.5、厚0.4厘米（图二八〇，1；彩版一八五，2）。

2. 铜骹铁叶矛

1件。

M2009：730，由铁叶和铜骹组合而成。出土时铁质的锋部、叶部和铜质的骹部多已残损。

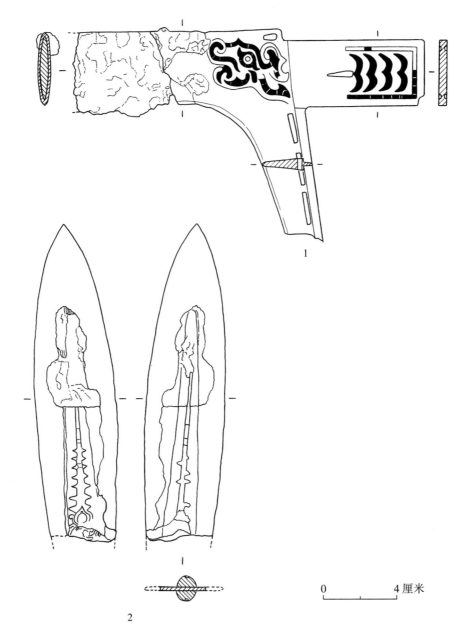

图二八〇　M2009 铜内铁援戈、铜骹铁叶矛
1. 铜内铁援戈（M2009：703）　2. 铜骹铁叶矛（M2009：730）

铜骹部两面均有上窄下宽的条状铜片前伸作脊背隆起，铁质叶片嵌入其中。铁质部分的下端呈圆形，与铜骹上部锻接一起。矛体中部铜质隆脊，表面有条形枝状浅槽，内镶嵌绿松石片。近骹根部做桃形心状，稍上枝状两侧有三角形纹样。器身残长 16.8、骹上端厚 1.3、铁叶残宽 4.3 厘米（图二八〇，2；彩版一八五，3）。

（二）工具

8 件。计有铜銎铁锛、铁刃铜刻刀与铁刃铜削三种。

1. 铜銎铁锛

1件。

M2009：720，由铜质銎部、铁质刃身锻接而成。出土时刃身锈蚀残损，銎口内尚残留有木柄，木柄上有长方形榫口存在。銎为长方形，銎前部为铁质刃身，銎正面中部有牛首状錾。近銎口处有三周凸弦纹，銎身正、背两面铸有曲体龙首纹，两侧面饰变体龙纹。器身残高11.2、銎口长3.1、銎口宽1.6厘米（图二八一，1；彩版一八六，1）。

2. 铁刃铜刻刀

3件。皆由铜质柄和铁质刃部锻接组成。器身均作扁平长条状，正面略宽于背面。上端略窄，下部稍阔，断面近长方形。

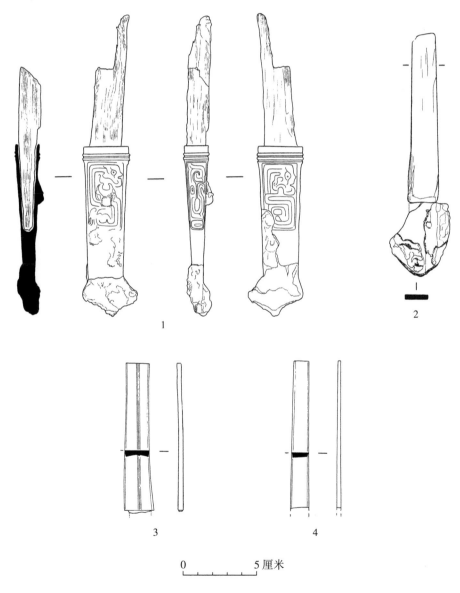

0 　　　　 5厘米

图二八一　M2009 铜銎铁锛，铁刃铜刻刀

1. 铜銎铁锛（M2009：720）　2. 铁刃铜刻刀（M2009：732）　3. 铁刃铜刻刀（M2009：727）　4. 铁刃铜刻刀（M2009：731）

M2009：732，出土时铁刃因锈蚀严重而残断。器外的木鞘因腐朽严重而损坏，器身下部及铁刃尚残存有木质痕迹。残长11.2、正面宽2、厚0.3、正面比背面宽0.1厘米（图二八一，2；彩版一八六，2）。

M2009：727，出土时刃端残缺。首端平齐，背面有一道竖向细凸棱。残长9.7、正面宽1.7、厚0.35、正面比背面宽0.15厘米（图二八一，3；彩版一八六，3）。

M2009：731，出土时刃端残缺，器外残存有木鞘的朽木。首端平齐。残长9.6、正面宽1.2、厚0.3、正面比背面宽0.1厘米（图二八一，4；彩版一八六，4）。

3. 铁刃铜削

4件。形制相同，大小有别。皆由铜质柄、铜质削身与铁刃锻接而组成。出土时铁质刃部均残损。背稍弧，多棱形细长柄，矩形柄首。柄首四周侧面有浅凹槽，正、背面饰方环纹。方环纹及凹槽内原应镶嵌有物，现已无存。

M2009：719-1，出土时铁质部分已大部分锈蚀且略微残损。形体较大，柄身上有三个长方形凹槽，推测槽内原应镶嵌有物，现已无存。长23.5、刃部宽3厘米（图二八二，1；彩版

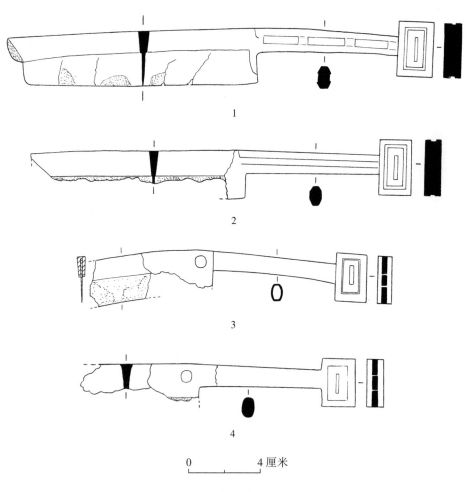

图二八二　M2009铁刃铜削
1. M2009：719-1　2. M2009：719-2　3. M2009：710-1　4. M2009：710-2

一八七，1）。

M2009：719-2，出土时已断为二截，铁质部分因锈蚀严重而残缺。形体较大。长21、刃部宽2.6厘米（图二八二，2；彩版一八七，2）。

M2009：710-1，出土时已断为二截，刃部因锈蚀严重多已残缺。形体较小，刃后上部有未透穿的圆孔。残长15.3、刃部宽2.4厘米（图二八二，3；彩版一八七，3）。

M2009：710-2，出土时已断为三截，铁质部分因锈蚀严重多有残损。形体较小，刃后上部有未透穿的圆孔。残长15.2、刃部残宽2厘米（图二八二，4；彩版一八七，4）。

三　玉器

1050件（颗）。依用途可分为礼玉、佩饰、殓玉、用具、饰件与其他六类。其中礼玉与佩饰、殓玉与棺饰均有交叉互用的现象，例如较大的戈与圭属于礼器，较小者则应归为佩饰。从这些玉器的雕刻技法与装饰纹样看，除个别为圆雕或浅浮雕外，绝大多数是片雕，并有少数透雕者。钻孔方法有单面钻与双面对钻两种，表面进行抛光整修。所出玉器均属于软玉，分为青玉、青白玉、碧玉等，产地主要是新疆和阗，也有少量的岫岩玉及其他玉种。有的玉质较粗，有的则晶莹润泽，半透明或微透明。由于受到墓内填土或积水长期的沁蚀，有许多本来是半透明或微透明的玉器上出现大片的斑块与斑点，且呈土黄色或灰白色。

（一）礼器

77件。出于外棺盖板上、内棺盖板上以及棺内墓主周身。包括戚、琮、璧、大环、璜、戈、圭、璋和斧等。我们将形体较小的戈归入佩饰，较小的圭与琮仍归属礼器。

1. 戚

2件。形制基本相同，大小、色泽有别。柄端较窄，刃端阔而呈弧形，两侧斜边有齿牙形装饰，中部有穿孔。

M2009：944，出于棺内殓衾之上。出土时背面有许多麻布和丝织物及飘带痕迹。青玉，有少量黄白斑和墨斑。玉质细腻，微透明。形体较大，器身中部穿孔为圆形，双面刃。刃端的正、背面各磨出三个内连弧斜平面。高21.9、柄端宽16.5、刃端宽21.5、器身最厚处0.45厘米（图二八三；彩版一八八）。此器的制作年代为商代。

M2009：206，出于内棺盖板上。出土时背面有许多麻布和丝织物痕迹。青玉，有黄褐色与少量黄白色的斑纹和斑点。玉质细腻，半透明。形体较小，中部穿孔近圆形，双面刃，刃端的正、背面各磨出三个内连弧形斜平面。高19.1、柄端宽14.6、刃端宽16.4、器身最厚处0.7厘米（图二八四；彩版一八九）。此器的制作年代为商代。

2. 琮

8件。形状基本相同，大小、玉质、玉色有所不同。皆内圆外方，有射。可分为小臣琮和素面琮二种。

（1）小臣琮

1件。

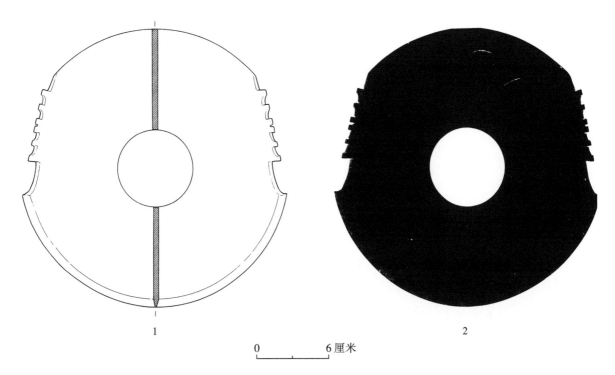

0 ————— 6厘米

图二八三　M2009玉戚（M2009：944）及拓本
1. 戚　2. 拓本

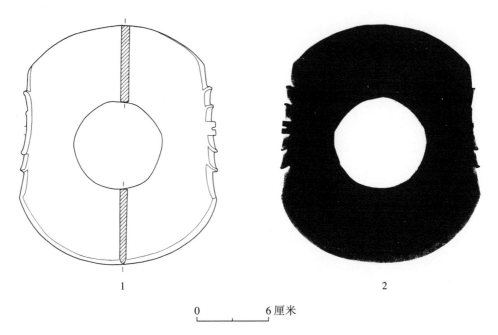

0 ————— 6厘米

图二八四　M2009玉戚（M2009：206）及拓本
1. 戚　2. 拓本

M2009：138，出于外棺盖板上。青白玉，有黄斑和棕斑。玉质温润晶莹，微透明。形体较大，呈纵长形，射较高。近射处一端横向镂出一近椭圆状穿孔。射一端平面有阴刻铭文，呈顺时针方向共一行 4 字，即：

　　　　小臣𫑡见（献）。

通高 12、截面边长 5、射高 2.1、孔径 4 厘米（图二八五，1 ~ 3；彩版一九〇）。此器的制作年代为商代。

（2）素面琮

7 件。

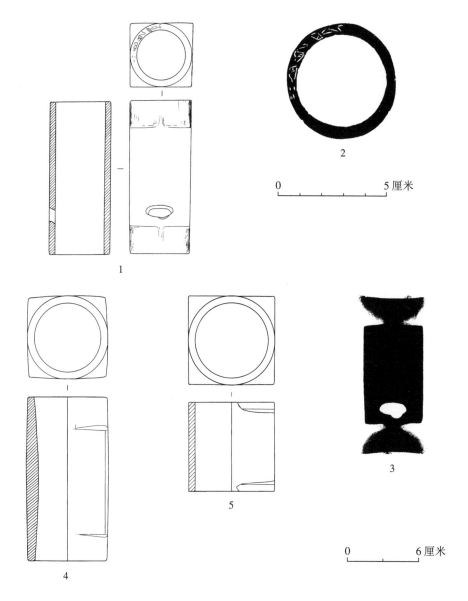

图二八五　M2009 玉琮及拓本

1. 小臣琮（M2009：138）　2. 小臣琮（M2009：138）铭文拓本　3. 小臣琮（M2009：138）拓本
4. 素面琮（M2009：802）　5. 素面琮（M2009：932）

M2009：802，出于棺内殓衾之上。青玉，有裂纹和少量黄褐斑。形体较大，呈纵长形，射较高。通高12.9、截面边长6.6、射高2.6、孔径5.9厘米（图二八五，4；彩版一九一，1）。

M2009：932，出于棺内殓衾之上。青玉，有黄褐色宽带状斑块。玉质较细，微透明。形体较大，呈方柱体，射较短。通高7、截面边长7、射高0.8、孔径5.9厘米（图二八五，5；彩版一九一，2）。

M2009：934，出于棺内殓衾之上。出土时琮的内外壁粘有少量丝织物痕迹。青玉，有黄白斑和黄褐斑。玉质较细，微透明。形体较大，呈方柱体，射较短。通高7、截面边长7.1、射高1.1～1.2、孔径6.2厘米（图二八六，1；彩版一九二，1）。

M2009：220，出于内棺盖板上。射一端稍残。白玉，有黄褐斑纹与斑点。玉质细腻，半透明。形体较小，体扁矮，射较短。通高2.6、截面边长3、射高0.5、孔径2.5厘米（图二八六，2；彩版一九二，2）。

M2009：989，出于墓主头部西侧。白玉，有黄褐斑。玉质细腻，微透明。体较矮小，射较短，四面中部各有一道纵向凹槽。上端射一侧有一斜圆穿。通高5.1、截面边长4.2、射高0.4、孔径1.8厘米（图二八六，3；彩版一九三，1）。

M2009：188，出于内棺盖板上。青白玉，有黄褐斑。玉质细腻，微透明。形体细小，纵长方形，射较高，且呈多棱形。通高3.9、截面边长1.8、射高0.8、孔径1.3厘米（图二八六，4；彩版一九三，2）。

M2009：859，出于棺内殓衾之上。出土时已残，仅留玉琮上端一小部分，底部尚存有当时的切割痕迹。青白玉，有黄褐斑纹。玉质温润细腻，微透明。射较矮。残高3.3、截面边长6.9、射高0.9、孔径5.2厘米（图二八六，5；彩版一九三，3）。

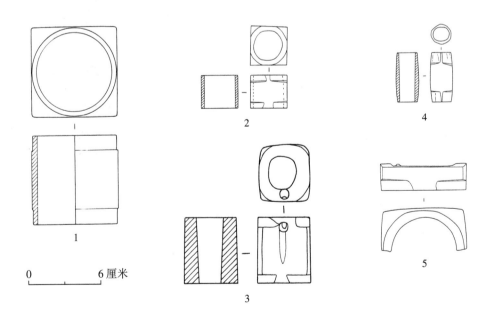

0　　　　6厘米

图二八六　M2009素面玉琮

1. M2009：934　2. M2009：220　3. M2009：989　4. M2009：188　5. M2009：859

3. 璧

18件。玉质、玉色各不相同。器身形状基本相同，皆为圆形，厚薄不一，大小有别。可分为小臣系璧、刻铭弦纹璧、龙纹璧和素面璧四种。

（1）小臣系璧

1件。

M2009：1011，出于墓主人右股骨之上。器身有一处较长的裂痕。青白玉，有少许白色斑点和黑斑。玉质细腻，微透明。体较厚。器身外边缘有竖款铭文，共一行4字，即：

小臣䀠（系）甾（献）。

外径14.9、孔径7.1、厚0.6厘米（图二八七；彩版一九三，4；彩版一九四）。此器的制作年代为商代。

（2）刻铭弦纹璧

1件。

M2009：801，出于棺内殓衾之上。出土时璧的两面均粘有朱砂痕迹和大片麻布痕迹。青玉，有黄褐斑纹和灰白斑。玉质细腻，微透明。体较薄，外边棱被磨得圆滑。器身正、背面纹样相同，皆饰三组凹弦纹，内、外两组各为三道，中间一组为四道。在璧身正面的器孔边缘处刻有铭文，依势环形一行14字，即：

乓（厥）□于虢若□中（?）□□在□□□□。

外径15.1、孔径7.1、厚0.4厘米（图二八八；彩版一九五、一九六）。此器的制作年代为商代。此器落入后人之手后，铭文曾被刻意抹去，现在能见之者皆是残余部分。

（3）龙纹璧

2件。

M2009：826，出于棺内殓衾之上。青白玉，外边缘有少许黄褐斑。玉质较细，微透明。体较厚。正、背面纹样相同，均饰变形龙纹。器身边缘略有磨损痕迹。外径19.1、孔径7.3、厚0.55厘米（图二八九；彩版一九七）。

M2009：1027，出于墓主人腰部之下。青玉，有黄褐斑或斑点。玉质细腻，半透明。璧的正、背面各有一条切割痕。正、背面纹样相同，均饰变形人龙合雕纹。外径14.2、孔径6.8、厚0.4厘米（图二九〇；彩版一九八）。

（4）素面璧

14件。依外径大致可分为大、小二种。

① 大璧

12件。外径11～19.5厘米。

M2009：221，出于内棺盖板上。出土时在璧的一面粘有大片丝织品和朱砂痕迹。青玉，有黄白斑和黄褐斑。玉质较细，微透明。体形最大，且较厚。外径19.3、孔径6、厚0.6厘米（图二九一，1；彩版一九九，1）。

M2009：225，出于内棺盖板上。出土时背面保留有红色丝织物痕迹。青玉，有棕黄色斑纹。玉质较粗，半透明。器面光洁，体较薄。外径19.2、孔径6.2、厚0.4厘米（图二九一，2；彩版一九九，2）。

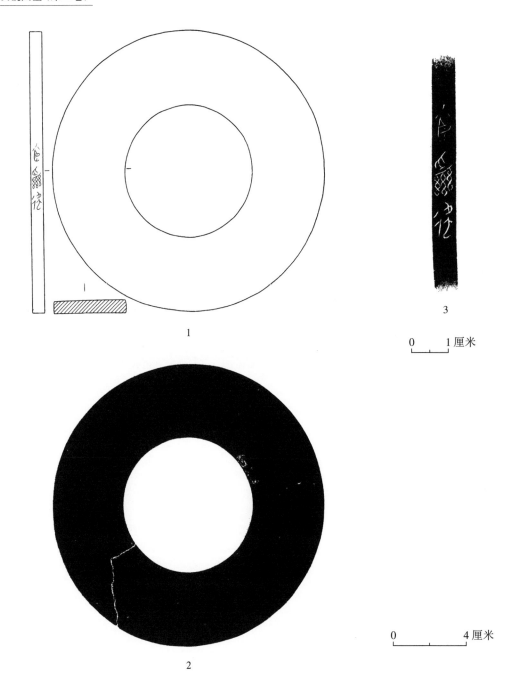

图二八七　M2009 小臣系玉璧（M2009 ∶ 1011）及拓本
1. 小臣系璧　2. 拓本　3. 铭文拓本

M2009 ∶ 940，出于棺内殓衾之上。出土时一侧断裂，另一侧有明显裂纹，正、背面有红色丝织物痕迹。青玉，有黄褐斑。玉质细腻，半透明。体较薄。外径 16.1、孔径 6.3、厚 0.4 厘米（图二九二，1；彩版二〇〇，1）。

M2009 ∶ 223，出于棺盖板上。出土时正、背面尚残留有大片的朱砂和丝织物痕迹。青玉。玉质较细腻，微透明。体较厚。外径 15.6、孔径 6.2、厚 0.5 厘米（图二九二，2；彩版二〇〇，2）。

M2009 ∶ 216，出于内棺盖板上。出土时器身有两道较明显的裂纹。青玉，有黄褐斑纹和墨

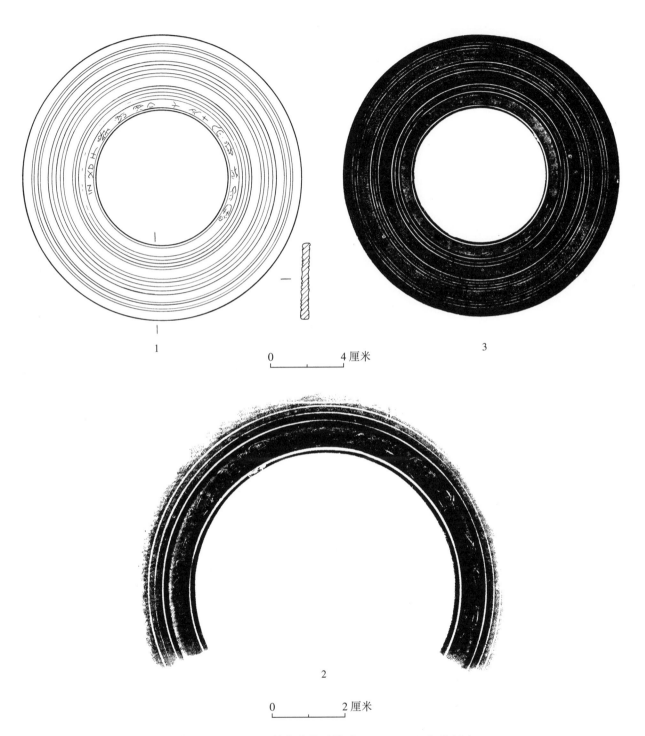

0   4厘米

0   2厘米

图二八八　M2009 刻铭弦纹玉璧（M2009∶801）及拓本
1. 刻铭弦纹璧　2. 铭文拓本　3. 正面拓本

0   6厘米

图二八九　M2009 龙纹玉璧（M2009：826）及拓本
1. 龙纹璧　2. 纹样拓本

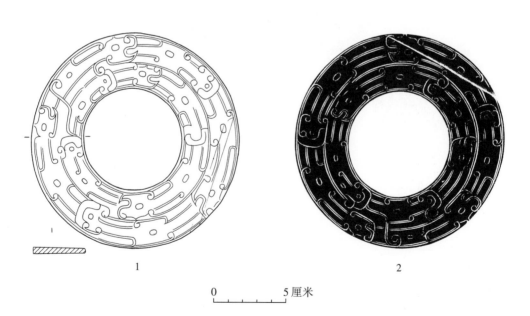

0   5厘米

图二九〇　M2009 龙纹玉璧（M2009：1027）及拓本
1. 龙纹璧　2. 纹样拓本

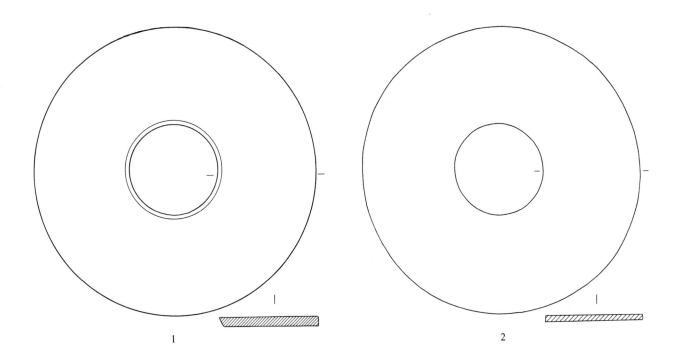

0   5厘米

图二九一 M2009 素面大玉璧
1. M2009：221 2. M2009：225

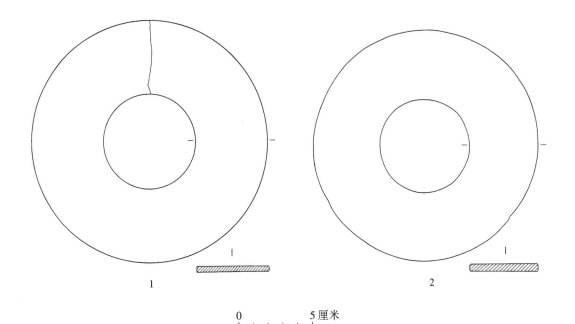

0   5厘米

图二九二 M2009 素面大玉璧
1. M2009：940 2. M2009：223

斑。玉质细腻，半透明。体较厚，正面外边缘有一道切割痕。外径13、孔径6.6、厚0.5厘米（图二九三，1；彩版二〇一，1）。

M2009：1026，出于墓主人左侧腰部之下。出土时器身有二道裂纹，正、背面有小片的红色丝织物痕迹。青玉，有棕褐裂痕状沁斑，间杂白色斑点。玉质较细，微透明。体厚，背面有一道切割痕。直径14.7、孔径7、厚0.65厘米（图二九三，2；彩版二〇一，2）。

M2009：1010，出于墓主人右股骨之上。表面有小片的红色丝织物痕迹。青玉。玉质较细腻，透明。体较厚。外径12.8、孔径6.9、厚0.6厘米（图二九四，1；彩版二〇二，1）。

M2009：1028，出于墓主人左侧腰部之下。青玉，有黄褐斑或棕褐斑。玉质较细，微透明。体较厚。外径12.7、孔径6.7、厚0.6厘米（图二九四，2；彩版二〇二，2）。

M2009：222，出于内棺盖板上。出土时一侧有断裂缝。青玉。玉质较粗，微透明。体薄。外径12.6、孔径6.8、厚0.3厘米（图二九五，1；彩版二〇三，1）。

M2009：1036，出于墓主人盆骨之下。出土时器身外边缘处有约3厘米残痕，器一侧有长约2厘米的裂纹。正、背面有红色丝织物痕迹。青玉，有黄褐斑。玉质细腻，透明。体较厚。外径12.6、孔径6.1、厚0.6厘米（图二九五，2；彩版二〇三，2）。

M2009：829，出于棺内殓衾之上。出土时已断为两截。青白玉，有黄褐斑。玉质温润细腻，透明。体薄。外径11.5、孔径6.4、厚0.25厘米（图二九六，1；彩版二〇四，1）。

M2009：1037，出于墓主人盆骨之下。出土时已断为三截。青玉，有黄褐斑纹或斑点。玉质细腻，透明。体较厚。外径11、孔径6.6、厚0.6厘米（图二九六，2；彩版二〇四，2）。

② 小璧

2件。外径3~5厘米。正面微鼓，背面平，穿孔偏向一侧。

M2009：866，出于棺内殓衾之上。青玉，有浅黄色斑纹。玉质细腻，微透明。体较厚，正

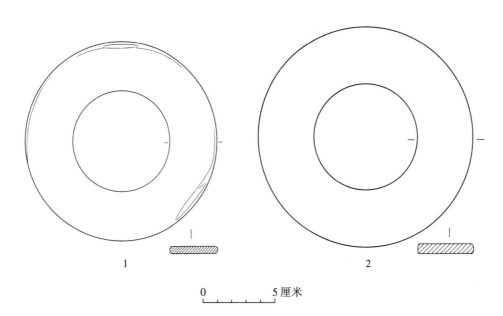

图二九三　M2009素面大玉璧
1. M2009：216　2. M2009：1026

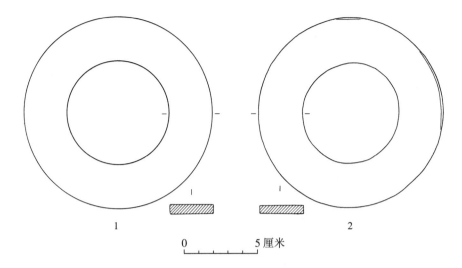

0　　　　　5厘米

图二九四　M2009 素面大玉璧
1. M2009：1010　2. M2009：1028

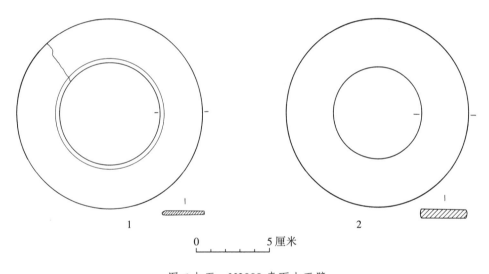

0　　　　　5厘米

图二九五　M2009 素面大玉璧
1. M2009：222　2. M2009：1036

面略小于背面。外径 5、孔径 1.9、厚 0.6 厘米（图二九六，3；彩版二〇五，1）。

　　M2009：573，出于内棺盖板上。出土时一侧有裂纹。青玉。玉质细腻，半透明。体近椭圆形，较厚。外径 3.2×3.3、孔径 1.3×1.7、厚 0.6 厘米（图二九六，4；彩版二〇五，2）。

　　4. 大环

　　3 件。形状基本相同。皆为圆形，厚薄不一，大小略有差异。以纹样不同，可分为龙纹大环和素面大环二种。

　　（1）龙纹大环

　　2 件。

　　M2009：215，出于内棺盖板上。青白玉，有黄褐斑。玉质细腻，微透明。体较厚。正、背

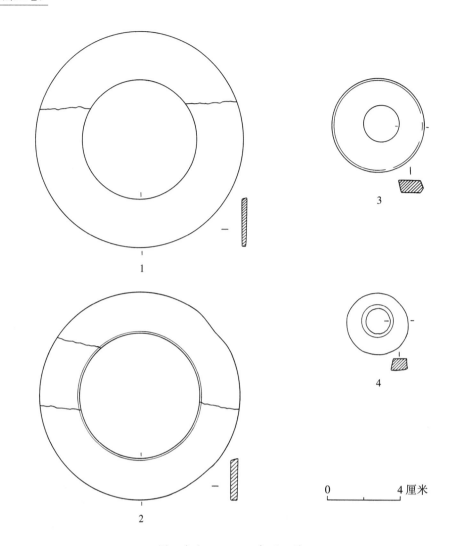

0　　　　　　4厘米

图二九六　M2009素面玉璧

1. 大璧（M2009：829）　　2. 大璧（M2009：1037）　　3. 小璧（M2009：866）　　4. 小璧（M2009：573）

面纹饰相同，均施尖尾双龙纹，龙身饰卷云纹。外径10.3、孔径6.1、厚0.8厘米（图二九七，1、2；彩版二〇五，3）。

　　M2009：827，出于棺内殓衾之上。青白玉，有黄褐斑。玉质细腻，微透明。体薄。正、背面纹饰相同，均施尖尾双龙纹，臣字眼，嘴微张，龙尾呈三角形交叉，身饰云纹。外径10、孔径6.3、厚0.35厘米（图二九七，3、4；彩版二〇六，1）。

　　（2）素面大环

　　1件。

　　M2009：830，出于棺内殓衾之上。背面保留有少量麻布和丝织物痕迹。青白玉，有黄褐斑。玉质温润细腻，半透明。体薄，背面有一道切割痕。外径10.5、孔径6.7、厚0.25厘米（图二九七，5；彩版二〇六，2）。

　　5. 璜

　　9件。器身较窄，呈拱弧形，两端或有穿孔或无穿孔。依纹样的不同，可分为人形璜、人龙

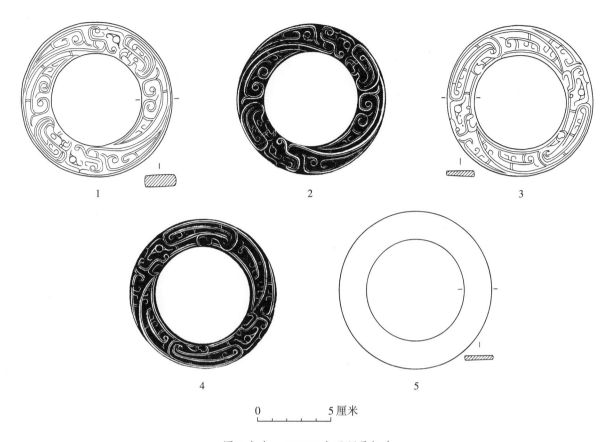

0 —————— 5厘米

图二九七 M2009 大玉环及拓本

1. 龙纹大环（M2009：215） 2. 龙纹大环（M2009：215）纹样拓本 3. 龙纹大环（M2009：827） 4. 龙纹大环（M2009：827）纹样拓本 5. 素面大环（M2009：830）

合纹璜、尖尾双龙纹璜和素面璜四种。

（1）人形璜

1件。

M2009：572，出于内棺盖板上。青白玉，有黄褐斑点。玉质细腻，透明。体较厚。整体为一蹲踞人形，头戴高冠，冠外缘饰有鉏牙之饰，臣字眼。身饰变形云纹。背部两端各有一小斜穿。高6.6、宽2、厚0.5～0.6厘米（图二九八，1、2；彩版二〇七，1）。此器的制作年代为商代。

（2）人龙合纹璜

2件。正、背面纹样相同，均饰人龙合纹。两端各有一个穿孔。

M2009：1032，出于墓主人左前臂之下。青玉，有黄褐斑。玉质温润，微透明。器身较薄，正、背面纹饰相同，饰两组人龙合纹。人形无四肢且身体卷曲，鼻、眼、耳、发的纹样俱全。龙身盘曲，头上有角，鼻上卷，椭圆形眼，口露獠牙。一端有穿孔，另一端的人龙纹间有透雕孔。长11.9、宽3.5、厚0.2厘米（图二九八，3、4；彩版二〇七，2）。

M2009：1035，出于墓主人左手之下。正、背面均残留有红色丝织物痕迹。青白玉，有棕褐斑。玉质细腻，透明。器身较薄。人呈蹲踞状，高冠，椭圆形眼，高鼻，头后、胸部、臀部及足下各饰一条龙。两端均有圆形穿孔。长11.7、宽3.7、厚0.2厘米（图二九九，1、2；彩版二〇七，3）。

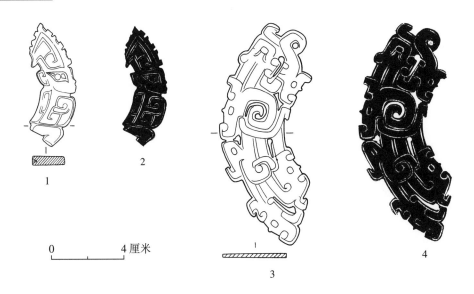

0 _____ 4厘米

图二九八　M2009 玉璜及拓本

1. 人形璜（M2009：572）　　2. 人形璜（M2009：572）纹样拓本　　3. 人龙合纹璜（M2009：1032）　　4. 人龙合纹璜（M2009：1032）纹样拓本

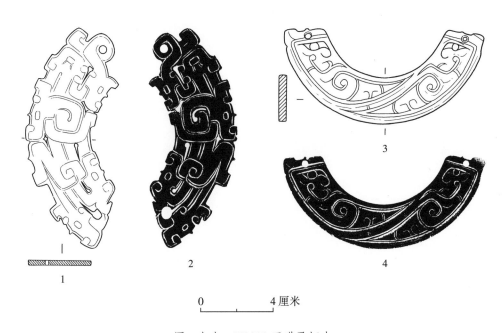

0 _____ 4厘米

图二九九　M2009 玉璜及拓本

1. 人龙合纹璜（M2009：1035）　　2. 人龙合纹璜（M2009：1035）纹样拓本　　3. 尖尾双龙纹璜（M2009：96）　　4. 尖尾双龙纹璜（M2009：96）纹样拓本

（3）尖尾双龙纹璜

2件。正面或正、背面饰分体尖尾双龙纹，龙首分别朝向璜的两端，斜尖尾于璜的中部交错相叠。

M2009：96，出于外棺盖板上。青白玉，有黄褐斑。玉质细腻，半透明。正、背两面皆饰分体叠尾双龙纹，龙口微张，臣字眼，眼角带勾，身饰卷云纹。两端各有一个小圆穿。长10.9、宽2.4、厚0.4厘米（图二九九，3、4；彩版二〇八，1）。

M2009：809，出于棺内殓衾之上。青白玉，有黄褐斑。玉质细腻，半透明。器身窄厚，断面近方形。两端皆作正视龙首，龙口微张，臣字目，叠尾。背部饰重环纹，两侧面饰卷云纹。两端龙口下各有一小斜穿。长 6.5、宽 0.9、厚 0.8 厘米（图三〇〇，1 ~ 3；彩版二〇八，2）。

（4）素面璜

4 件。

M2009：98，出于外棺盖板上。出土时已断为两截。青玉。玉质较粗，半透明。体较薄，两端各有一小圆穿。长 11.7、宽 3、厚 0.2 厘米（图三〇〇，4；彩版二〇八，3）。

M2009：81，出于外棺盖板上。出土时两端及外侧略残。青玉。玉质较细腻，半透明。体较厚，两端各有一小圆穿。长 10、宽 2.7、厚 0.5 厘米（图三〇〇，5；彩版二〇九，1）。

M2009：120，出于外棺盖板上。出土时一端稍残。青玉，有黄白斑和黄褐斑。玉质较细，微透明。器两端各有一小斜穿，其中一端斜穿略残。长 9.8、宽 2、厚 0.4 厘米（图三〇〇，6；彩版二〇九，2）。

M2009：757，出于棺内殓衾之上。青玉，有灰白斑。玉质细腻，透明。器身薄小，两端各有一小圆穿。长 5.1、宽 1.6、厚 0.1 厘米（图三〇〇，7；彩版二〇九，3）。

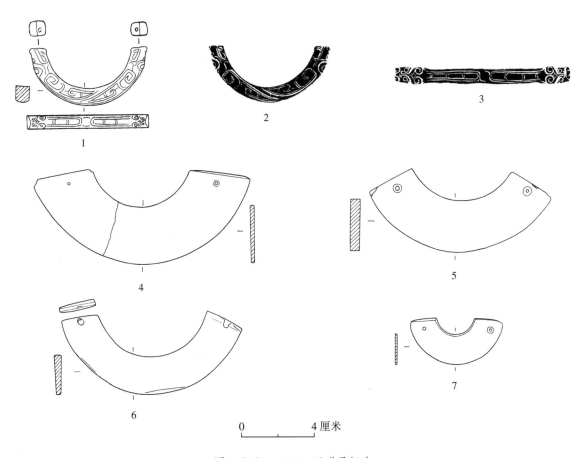

图三〇〇　M2009 玉璜及拓本

1. 尖尾双龙纹璜（M2009：809）　2. 尖尾双龙纹璜（M2009：809）正面纹样拓本　3. 尖尾双龙纹璜（M2009：809）侧面纹样拓本　4. 素面璜（M2009：98）　5. 素面璜（M2009：81）　6. 素面璜（M2009：120）　7. 素面璜（M2009：757）

6. 戈

29 件。玉质、玉色、大小、形状不尽相同。戈锋呈三角形或柳叶形，锋刃与援的上下边刃或锐利或钝厚，援有脊或无脊。内部为长方形或梯形，或平行四边形。援本与内的中部或各有一个穿孔，或仅有其中之一。少数戈的内部或在周边刻牙形饰，或在正、背面刻几何形纹样。以纹样不同，分为龙凤纹戈、菱形纹戈、墨书戈与素面戈四种。

（1）龙凤纹戈

1 件。

M2009：1033，出于墓主人左侧腰部之下。正、背面尚残留有红色丝织物痕迹。青白玉。玉质细腻，微透明。偏锋呈柳叶形，刃较钝厚，援有脊与边刃，援与内宽窄相差无几。内端的正面用阴线雕出尚未完成的龙凤纹饰图稿，内的末端装饰有鉏牙之饰。援本部与内部结合处的中部有一圆形穿孔。通长 36.6、援宽 6.9、内长 8.5、内宽 6.7、最厚处 0.5 厘米（图三〇一；彩版二一〇，1）。

（2）菱形纹戈

4 件。

M2009：208，出于内棺盖板上。正、背面均残留有数道条带状红色丝织物痕迹，应为缚戈所用之朱组。青白玉。玉质细腻，微透明。戈锋呈斜三角形，锋刃与援刃较锐利，援有脊，长方形内。内、援之间阴刻栏线，内之末端装饰有鉏牙之饰。正、背面援本处阴刻菱形和三角形纹，内部正、背面各纵向刻划 16 道相互平行的细线纹。内部有一圆穿。通长 30.2、援宽 6.3、内长 6.7、内宽 6.4、厚 0.4 厘米（图三〇二，1、2；彩版二一〇，2）。

M2009：1034，出于墓主人左侧腰部之下。出土时已断为两截，正、背面残存有成片的朱砂

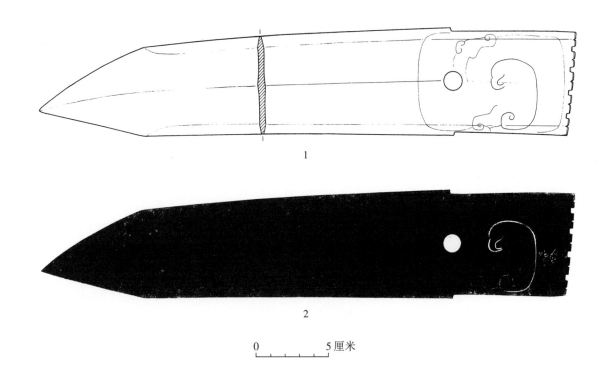

1

2

0   5厘米

图三〇一　M2009 龙凤纹玉戈（M2009：1033）及拓本

1. 龙凤纹戈　2. 纹样拓本

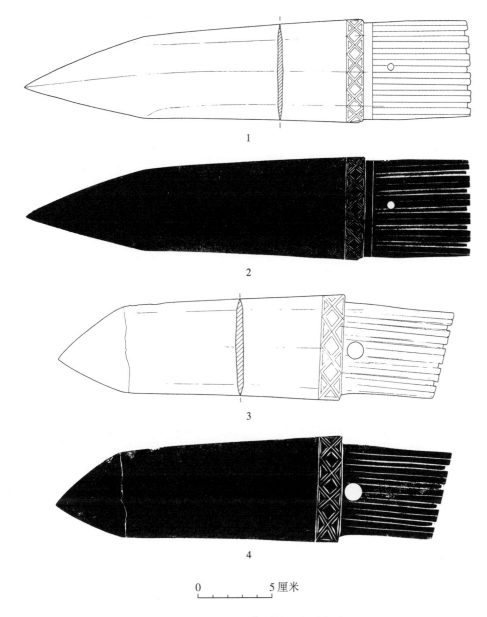

0   5厘米

图三〇二　M2009菱形纹玉戈及拓本

1. 菱形纹戈（M2009：208）　2. 菱形纹戈（M2009：208）纹样拓本　3. 菱形纹戈（M2009：1034）　4. 菱形纹戈
（M2009：1034）纹样拓本

痕迹。青玉。玉质较细，微透明。戈锋呈斜三角形，锋刃与援刃较锐利，援脊不很明显，内呈梯形。
内之末端装饰有鉏牙之饰。正、背面援本处阴刻菱形和三角形纹，内部正、背面各纵向刻划13道
相互平行的细线纹。内部有一圆穿。通长27、援宽6.4、内长7.6、内宽5.7～6.2、厚0.5厘米（图
三〇二，3、4；彩版二一一，1）。

    M2009：219，出于内棺盖板上。戈背面留有朱砂和黄褐色丝织物痕迹。青玉，有灰白斑或
黑褐斑。半透明。戈锋呈三角形，锋刃与援刃较锐利，直援有脊，内呈长方形。正、背面援本处
阴刻菱形和三角形纹，内部正、背面各纵向刻划多道细线纹，内之末端装饰有鉏牙之饰。内部有
一圆穿。通长24.6、援宽5.5、内长4、内宽5、厚0.3厘米（图三〇三，1、2；彩版二一一，2）。

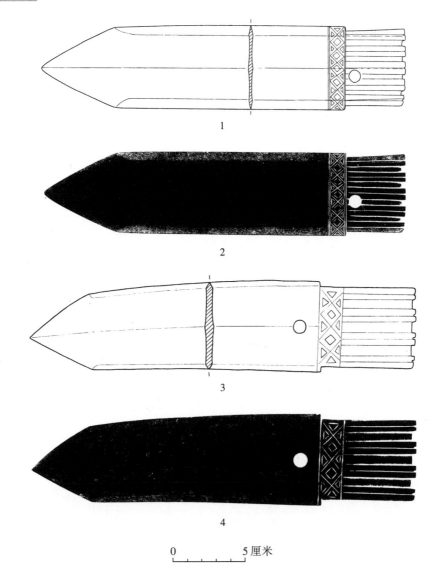

0 _____ 5厘米

图三○三 M2009 菱形纹玉戈及拓本

1. 菱形纹戈（M2009：219） 2. 菱形纹戈（M2009：219）纹样拓本 3.菱形纹戈（M2009：1004） 4.菱形纹戈
（M2009：1004）纹样拓本

　　M2009：1004，出于墓主人盆骨之上。正、背面残存有成片的朱砂痕迹。青白玉。玉质较细，微透明。戈锋呈斜三角形，锋刃与援刃较锐利，援有脊，内呈长方形。内的上端正、背面阴刻菱形纹、三角形纹及 10 道纵向相互平行的细线纹，内之末端装饰有鉏牙之饰。援本部有一圆穿。通长 26.3、援宽 5.7、内长 6.3、内宽 5.3、厚 0.6 厘米（图三○三，3、4；彩版二一一，3）。

　　（3）墨书（字）戈

　　3 件。

　　M2009：85，出于外棺盖板上。出土时内端略残。青玉。玉质较粗，不透明。戈锋呈三角形，锋刃与援刃较锐利，直援，援与内皆有脊，长方形短内，与援宽相差无几。内与援本部结合处的中部有一小圆穿孔。援的正面有红色印彩云纹图案，前端有竖款墨书二行 4 字，即：

　　　□鼑（贡）

马两

通长 12.2、援宽 5.2、内长 1.7、内宽 5、厚 0.3 厘米（图三〇四，1；彩版二一二，1）。

M2009 ∶ 102，出于外棺盖板上。青玉，有墨斑。玉质较细，半透明。整体呈弧形，偏锋呈柳叶形，锋刃与援刃较钝，援与内皆有脊，近长方形内。内部有一圆穿。背面的援部有竖款墨书二字，即：

戢雷（？）

通长 8.4、援宽 2.6、内长 2.4、内宽 2.1、厚 0.3 厘米（图三〇四，2、3；彩版二一二，2）。

M2009 ∶ 136，出于外棺盖板上。出土时断裂为两截。依其形制特征，属于宽援戈。青玉。玉质较细，微透明。戈锋部呈等腰三角形，锐刃；宽援两侧双面磨出薄刃；内端略宽，双角呈两个弧形豁口，其一角有断茬，极似玉戈使用中留下的崩疤痕。援上有二个圆穿，援本部有一个细小的圆孔，内端有一圆形穿而残缺一半。据此可知，此戈是由旧玉改制而成。其一面的中部有竖款墨书，自上而下排列一行 2 字，即：

南中（仲）。

通长 25.6、援宽 4.7、内长 5.5、内宽 5.4、厚 0.2 厘米（图三〇四，4；彩版二一二，3）。

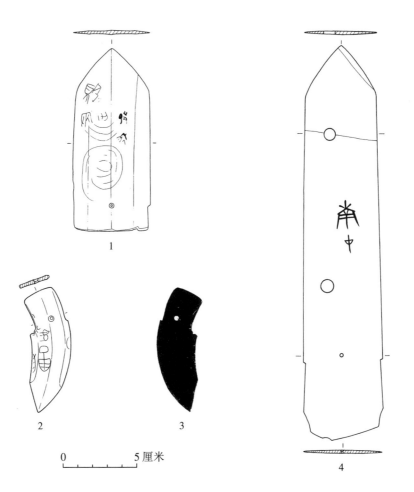

图三〇四　M2009 墨书玉戈及拓本

1. 墨书戈（M2009 ∶ 85）　2. 墨书戈（M2009 ∶ 102）　3. 墨书戈（M2009 ∶ 102）背面纹样拓本　4. 墨书戈（M2009 ∶ 136）

（4）素面戈

21件。以戈援宽窄不同，又分为宽援戈与窄援戈二种。

① 宽援戈

17件。形体较大。援上、下边磨出薄刃，锋尖略向下偏。

M2009：115，出于外棺盖板上。出土时已断为二截，援中部有一道斜裂纹。青玉，有黄白斑。玉质较细，微透明。偏锋呈柳叶形，与援的上、下边刃平滑相接，援有脊与边刃，长方形内的周边被磨成窄斜平面。援本处有一圆穿。通长49.3、援宽9.5、内长8.6、内宽8.8、最厚处0.55厘米（图三○五，1；彩版二一三，1）。

M2009：945，出于棺内的殓衾之上。出土时内的末端略残，正面尚留有朱砂和丝织物痕迹。青玉。玉质较细腻，微透明。戈锋呈斜三角形，锋刃与援刃较锐利，援与内皆有脊，近长方形内。内部有一圆穿。通长45、援宽7.4、内长9.3、内宽6.8、厚0.5厘米（图三○五，2；彩版二一三，2）。

M2009：942，出于棺内殓衾之上。正面尚留有朱砂和丝织物痕迹。青玉。玉质较细腻，

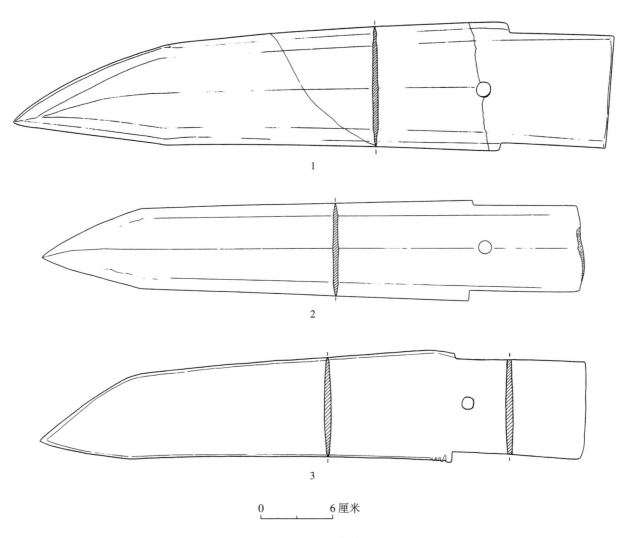

1

2

3

0   6厘米

图三○五　M2009 宽援玉戈

1. M2009：115　2. M2009：945　3. M2009：942

微透明。戈锋呈斜三角形，锋刃与援刃较锐利，援无脊，内呈长方形。援本部一侧有鉏牙之饰。内部有一圆穿。通长 44.5、援宽 8、内长 10.8、内宽 7.6、最厚处 0.6 厘米（图三〇五，3；彩版二一四，1）。

　　M2009：197，出于内棺盖板上。出土时锋刃两侧各残留一小缺口。背面保留有红色和褐色丝织物痕迹。青玉，沿自然纹理有黄褐斑和灰白斑。玉质较粗，微透明。偏锋呈斜三角形，锋刃与援边刃锐利，援与内皆有脊，近长方形内。内的两侧边磨成斜锋。内部有一圆穿。通长 40.4、宽 8.2、内长 10、内宽 7.2 ~ 7.6、厚 0.6 厘米（图三〇六，1；彩版二一四，2）。

　　M2009：941，出于棺内殓衾之上。出土时已断为二截，锋尖残损。正、背面均残存有朱砂和丝织物痕迹。青玉。玉质较细，半透明。偏锋呈柳叶形，与援的上边刃圆滑相接，锋刃与援刃较锐利，梯形内。援本部有一圆穿。残长 39.7、援宽 5.7、内长 8.6、内宽 5.7 ~ 6.3、厚 0.3 厘米（图三〇六，2；彩版二一五，1）。

　　M2009：148，出于内棺盖板上。正、背面均残留有朱砂和丝织物痕迹。青玉，有黄褐斑和黄白斑。玉质细腻，微透明。偏锋呈柳叶状，与援的上下边刃圆滑相接。锋刃薄而锐利，援有脊，长方形内。援与内的宽度相差无几。援本部与内各有一圆穿。通长 40、援宽 7、内长 9.8、内宽 6.8、最厚处 0.8 厘米（图三〇六，3；彩版二一五，2）。

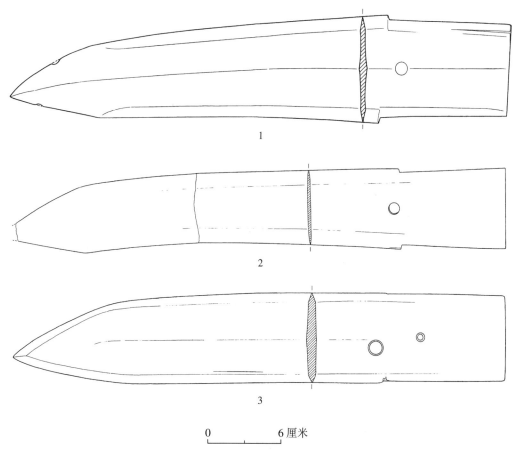

0　　　　　6厘米

图三〇六　M2009 宽援玉戈

1. M2009：197　2. M2009：941　3. M2009：148

　　M2009：201，出于内棺盖板上。出土时内的一角略残。正、背面均留有朱砂和丝织物痕迹。青玉。玉质细腻，半透明。锋呈斜三角形，锋刃与援刃锐利，援与内皆有脊，梯形内。援与内的宽度相差无几。援本处有一圆穿。通长 36.1、援宽 8.1、内长 7.4、内宽 7.6 ~ 8.9、厚 0.4 厘米（图三〇七，1；彩版二一六，1）。

　　M2009：946，出于棺内殓衾之上。出土时援下中部边刃有一长 1.6 厘米的缺口，背面有褐色丝织物痕迹。青白玉。玉质较细，微透明。戈锋呈斜三角形，锋刃与援刃锐利，援与内皆有脊，近梯形内。内中部有一圆穿。通长 35.2、援宽 8、内长 8.7、内宽 7.8 ~ 8.2、厚 0.5 厘米（图三〇七，2；彩版二一六，2）。

　　M2009：943，出于棺内殓衾之上。正、背面均残存有少量朱砂和丝织物痕迹。青玉。玉质细腻，半透明。戈锋呈三角形，锐利，直援，援上边刃较薄，下边刃较钝，援与内皆有脊，近梯形内。援本部有一圆穿。通长 35.2、援宽 5.6、内长 6.6、内宽 5.3 ~ 5.6、最厚处 0.4 厘米（图三〇七，3；彩版二一七，1）。

　　M2009：996，出于墓主人胸部之上。出土时已断为三块，锋尖略残，正、背面尚留有朱砂和丝织物痕迹。青白玉。玉质细腻，微透明。戈锋呈斜三角形，锐利，援上边刃较薄，下边刃较钝，

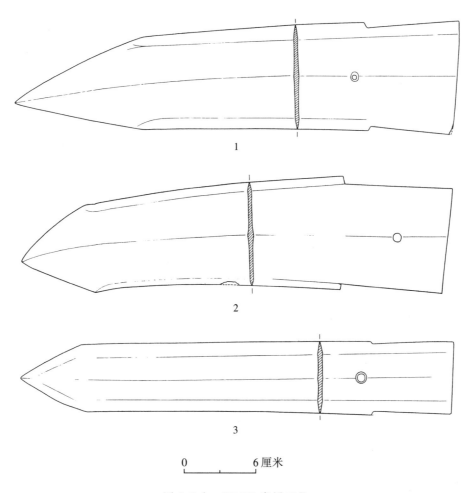

1

2

3

0　　　　　　6厘米

图三〇七　M2009 宽援玉戈

1. M2009：201　2. M2009：946　3. M2009：943

援与内皆有脊，长方形内。内部正、背面纵向各刻划有数道相平行的细线纹，内之末端有鉏牙之饰。内的前中部有一个圆穿，近末端有二个圆穿。残长 34.7、援宽 6.6、内长 9、内宽 6.9、最厚处 0.6 厘米（图三〇八，1；彩版二一七，2）。

M2009：149，出于内棺盖板上。出土时背面尚留有朱砂和麻布纹痕迹。青玉。玉质较细，微透明。偏锋呈柳叶形，锋刃与援刃较锐利，援与内皆有脊，长方形内的下角刻出一个小缺口。内中部有一圆穿。通长 33.1、援宽 6.8、内长 8.6、内宽 6.4、最厚处 0.7 厘米（图三〇八，2；彩版二一八，1）。

M2009：998，出于墓主人腰部右外侧。正、背面均残留有朱砂和丝织物痕迹。青玉。玉质较细，微透明。戈锋呈三角形，锋刃与援刃锐利，援与内有脊，长方形内。内部有一个大圆穿和二个小圆穿。通长 31.2、援宽 5.4、内长 7.1、内宽 4.9、厚 0.4 厘米（图三〇八，3；彩版二一八，2）。

M2009：212，出于内棺盖板上。背面保留有成片的朱砂和丝织物痕迹。青玉。玉质细腻，微透明。戈锋呈斜三角形，锋刃与援刃较锐利，援与内有脊，援与内没有明显的分界。内之末端有鉏牙之饰。援本部有一圆穿，内部有一个圆穿，背面另有一个未钻透的圆孔，孔内留有钻芯。长 30、宽 6、最厚处 1.1 厘米（图三〇九，1；彩版二一九，1）。

M2009：1005，出于墓主人右股骨之外侧。正、背面保留有大片的红色丝织物痕迹。青玉，有黄褐斑、土黄斑和白斑。玉质细腻，微透明。戈锋呈等腰三角形，锐利，援无脊，上边刃较钝，

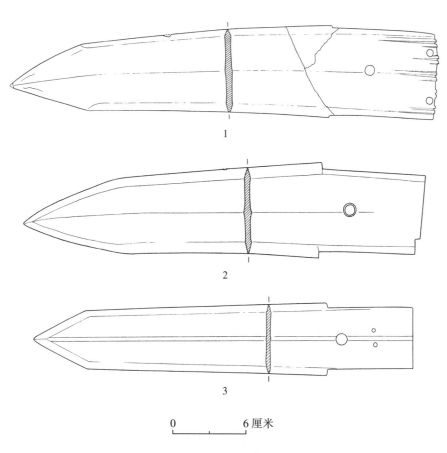

图三〇八　M2009 宽援玉戈
1. M2009：996　2. M2009：149　3. M2009：998

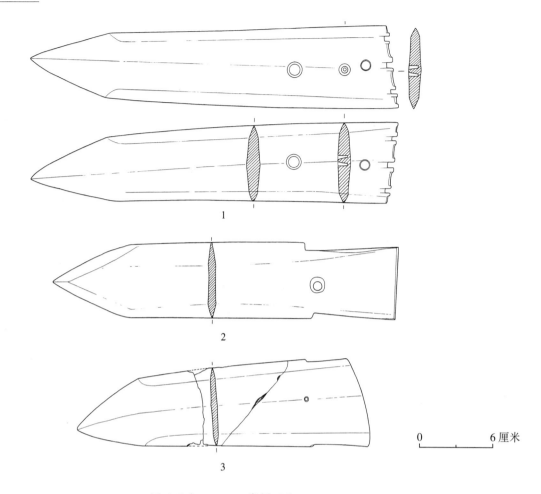

图三〇九　M2009 宽援玉戈
1. M2009：212　2. M2009：1005　3. M2009：713

下边刃较薄，近梯形内。内部有一个单面钻圆穿。通长 28.2、援宽 5.9、内长 7.6、内宽 5.7～5.9、厚 0.7 厘米（图三〇九，2；彩版二一九，2）。

　　M2009：713，出于棺椁之间的西南角。出土时已断为三截，援两侧边刃略残。青玉。玉质较差，不透明。戈锋呈斜三角形，锋刃与援刃较锐利，援与内有脊，内呈短梯形。内与援本结合处的中部有一小圆穿。内末端磨出单面钝刃。通长 24、援宽 6.1、内长 3.3～4.5、内宽 6.6、最厚处 0.5 厘米（图三〇九，3；彩版二二〇，1）。

　　M2009：103，出于外棺盖板上。出土时内一角略残，背面有一片织物痕迹。青玉，有黄白斑或褐色斑纹。玉质较细，半透明。戈锋呈斜三角形，锋刃与援刃较锐利，援与内有脊，近梯形内。内与援本结合处的中部有一圆穿。通长 20、援宽 7.6、内长 7～8、内宽 7、厚 0.35 厘米（图三一〇，1；彩版二二〇，2）。

　　M2009：1017，出于墓主人胸部之上。正、背面尚保留有朱砂和丝织物痕迹。青白玉，有黄白斑。玉质温润细腻，半透明。戈锋呈斜三角形，锋刃与援刃较薄，援与内有不明显的脊，内较短近长方形。内之末端有鉏牙之饰。援中部偏下有一圆穿，内与援本结合处的中部有一小圆穿。通长 17.4、援宽 4.6、内长 3、内宽 4.5、厚 0.4 厘米（图三一〇，2；彩版二二一，1）。

② 窄援戈

4件。

M2009：466，出于棺椁之间的西南侧。青玉。有黄褐色纹，间杂有墨斑或黄白斑。玉质细腻，半透明。戈锋呈斜三角形，锋刃与援刃较锐利，援有脊，内呈梯形。内部有一小圆穿。通长16.8、援宽3.7、内长2.5～3、内宽3.8、厚0.3厘米（图三一〇，3；彩版二二一，2）。

M2009：1006，出于墓主人右股骨之外侧。青白玉，有黄白斑。玉质较细，微透明。戈锋呈斜三角形，锐利，直援，援上侧边刃较薄，下侧边刃较钝，内较长呈长方形。内部有一圆穿，内接近援本部的下侧有一小缺口。通长14、援宽2.9、内长4.8～5.1、内宽2.6、厚0.4厘米（图三一〇，4；彩版二二二，1）。

M2009：707，出于棺椁之间的西南部。出土时有裂纹，内部的末端有残损。墨玉。玉质较差，不透明。尖锋呈三角形，锐利，直援，援正面略鼓，背面平，无边刃，近梯形内。内有一圆穿。残长12.2、援宽3、内残长1.9、内宽2.6、厚0.4厘米（图三一〇，5；彩版二二二，2）。

M2009：708，出于棺椁之间的西南部。墨玉。玉质细腻，不透明。尖锋呈三角形，锐利，直援，援刃较薄，援与内皆有脊，长方形内。援本部有一圆穿，内部下边有一缺。通长14.2、援宽1.7、内长2、内宽1.5、厚0.45厘米（图三一〇，6；彩版二二二，3）。

7. 圭

3件。体形较小，形状相近，大小不一。皆作扁平长条形，上端有三角形锋，两侧边与锋边有刃，底边两角处各有一个小圆穿孔。

M2009：80，出于外棺盖板上。青玉，有灰白斑和黄褐斑。玉质细腻，半透明。尖锋，锋

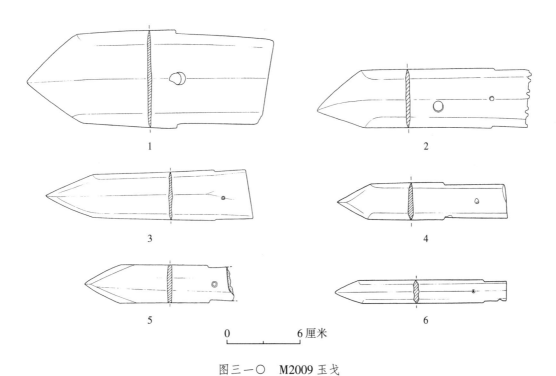

1   2

3   4

5   6

0   6厘米

图三一〇 M2009 玉戈

1. 宽援戈（M2009：103）   2. 宽援戈（M2009：1017）   3. 窄援戈（M2009：466）   4. 窄援戈（M2009：1006）

5. 窄援戈（M2009：707）   6. 窄援戈（M2009：708）

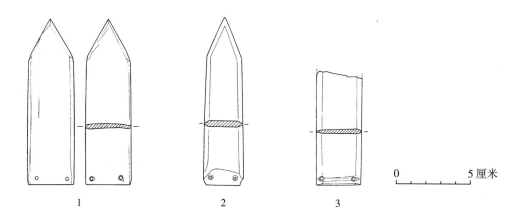

图三——   M2009 玉圭

1. M2009：80   2. M2009：88   3. M2009：728

边与两侧边刃部十分钝厚。下端两角各有一个单面钻小圆穿孔。正、背面各有一道切割痕。高10.9、宽3.1、厚0.35厘米（图三——，1；彩版二二三，1）。

　　M2009：88，出于外棺盖板上。末端的两角略残。青玉。玉质较粗，不透明。器身末端稍宽，锋边与两侧边刃部较钝厚，底边的正面磨出斜薄刃。下端两角各有一个单面钻的小圆穿孔。高11、宽2.6、厚0.4厘米（图三——，2；彩版二二三，2）。

　　M2009：728，出于棺椁之间的西南部。出土时器的上半部残缺。青玉。玉质较粗，微透明。圭两侧磨有双面钝刃，下端两角各有一个单面钻的小圆穿孔。在背面底边两角的小圆穿之间有一条横向浅凹槽。残高7.4、宽3、厚0.3厘米（图三——，3；彩版二二三，3）。

　　8.璋

　　2件。可分为人龙合纹璋和素面璋二种。

　　（1）人龙合纹璋

　　1件。

　　M2009：153，出于内棺盖板上。出土时器身有四道裂纹，背面保留有朱砂和丝织物痕迹。青玉。玉质细腻，微透明。整体近似铲形，上端为弧形双面刃，两侧较薄且有刃部。正、背面纹样相同，上部饰人面纹，长发飘逸，发丝细密，横臣字目，眼角带勾，高鼻，云纹大耳；下部饰双龙纹，臣字眼，眼角带勾；刃部一周饰简易"C"形窃曲纹。下端近柄部有一圆孔，短柄的一角被削成斜杀。通长33.3、器身最宽处14.9、柄长1.9～4.4、柄宽11.6、厚0.7厘米（图三一二、三一三；彩版二二四）。

　　（2）素面璋

　　1件。

　　M2009：97，出于外棺盖板上。青玉，有黄褐斑。玉质细腻，半透明。作扁平长条形，上端一侧为斜弧边，端部磨出双面薄刃，下端平齐且有薄刃。长11.9、上端宽0.5、下端宽2.4、厚0.3厘米（图三一四，1；彩版二二五，1）。

　　9.兽面纹斧

　　3件。应为仪仗器，故也归入礼器类。形制、纹样大致相同，大小不同。整体似斧形，正、背面略鼓。上端有柄，两侧有椭圆形或椭长方形銎孔，下端为双面钝刃。体上部正、背面饰兽面纹，宝瓶角，臣字目；下部饰竖向相平行的细线纹。

M2009：262，出于椁室西侧北部。出土时一侧銎口略残，另一侧有裂纹。青玉，有灰褐斑。玉质温润，微透明。上端有蘑菇状柄，两侧銎孔为椭圆形，刃部为折刃。通长 13.2、宽 2.7、厚 2.1 厘米，銎孔长径 1.6、短径 1.2 厘米（图三一四，2、3；彩版二二五，2）。此器的制作年代为商代。

M2009：263，出于椁室西侧北部。青玉，有黄褐斑。玉质较细，微透明。上端有蘑菇状柄，两侧銎孔为椭长方形，刃部为弧刃。通长 15、宽 2.5、厚 1.8 厘米，銎孔长 1.5、宽 1.2 厘米（图三一五，1、2；彩版二二六，1）。此器的制作年代为商代。

M2009：264，出于椁室西侧北部。青玉，有黄褐斑。玉质温润细腻，微透明。上端为近长

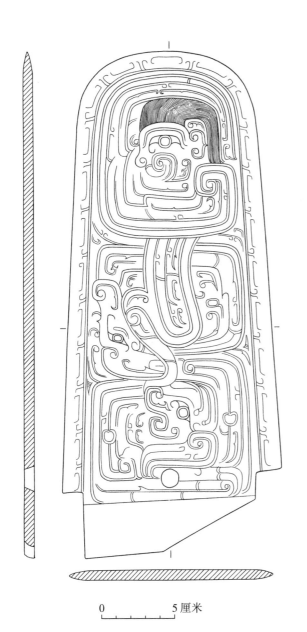

图三一二　M2009 人龙合纹玉璋（M2009：153）　　图三一三　M2009 人龙合纹玉璋（M2009：153）纹样拓本

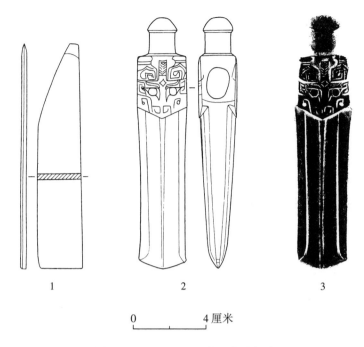

0　　　　　　4厘米

图三一四　M2009 玉璋、斧及拓本

1. 素面璋（M2009：97）　2. 兽面纹斧（M2009：262）　3. 兽面纹斧（M2009：262）纹样拓本

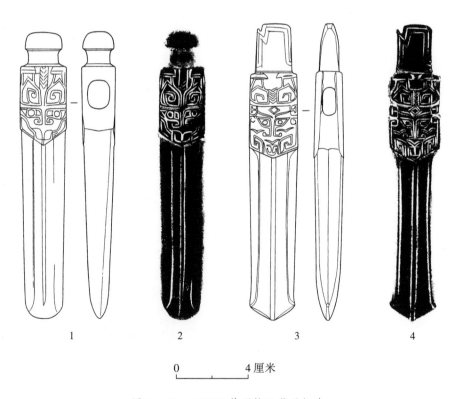

0　　　　　　4厘米

图三一五　M2009 兽面纹玉斧及拓本

1. 兽面纹斧（M2009：263）　2. 兽面纹斧（M2009：263）纹样拓本　3. 兽面纹斧（M2009：264）　4. 兽面纹斧
（M2009：264）纹样拓本

方形柄，一角有一个小"V"字形缺口，两侧銎孔为椭长方形，刃部为折刃。柄部饰"n"字形纹。通长 15.6、宽 2.5、厚 1.5 厘米，銎孔长 1.5、宽 0.7 厘米（图三一五，3、4；彩版二二六，2）。此器的制作年代为商代。

（二）佩饰

714 件（颗）。可分为组佩饰和单佩两种。有现象表明组佩饰种类与数量的多少，与墓主人的身份等级有关，而某些大型组佩饰可能本身就是礼器的一种。

1. 组佩饰

4 组，540 件（颗）。是由多件玉器通过串联方式组合成一组具有某种特定用途的玉质装饰品。计有佩、璜、玦与觿组合发饰一组，六璜联珠组玉佩一组，玛瑙珠（管）、料珠与玉佩组合串饰一组，玛瑙珠（管）、料珠（管）、海贝与玉佩组合串饰一组。

（1）佩、璜、玦与觿组合发饰

1 组，13 件。出土时位于墓主人脑后，被叠压在缀玉幎目和玉琀之下（彩版二二七）。依其出土位置，可知应为绾发所用装饰品。计有"C"形龙形佩、鸟形佩、树形佩、璜、人龙合纹玦和龙纹觿六种。关于发饰在佩戴时的组合方式，依其出土位置可复原如下（图三一六、三一七）。

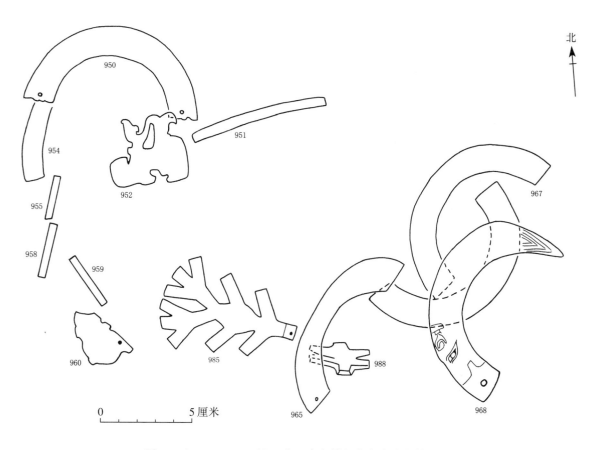

图三一六　M2009 玉佩、璜、玦与觿组合发饰出土情况

950. 尖尾双龙纹璜　951. 人鱼合纹璜　952、960. 鸟形佩　954、967. 人龙合纹玦　955. 龙首纹璜　958、959. "C"形龙形佩
965. 缠尾双龙纹璜　968. 龙纹觿　985、988. 树形佩

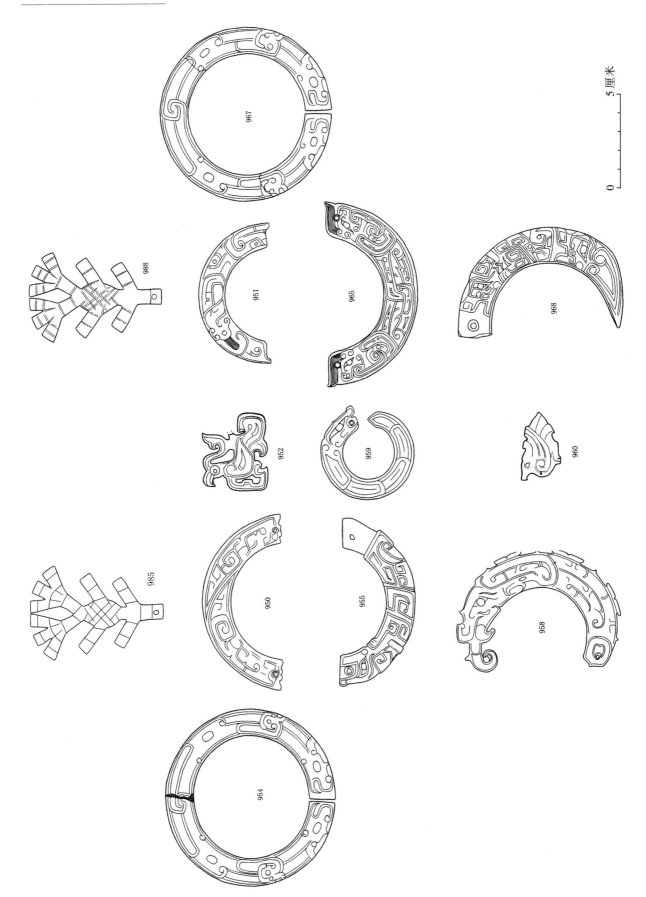

图三一七　M2009玉佩、璜、玦与髯组合发饰复原图

950. 尖尾双龙纹璜　951. 人鱼合纹璜　952、960. 鸟形佩　954、967. 人龙合纹玦　955. 龙首纹璜　958、959. "C"形龙形佩　965. 绳尾双龙纹璜　968. 龙纹璜　985、988. 树形佩

① "C" 形龙形佩

2件。龙身皆卷曲成 "C" 形。正、背面纹样相同。

M2009：959，青白玉。玉质温润细腻，半透明。龙张口，臣字目，上唇外卷，三角形尖尾。身饰重环纹。嘴部有一圆穿。最大外径5.2、身宽1.2、厚0.5厘米（图三一八，1、2；彩版二二八，1）。

M2009：958，青玉。玉质较细，微透明。张口，臣字目，上唇外翻，下唇微卷，吐舌分叉且卷曲。龙口衔一条身体弯曲的小鱼。身饰卷云纹。尾端有一双面钻圆穿。长9、宽2.1、厚0.5厘米（图三一八，3、4；彩版二二八，2）。

② 鸟形佩

2件。皆为片雕。

M2009：952，鸟后冠略残。青白玉，有黄褐斑。玉质温润细腻，半透明。体作立姿状，正面饰鸟纹，昂首挺胸，尖喙下勾，圆目，长冠后卷，大尾上卷。背部素面。背面嘴部、胸部及尾部各有一小斜穿。长3.6、宽4.2、厚0.4厘米（图三一八，5～7；彩版二二八，3、4）。

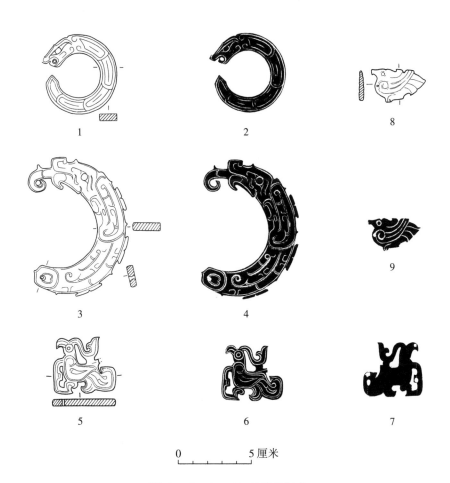

图三一八　M2009玉佩及拓本

1. "C" 形龙形佩（M2009：959） 2. "C" 形龙形佩（M2009：959）纹样拓本 3. "C" 形龙形佩（M2009：958） 4. "C" 形龙形佩（M2009：958）纹样拓本 5. 鸟形佩（M2009：952） 6. 鸟形佩（M2009：952）正面纹样拓本 7. 鸟形佩（M2009：952）背面纹样拓本 8. 鸟形佩（M2009：960） 9. 鸟形佩（M2009：960）纹样拓本

M2009：960，青玉，有黄褐斑。玉质较细，半透明。正、背两面纹样相同。体作卧姿，丁字嘴，尖喙下勾，圆眼，冠贴于背上，冠末端上卷，缩颈，凸胸，敛翅上翘，大尾下垂，尾端分叉，曲爪附地。翅上饰羽纹，尾、爪饰线纹。胸部有一小圆穿。高 2.1、长 3.7、厚 0.25 厘米（图三一八，8、9；彩版二二九，1）。

③ 树形佩

2件。成对。玉质、玉色及形状相同，大小略有差别，皆青玉。玉质较细，半透明。整体作树枝形，下端有短榫，榫呈长方形。榫上有一个小圆穿。正、背面纹样相同，均饰细横线和网格纹。

M2009：988，正面尚保留有朱砂痕迹。长 7.4、宽 5.1、厚 0.4 厘米（图三一九，1、2；彩版二二九，2）。

M2009：985，长 7.3、宽 4.8、厚 0.4 厘米（图三一九，3、4；彩版二二九，3）。

④ 璜

4件。可分为人鱼合纹璜、缠尾双龙纹璜、尖尾双龙纹璜和龙首纹璜四种。

A. 人鱼合纹璜

1件。

M2009：951，青白玉，有黄褐斑纹。玉质细腻，半透明。体较厚。正、背面纹样相同，一端饰细高发人首纹，一端饰缠尾双鱼纹。两端内侧各有一斜穿。长 7.6、宽 1.4、厚 0.6 厘米（图三二〇，1、2；彩版二二九，4）。

B. 缠尾双龙纹璜

1件。

M2009：965，青白玉，有黄白斑和黄褐斑。玉质细腻，半透明。体较厚，正、背面纹样相同。龙首分别朝向璜的两端，张口，臣字眼带勾，毛发上扬，龙尾相互交缠于璜的中部。龙身饰卷云纹。两端各有一圆穿。长 10、宽 1.9、厚 0.5 厘米（图三二〇，3、4；彩版二三〇，1）。

C. 尖尾双龙纹璜

1件。

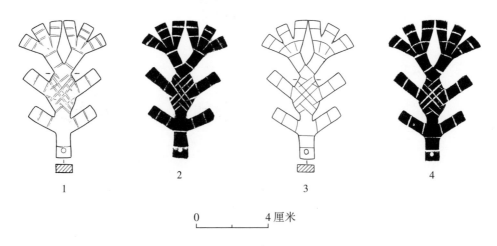

0   4厘米

图三一九 M2009 树形玉佩及拓本

1. 树形佩（M2009：988） 2. 树形佩（M2009：988）纹样拓本 3. 树形佩（M2009：985） 4. 树形佩（M2009：985）纹样拓本

M2009：950，青白玉，有黄褐斑纹。玉质细腻，微透明。正、背面皆饰分体尖尾龙纹，龙首分别朝向璜的两端，斜尖尾于璜的中部交错相叠。龙首张口，臣字目，龙身饰卷云纹。两端各有一个小圆穿。长9.5、宽1.5、厚0.4厘米（图三二一，1、2；彩版二三〇，2）。

D．龙首纹璜

1件。

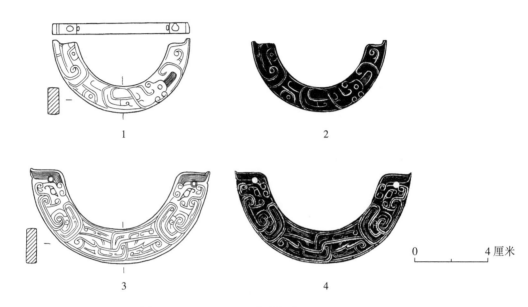

图三二〇　M2009玉璜及拓本

1. 人鱼合纹璜（M2009：951）　2. 人鱼合纹璜（M2009：951）纹样拓本　3. 缠尾双龙纹璜（M2009：965）　4. 缠尾双龙纹璜（M2009：965）纹样拓本

图三二一　M2009玉璜及拓本

1. 尖尾双龙纹璜（M2009：950）　2. 尖尾双龙纹璜（M2009：950）纹样拓本　3. 龙首纹璜（M2009：955）　4. 龙首纹璜（M2009：955）纹样拓本

M2009：955，青白玉。玉质细腻，微透明。正、背面纹样相同。一端饰龙首纹，臣字眼，身饰变形云纹；另一端为短榫尾，且磨出双面薄刃。两端各有一小圆穿。长9.1、宽1.5、厚0.4厘米（图三二一，3、4；彩版二三〇，3）。

⑤ 人龙合纹玦

2件，1对。玉质、玉色、大小及纹样相同，皆青玉。玉质细腻，半透明。作扁平圆体，有缺口，断面呈长方形。正面饰双首龙纹，在玦口处两龙头相对，张口，椭圆眼，龙身饰对称侧视人面纹；背面饰无珠重环纹。

M2009：954，出土时已断为两截。有黄褐斑和黄白斑。外径9.5、内径6.5、厚0.2厘米（图三二二；彩版二三一，1、2）。

M2009：967，出土时已断为三截。有黄褐斑。外径9.5、内径6.5、厚0.5厘米（图三二三，1～3；彩版二三一，3、4）。

⑥ 龙纹觿

1件。

M2009：968，青白玉。玉质温润，半透明。器作弧形，首端有一穿孔，末端有锥形尖，断

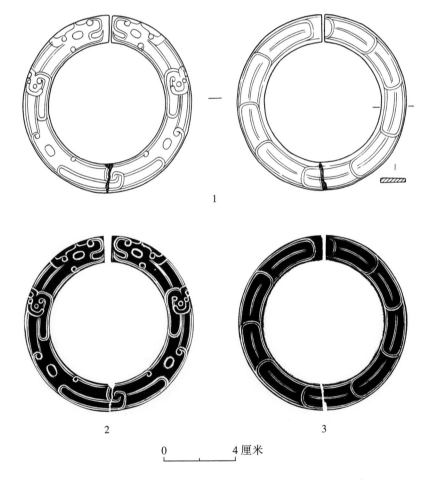

0   4厘米

图三二二　M2009人龙合纹玉玦（M2009：954）及拓本

1.人龙合纹玦　2.正面纹样拓本　3.背面纹样拓本

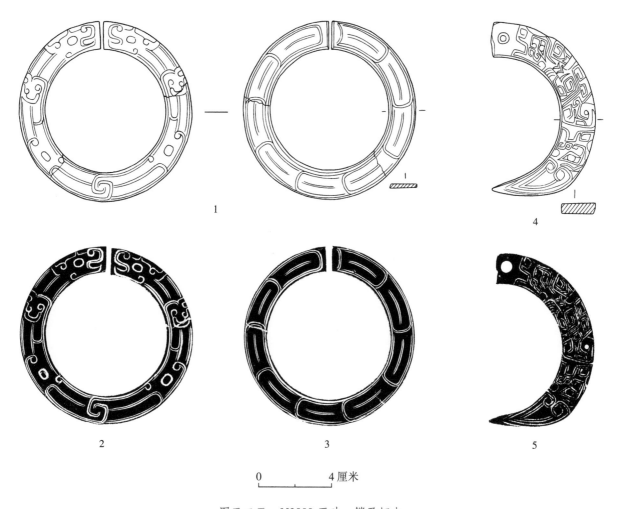

图三二三　M2009 玉玦、觿及拓本

1. 人龙合纹玦（M2009 : 967）　2. 人龙合纹玦（M2009 : 967）正面纹样拓本　3. 人龙合纹玦（M2009 : 967）背面纹样拓本
4. 龙纹觿（M2009 : 968）　5. 龙纹觿（M2009 : 968）纹样拓本

面呈长方形。正、背面饰纹样相同的双龙纹。龙作张口，头上有角，臣字目，眼角带勾。长9、最大断面长1.9、宽0.5厘米（图三二三，4、5；彩版二三二）。

（2）六璜联珠组玉佩

1组，293件（颗）。是挂于颈间而达于骨盆的大型组玉佩。组玉佩分为上、下两部分，上部为玛瑙珠（管）、玉牌和玉管组合，下部为玉璜、玛瑙管和料珠组合（图三二四、三二五；彩版二三三）。

① 玛瑙珠（管）、玉牌和玉管组合项饰（六璜联珠组玉佩上部）

1组，84件（颗）。出于墓主人颈部。

M2009 : 980，由1件人龙合纹玉佩、5件龙纹玉牌、2件玉管与分作两行六组的62件（颗）红玛瑙珠、8件红玛瑙管以及6颗料珠相间串联而成。其中二件玉管并排分别串联于两行玛瑙管之间，接玉璜处的二件玛瑙管与六颗料珠则呈单行串联。人龙合纹玉佩位于墓主人颈后中部，为总贯项饰的枢纽。此项饰展开时总长约70厘米。

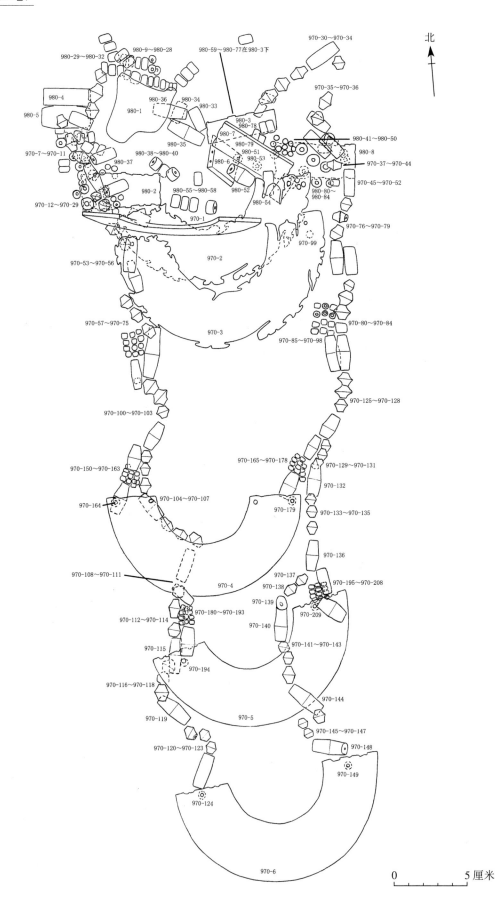

北

0 _____ 5 厘米

图三二四　M2009 六璜联珠组玉佩（M2009 ：980、M2009 ：970）出土情况

980-1. 人龙合纹玉佩　980-2、980-3、980-6～980-8. 龙纹玉牌　980-4. 扁方形玉管　980-5. 圆形玉管　980-9～980-32、980-45～
980-50、980-53～980-84. 玛瑙珠　980-33～980-36、980-40、980-41、980-51、980-52. 玛瑙管　980-37～980-39、980-42～
980-44. 料珠　970-1. 人龙合雕纹玉璜　970-2、970-3. 透雕人龙纹玉璜　970-4. 缠尾双牛首纹玉璜　970-5、970-6. 叠尾人首纹玉璜
970-7～970-9、970-12～970-14、970-16～970-27、970-30～970-32、970-35～970-37、970-39～970-50、970-53～970-55、
970-57～970-59、970-62～970-73、970-76～970-78、970-80～970-82、970-86～970-97、970-100～970-102、970-104～
970-106、970-108～970-110、970-112～970-114、970-116～970-118、970-120～970-122、970-125～970-127、970-129～
970-131、970-133～970-135、970-137～970-139、970-141～970-143、970-145～970-147、970-151～970-162、970-166～
970-177、970-181～970-192、970-196～970-207. 料珠　970-10、970-11、970-15、970-28、970-33、970-34、970-38、970-51、
970-56、970-60、970-61、970-74、970-79、970-84、970-85、970-98、970-103、970-107、970-111、970-115、970-119、970-
123、970-128、970-132、970-136、970-140、970-144、970-148、970-150、970-163、970-165、970-178、970-180、970-193、
970-195、970-208. 玛瑙管　970-29、970-52、970-75、970-83、970-99、970-124、970-149、970-164、970-179、970-194、970-209.
玛瑙珠

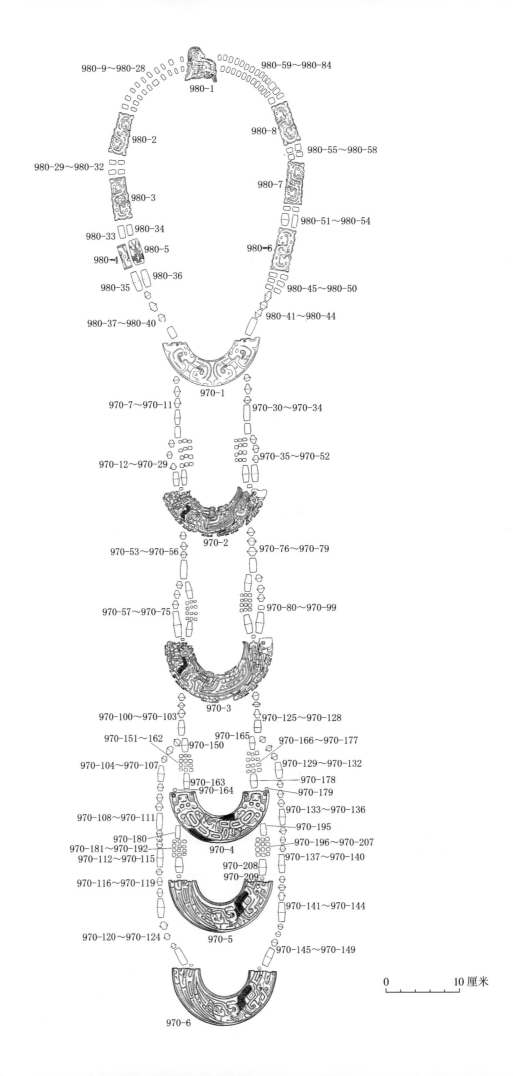

980-9～980-28
980-1
980-59～980-84
980-2
980-8
980-29～980-32
980-55～980-58
980-3
980-7
980-34
980-33
980-51～980-54
980-4
980-5
980-6
980-35
980-36
980-45～980-50
980-37～980-40
980-41～980-44
970-1
970-7～970-11
970-30～970-34
970-35～970-52
970-12～970-29
970-2
970-53～970-56
970-76～970-79
970-80～970-99
970-57～970-75
970-3
970-100～970-103
970-125～970-128
970-151～162
970-165
970-166～970-177
970-104～970-107
970-150
970-129～970-132
970-163
970-178
970-164
970-179
970-108～970-111
970-133～970-136
970-180
970-195
970-181～970-192
970-196～970-207
970-112～970-115
970-4
970-137～970-140
970-116～970-119
970-208
970-209
970-141～970-144
970-5
970-120～970-124
970-145～970-149
970-6

0   10 厘米

图三二五　M2009 六璜联珠组玉佩（M2009：980、M2009：970）复原图

980-1.人龙合纹玉佩　980-2、980-3、980-6～980-8.龙纹玉牌　980-4.扁方形玉管　980-5.圆形玉管　980-9～980-32、980-45～980-50、980-53～980-84.玛瑙珠　980-33～980-36、980-40、980-41、980-51、980-52.玛瑙管　980-37～980-39、980-42～980-44.料珠　970-1.人龙合雕纹玉璜　970-2、970-3.透雕人龙纹玉璜　970-4.缠尾双牛首纹玉璜　970-5、970-6.叠尾人首纹玉璜　970-7～970-9、970-12～970-14、970-16～970-27、970-30～970-32、970-35～970-37、970-39～970-50、970-53～970-55、970-57～970-59、970-62～970-73、970-76～970-78、970-80～970-82、970-86～970-97、970-100～970-102、970-104～970-106、970-108～970-110、970-112～970-114、970-116～970-118、970-120～970-122、970-125～970-127、970-129～970-131、970-133～970-135、970-137～970-139、970-141～970-143、970-145～970-147、970-151～970-162、970-166～970-177、970-181～970-192、970-196～970-207.料珠　970-10、970-11、970-15、970-28、970-33、970-34、970-38、970-51、970-56、970-60、970-61、970-74、970-79、970-84、970-85、970-98、970-103、970-107、970-111、970-115、970-119、970-123、970-128、970-132、970-136、970-140、970-144、970-148、970-150、970-163、970-165、970-178、970-180、970-193、970-195、970-208.玛瑙管　970-29、970-52、970-75、970-83、970-99、970-124、970-149、970-164、970-194、970-179、970-209.玛瑙珠

A. 人龙合纹佩

1件。

M2009：980-1，白玉，有黄褐斑。玉质温润细腻，透明度好。正面饰反向双人龙合纹，臣字眼，凸睛，细长发曲而上扬又下垂。背面素面，有一斜穿。高4.8、宽4.3、厚0.6厘米（图三二六，1～3；彩版二三四，1、2）。

B. 龙纹牌

5件。玉质、形制、大小及纹样基本相同。皆青白玉。质地温润细腻，透明度好。均作长条形薄片。正面饰四条龙纹，龙为椭圆形目。两端各有二个小圆孔，分别透穿于背面平面上。背面有一道纵向切割痕。

M2009：980-2，一侧有黄褐斑。长5.5、宽2.3、厚0.4厘米（图三二六，4～6；彩版二三四，3、4）。

M2009：980-3，一角有黄褐斑和墨斑。长5.6、宽2.4、厚0.4厘米（图三二七，1～3；彩版二三五，1、2）。

M2009：980-6，有黄褐斑。长5.6、宽2.5、厚0.4厘米（图三二七，4～6；彩版二三五，3、4）。

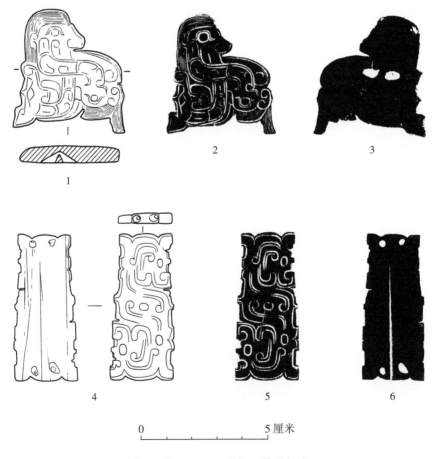

图三二六　M2009玉佩、牌及拓本

1. 人龙合纹佩（M2009：980-1）　2. 人龙合纹佩（M2009：980-1）正面纹样拓本　3. 人龙合纹佩（M2009：980-1）背面纹样拓本
4. 龙纹牌（M2009：980-2）　5. 龙纹牌（M2009：980-2）正面纹样拓本　6. 龙纹牌（M2009：980-2）背面纹样拓本

0　　　　　　　　　5厘米

图三二七　M2009 龙纹玉牌及拓本

1. 龙纹牌（M2009：980-3）　2. 龙纹牌（M2009：980-3）正面纹样拓本　3. 龙纹牌（M2009：980-3）背面纹样拓本　4. 龙纹牌
（M2009：980-6）　5. 龙纹牌（M2009：980-6）正面纹样拓本　6. 龙纹牌（M2009：980-6）背面纹样拓本

　　M2009：980-7，有黄褐斑和墨斑。长5.5、宽2.4、厚0.4厘米（图三二八，1～3；彩版二三六，1、2）。

　　M2009：980-8，长5.6、宽2.5、厚0.4厘米（图三二八，4～6；彩版二三六，3、4）。

　　C. 玉管

　　2件。皆为青白玉。依形状不同，可分为扁方形管与圆形管二种。

　　（a）扁方形管

　　1件。

　　M2009：980-4，玉质细腻，半透明。管呈长方体，断面呈扁方形。正、背面纹样相同，均饰变形龙纹，椭圆形目。长3.3、宽1.2、厚0.75、孔径0.5厘米（图三二九，1、2；彩版二三六，5）。

　　（b）圆形管

　　1件。

　　M2009：980-5，玉质温润细腻，透明度好，半透明。管近圆形，中部略粗，两端稍细。表面所饰三组纹样相同。每一组的上部有一近似"十"字的纹样，下部有一近似"文"字的纹样。长3.3、直径1.5、孔径0.5～0.7厘米（图三二九，3、4；彩版二三六，6）。

图三二八　M2009 龙纹玉牌及拓本

1.龙纹牌（M2009：980-7）　2.龙纹牌（M2009：980-7）正面纹样拓本　3.龙纹牌（M2009：980-7）背面纹样拓本
4.龙纹牌（M2009：980-8）　5.龙纹牌（M2009：980-8）正面纹样拓本　6.龙纹牌（M2009：980-8）背面纹样拓本

D. 玛瑙管

8 件。皆为红色，半透明。依形状不同，可分为竹节形管和圆形管二种。

（a）竹节形管

5 件。形状相同，大小不一。中部有一周鼓起的棱脊，断面呈圆形。

标本 M2009：980-35，为最大者。长 2.2、直径 1.6 厘米（图三二九，5）。

标本 M2009：980-41，为最细者。长 1.9、直径 0.9 厘米（图三二九，6）。

标本 M2009：980-52，为最短者。长 1.6、直径 0.85 厘米（图三二九，7）。

（b）圆形管

3 件。形状相同，大小略异。圆形，中部略粗，两端稍细。

标本 M2009：980-33，体较粗。长 1.6、直径 0.9 厘米（图三二九，8）。

标本 M2009：980-51，体较细。长 1.2、直径 0.7 厘米（图三二九，9）。

E. 玛瑙珠

6 组，62 颗。短圆管形，长短、粗细不尽相同。皆红色，半透明。分为双行六组，每组数量不等，

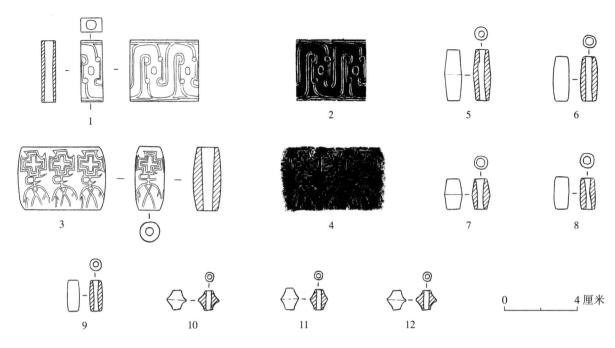

图三二九　M2009 玉管，玛瑙管，料珠及拓本

1. 扁方形玉管（M2009：980-4）　2. 扁方形玉管（M2009：980-4）纹样拓本　3. 圆形玉管（M2009：980-5）　4. 圆形玉管
（M2009：980-5）纹样拓本　5. 竹节形玛瑙管（M2009：980-35）　6. 竹节形玛瑙管（M2009：980-41）　7. 竹节形玛瑙管
（M2009：980-52）　8. 圆形玛瑙管（M2009：980-33）　9. 圆形玛瑙管（M2009：980-51）　10. 料珠（M2009：980-44）　11. 料珠
（M2009：980-39）　12. 料珠（M2009：980-43）

每组分别为二、四、六、二十、二十六颗。珠子的长度为 0.2 ~ 0.8 厘米，直径 0.5 ~ 0.9 厘米。

F. 料珠

2 组，6 颗。浅蓝色。皆以三颗为一组。大体似菱角形，两端有透穿孔，或长或短，或粗或细。

标本 M2009：980-44，长 1.4、直径 0.9 厘米（图三二九，10）。

标本 M2009：980-39，长 1、直径 0.9 厘米（图三二九，11）。

标本 M2009：980-43，长 1、直径 1.05 厘米（图三二九，12）。

② 玉璜、玛瑙管、料珠组玉佩（六璜联珠组玉佩下部）

1 组，209 件（颗）。出土时佩于墓主人身上，末端达于盆骨上方。

标本 M2009：970，由 6 件玉璜与纵向排列成双排二行或四行相对称的 36 件红色竹节形或圆形玛瑙管、10 颗红色小玛瑙珠、60 颗浅蓝色菱形料珠和 96 颗浅蓝色小圆形料珠相间串联而成。经过整理，其联缀方式如下：自最上第一件璜的两端穿孔起，向下单行串联 3 颗菱形料珠后，以 1 件红色玛瑙管为总纲向下分为两行，外行串联 3 颗菱形料珠和 1 件红色玛瑙管，内行串联 2 件红色玛瑙管，2 件红色玛瑙管之间又串联三行 12 颗圆形小料珠（少部分已破碎无法串联，下同），然后皆与一颗用于打结的小红色玛瑙珠一起打结于第二件璜端穿孔；第二件璜和第三件璜之间的串联方法与上相同。从第三件璜端的穿孔向下单行串联 3 颗菱形料珠后，也以 1 件红色玛瑙管为总纲向下分为两行，外行向下串联五组菱形料珠和红色玛瑙管（每组有 3 颗菱形料珠和 1 件红色玛瑙管）后与一颗小红色玛瑙珠直接打结于最下端的第六件璜端穿孔；内行则串联二件红色玛瑙管并间以三行 12 颗圆形小料珠后，与一颗小红色玛瑙珠打结于第四件璜端外侧穿孔。第四件璜和第五件璜的串联方法与第三件璜和第四件璜的内行串联方法相同（图三二五）。

A. 璜

6 件。形状基本相同。呈拱弧形，两端或有穿孔或无穿孔。依纹样可分为人龙合雕纹璜、透雕人龙纹璜、叠尾人首纹璜和缠尾双牛首纹璜四种。

（a）人龙合雕纹璜

1 件。

M2009：970-1，白玉，有黄褐斑。玉质细腻，透明。器身较薄。正面饰二组相背的人龙合雕纹，侧视人首纹在上，变形龙纹在下。背面素面。两端各有一圆穿。长 13.4、宽 3.4、厚 0.3 厘米（图三三〇，1、2；彩版二三七，1），此件器物应是此组六璜联珠组玉佩中的后配之物。

（b）透雕人龙纹璜

2 件。两璜质地、形制、纹样基本相同，大小略有差异。皆青白玉，个别部位有黄褐斑。玉质细腻，微透明。透雕。正、背面纹样相同，饰侧视人首纹，细长发曲而上扬，横臣字目，云纹耳，曲肢；人首纹上端有一侧身回首龙纹，张口，上唇上卷，臣字眼，长尾，龙爪抓于人首长发之上。身饰重环纹。一端有一圆穿，另一端以镂空处为穿。两件璜玉质温润，纹饰精美，乃同类璜中无可替代的精品。

M2009：970-2，无穿孔端的内角略残。长 14.3、宽 3.8、厚 0.7 厘米（图三三〇，3、4；彩版二三七，2）。

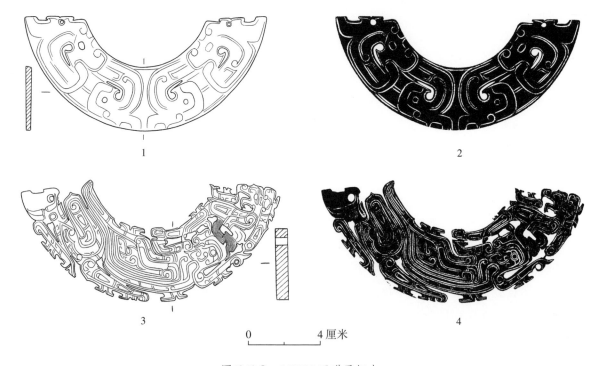

1

2

3

4

0　　　　4厘米

图三三〇　M2009 玉璜及拓本

1. 人龙合雕纹璜（M2009：970-1）　2. 人龙合雕纹璜（M2009：970-1）纹样拓本　3. 透雕人龙纹璜（M2009：970-2）

4. 透雕人龙纹璜（M2009：970-2）纹样拓本

M2009：970-3，无穿孔端的内侧略残。无穿孔端的外廓有一个刻划符号。长14.8、宽3.4、厚0.7厘米（图三三一，1、2；彩版二三八，1）。

（c）叠尾人首纹璜

2件。璜的形状、质地、纹样、玉色相同。皆为白玉，有黄褐斑。玉质温润细腻，微透明。正、背面纹样相同，但方向相反，皆饰侧视人首纹。长发曲而上扬，张口，横臣字目，云纹大耳，人体作斜角叠尾状。两端各有一圆穿。

M2009：970-5，有三道裂纹。长14.4、宽3.8、厚0.6厘米（图三三一，3、4；彩版二三八，2）。

M2009：970-6，长14.4、宽3.8、厚0.6厘米（图三三二，1、2；彩版二三九，1）。

经仔细观察可知，M2009：970-5和M2009：970-6为一对，系出于一人一时之手制作而成。选料拉坯成璧形后，施全形纹样于璧上，纹样成后对剖成两璜（图三三三）。这两件璜是"半璧为璜"之说最有力的明证。

（d）缠尾双牛首纹璜

1件。

M2009：970-4，青白玉，有黄褐斑。玉质温润细腻，透明。正、背面纹样相同。双牛首外向璜的两端，牛尾于璜的中部相互交缠。犄角向上内卷，阔鼻，椭方形眼，颈下为作缠绕状的条

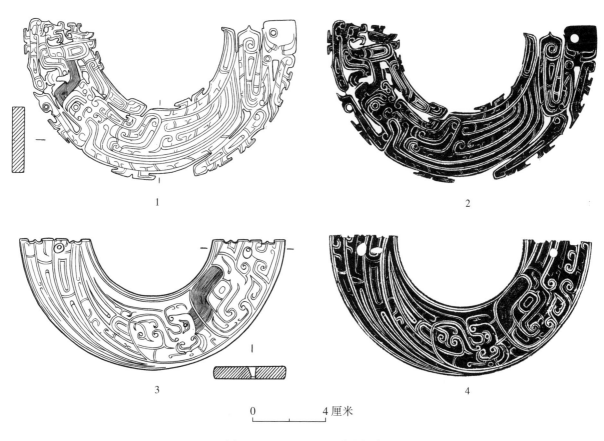

1

2

3

4

0　　　　4厘米

图三三一　M2009玉璜及拓本

1. 透雕人龙纹璜（M2009：970-3）　2. 透雕人龙纹璜（M2009：970-3）纹样拓本　3. 叠尾人首纹璜（M2009：970-5）
4. 叠尾人首纹璜（M2009：970-5）纹样拓本

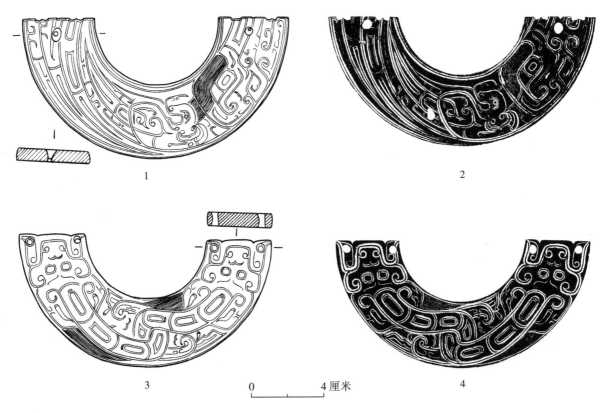

图三三二　M2009 玉璜及拓本

1. 叠尾人首纹璜（M2009：970-6）　2. 叠尾人首纹璜（M2009：970-6）纹样拓本　3. 缠尾双牛首纹璜（M2009：970-4）
4. 缠尾双牛首纹璜（M2009：970-4）纹样拓本

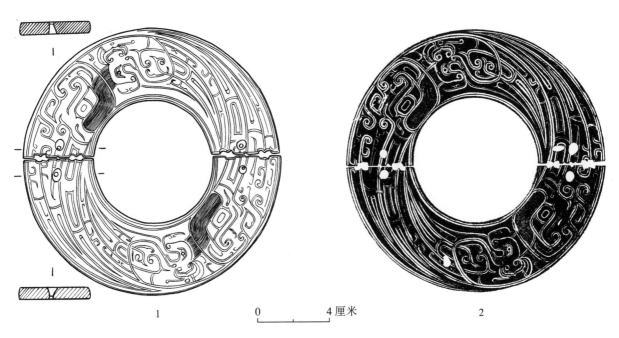

图三三三　M2009 叠尾人首纹玉璜［M2009：970-5（上）、M2009：970-6（下）］及拓本

1. 叠尾人首纹璜　2. 纹样拓本

形身躯。身上饰单排无珠重环纹，在其条形身躯中部靠近璜身上下两侧各饰均匀纤细的线纹。两端各有二个小圆穿孔。长 13.7、宽 3.6、厚 0.7 厘米（图三三二，3、4；彩版二三九，2）。

B. 玛瑙管

36 件。皆为红色，半透明。依形状不同，可分为竹节形管和圆形管二种。

（a）竹节形管

27 件。形状相同，大小不一。管中部有一周鼓起的棱脊，断面呈圆形。

标本 M2009∶970-60，为最长者。长 3.5、直径 1.2 厘米（图三三四，1）。

标本 M2009∶970-128，为最短者。长 1.7、直径 0.9 厘米（图三三四，2）。

标本 M2009∶970-28，为最细者。长 2.1、直径 0.9 厘米（图三三四，3）。

（b）圆形管

10 件。形状相同，大小略异。圆形，中部略粗，两端稍细。

标本 M2009∶970-123，为最长者。长 2.5、直径 1 厘米（图三三四，4）。

标本 M2009∶970-38，为最短者。长 1.3、直径 0.9 厘米（图三三四，5）。

标本 M2009∶970-195，为最细者。长 1.4、直径 0.7 厘米（图三三四，6）。

C. 玛瑙珠

11 颗。均置于玉璜两端的穿孔处，作打结之用。珠皆红色，半透明。短圆管形，制作粗糙，大小相同。长 0.35、直径 0.4 厘米。

D. 料珠

156 颗。出土时有少部分料珠破碎严重，无法修复和串联。皆呈浅蓝色。分菱形与鼓形二种，大小不一，制作不甚规整。

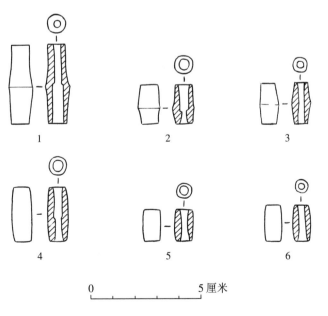

0   5 厘米

图三三四　M2009 玛瑙管

1. 竹节形管（M2009∶970-60）　2. 竹节形管（M2009∶970-128）　3. 竹节形管（M2009∶970-28）
4. 圆形管（M2009∶970-123）　5. 圆形管（M2009∶970-38）　6. 圆形管（M2009∶970-195）

（3）玛瑙珠（管）、料珠（管）与玉佩组合串饰

1组，62件（颗）。出于外棺外侧的南部。

M2009：738，由1件獠牙形觿、19件鱼形佩、1件蝉形佩、2件蚕形佩、9件浅黄色玛瑙管、6颗红色玛瑙珠、4枚料管和20颗料珠相间串系而成。其中以獠牙形觿为结合部，19件鱼形佩、1件蝉形佩和2件蚕形佩分为11组，每两件鱼形佩或蚕形佩为一组，每两组之间以两颗料珠和一件［个别处2件（颗）］玛瑙管或珠单行相间串系（图三三五；彩版二四〇）。串系所用各器分别介绍如下。

① 獠牙形觿

1件。

M2009：738-1，青玉，有黄褐斑。质地光洁细腻，半透明。器身呈獠牙形，断面呈四边形。首端下部有一斜穿。长4.2、最大断面边长0.7～0.9厘米（图三三六，1、2；彩版二四一，1）。

② 鱼形佩

19件。大小、形状、纹样、厚薄互不相同。除M2009：738-22和M2009：738-31为圆雕外，余皆为片雕。正、背面纹样相同。头端均有一个穿孔。以鱼形状的不同，可分为长条鱼形佩和弓背鱼形佩二种。

A. 长条鱼形佩

17件。皆作长条形。

M2009：738-6，青玉，有黄褐斑。玉质细腻，半透明。鱼的头、眼、鳍俱全，尾分叉。长3.9、宽1、厚0.4厘米（图三三六，3、4；彩版二四一，2）。

M2009：738-7，青玉，有黄褐斑。玉质较粗，不透明。鱼的头、眼、鳍俱全，大尾分叉。长3.8、宽1.3、厚0.5厘米（图三三六，5、6；彩版二四一，3）。

M2009：738-11，青玉，有墨斑。玉质细腻，透明度好。鱼身较薄，作宽短状，鱼的头、眼、鳍俱全，身饰条状鳞纹，尾分叉。长3.1、宽1.9、厚0.25厘米（图三三六，7、8；彩版二四一，4）。

M2009：738-12，青玉，有黄白斑。玉质较粗，透明度差。鱼的头、鳍仅示意而已，张口，尾分叉。长3.3、宽1、厚0.25厘米（图三三六，9、10；彩版二四一，5）。

M2009：738-16，青玉。玉质细腻，半透明。两面略鼓。鱼身较薄，鱼的头、腮、鳍、尾俱全，张口，尾分叉。长3.4、宽0.8、厚0.3厘米（图三三六，11、12；彩版二四一，6）。

M2009：738-17，青玉，有墨斑。玉质细腻，半透明。鱼身较厚，鱼的头、鳍仅示意而已。身中部有一圆穿。长3.2、宽0.9、厚0.4厘米（图三三六，13、14；彩版二四一，7）。

M2009：738-21，青玉，有墨斑。玉质细腻，半透明。鱼的头、眼、鳍俱全，尾宽大且分叉。长3.5、宽1.9、厚0.5厘米（图三三六，15、16；彩版二四二，1）。

M2009：738-22，青玉，有墨斑。玉质细腻，半透明。鱼的头、眼、鳍俱全，圆嘴，尾略分叉。长2.9、宽1.3、厚0.6厘米（图三三六，17、18；彩版二四二，2）。

M2009：738-26，青玉。玉质细腻，微透明。鱼身略鼓，头、眼、鳍俱全，尾略分叉。长3.3、宽1.2、厚0.4厘米（图三三六，19、20；彩版二四二，3）。

M2009：738-27，青玉。玉质较粗，不透明。鱼背面略鼓，尾部分叉。长3.9、宽1.2、厚0.3厘米（图三三六，21、22；彩版二四二，4）。

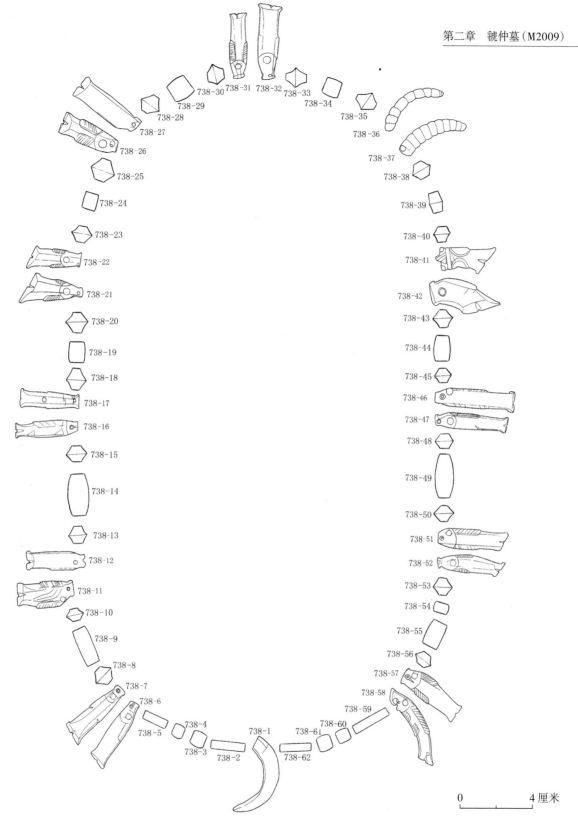

图三三五　M2009 玛瑙珠（管）、料珠（管）与玉佩组合串饰（M2009：738）复原图

738-1.獠牙形玉觿　738-2、738-5、738-59、738-62.料管　738-3、738-29、738-60.扁圆形玛瑙珠　738-4、738-9、738-19、738-24、738-44、738-55.圆形玛瑙管　738-6、738-7、738-11、738-12、738-16、738-17、738-21、738-22、738-26、738-27、738-31、738-32、738-46、738-47、738-51、738-52、738-57.长条鱼形玉佩　738-8、738-10、738-13、738-15、738-18、738-20、738-23、738-25、738-28、738-30、738-33、738-35、738-38、738-40、738-43、738-45、738-48、738-50、738-53、738-56.料珠　738-14、738-49.鼓形玛瑙管　738-34、738-54、738-61.鼓形玛瑙珠　738-36、738-37.蚕形玉佩　738-39.竹节形玛瑙管　738-41.蝉形玉佩　738-42、738-58.弓背鱼形玉佩

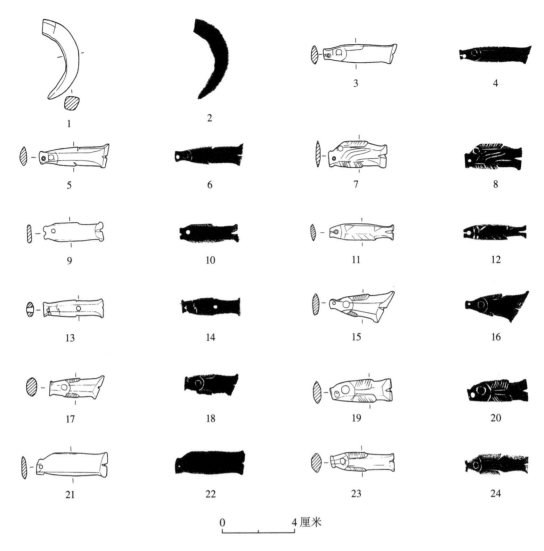

0   4厘米

图三三六　M2009 玉觽、佩及拓本

1. 獠牙形觽（M2009：738-1）　2. 獠牙形觽（M2009：738-1）纹样拓本　3. 长条鱼形佩（M2009：738-6）　4. 长条鱼形佩（M2009：738-6）纹样拓本　5. 长条鱼形佩（M2009：738-7）　6. 长条鱼形佩（M2009：738-7）纹样拓本　7. 长条鱼形佩（M2009：738-11）　8. 长条鱼形佩（M2009：738-11）纹样拓本　9. 长条鱼形佩（M2009：738-12）　10. 长条鱼形佩（M2009：738-12）纹样拓本　11. 长条鱼形佩（M2009：738-16）　12. 长条鱼形佩（M2009：738-16）纹样拓本　13. 长条鱼形佩（M2009：738-17）　14. 长条鱼形佩（M2009：738-17）纹样拓本　15. 长条鱼形佩（M2009：738-21）　16. 长条鱼形佩（M2009：738-21）纹样拓本　17. 长条鱼形佩（M2009：738-22）　18. 长条鱼形佩（M2009：738-22）纹样拓本　19. 长条鱼形佩（M2009：738-26）　20. 长条鱼形佩（M2009：738-26）纹样拓本　21. 长条鱼形佩（M2009：738-27）　22. 长条鱼形佩（M2009：738-27）纹样拓本　23. 长条鱼形佩（M2009：738-31）　24. 长条鱼形佩（M2009：738-31）纹样拓本

M2009：738-31，青玉，有黄褐斑。玉质细腻，微透明。鱼的头、眼、鳍俱全，圆嘴，尾分叉。长 3.4、宽 1、厚 0.55 厘米（图三三六，23、24；彩版二四二，5）

M2009：738-32，青玉。玉质细腻，半透明。鱼的头、眼、鳍仅示意而已，尾分叉。长 4、宽 1.2、厚 0.4 厘米（图三三七，1、2；彩版二四二，6）。

M2009：738-46，青玉，有黄褐斑。玉质较粗，半透明。鱼的头、鳍仅示意而已，尾分叉。长 4.5、宽 1、厚 0.2 厘米（图三三七，3、4；彩版二四二，7）。

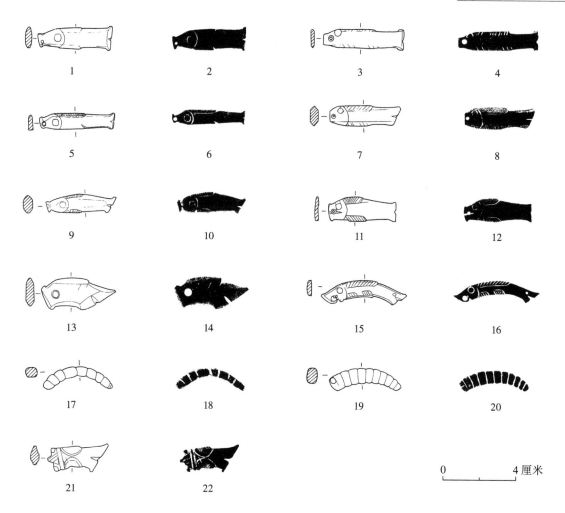

图三三七　M2009 玉佩及拓本

1. 长条鱼形佩（M2009：738-32）　2. 长条鱼形佩（M2009：738-32）纹样拓本　3. 长条鱼形佩（M2009：738-46）　4. 长条鱼形佩（M2009：738-46）纹样拓本　5. 长条鱼形佩（M2009：738-47）　6. 长条鱼形佩（M2009：738-47）纹样拓本　7. 长条鱼形佩（M2009：738-51）　8. 长条鱼形佩（M2009：738-51）纹样拓本　9. 长条鱼形佩（M2009：738-52）　10. 长条鱼形佩（M2009：738-52）纹样拓本　11. 长条鱼形佩（M2009：738-57）　12. 长条鱼形佩（M2009：738-57）纹样拓本　13. 弓背鱼形佩（M2009：738-42）　14. 弓背鱼形佩（M2009：738-42）纹样拓本　15. 弓背鱼形佩（M2009：738-58）　16. 弓背鱼形佩（M2009：738-58）纹样拓本　17. 蚕形佩（M2009：738-36）　18. 蚕形佩（M2009：738-36）纹样拓本　19. 蚕形佩（M2009：738-37）　20. 蚕形佩（M2009：738-37）纹样拓本　21. 蝉形佩（M2009：738-41）　22. 蝉形佩（M2009：738-41）纹样拓本

M2009：738-47，青玉，有黄褐斑。玉质较细，半透明。鱼的头、眼、鳍俱全，尾分叉。长4、宽0.9、厚0.25厘米（图三三七，5、6；彩版二四二，8）。

M2009：738-51，青白玉。温润细腻，半透明。鱼身较厚，鱼的头、鳍仅示意而已，尾分叉。长3.9、宽1.1、厚0.45厘米（图三三七，7、8；彩版二四三，1）。

M2009：738-52，青玉，有黄褐斑。玉质细腻，微透明。鱼身较厚，鱼的头、眼、鳍俱全，圆嘴，尾分叉。长3.8、宽0.95、厚0.5厘米（图三三七，9、10；彩版二四三，2）。

M2009：738-57，青白玉，有黄褐斑。玉质细腻，半透明。鱼的头、眼、鳍俱全，张口，尾微分叉。长3.7、宽1.3、厚0.2厘米（图三三七，11、12；彩版二四三，3）。

B. 弓背鱼形佩

2 件。鱼身呈弓背弯曲状。

M2009：738-42，青玉，有黄褐斑。玉质较细，半透明。鱼的头、鳍仅示意而已，尖尾微分叉。长 4、宽 1.7、厚 0.4 厘米（图三三七，13、14；彩版二四三，4）。

M2009：738-58，青玉。玉质细腻，半透明。鱼的头、眼、鳍俱全，尖尾分叉。长 4.7、宽 0.9、厚 0.3 厘米（图三三七，15、16；彩版二四三，5）。

③ 蚕形佩

2 件。玉质、玉色及形状相同。皆青白玉。质地温润细腻，半透明。圆雕。蚕曲体细长，头部或嘴部有一穿孔。以阴凹线表现体节。

M2009：738-36，有小墨斑。蚕体分为九节，无目。头部有一圆穿。长 3.7、高 0.6、厚 0.6 厘米（图三三七，17、18；彩版二四三，6）。

M2009：738-37，有黄白斑。蚕体分为十一节。圆睛凸目，嘴下部有一斜穿。长 3.8、高 0.9、厚 0.6 厘米（图三三七，19、20；彩版二四三，7）。

④ 蝉形佩

1 件。

M2009：738-41，青玉，有墨斑。玉质较细，透明度差。片雕。尖嘴，椭圆目微凸，翘翅。正、背面纹样相同。嘴部有一小圆穿。长 3.3、宽 1.25、厚 0.5 厘米（图三三七，21、22；彩版二四三，8）。

⑤ 玛瑙管

9 件。皆浅黄色，半透明。依形状不同，可分为竹节形管、鼓形管和圆形管三种。

A. 竹节形管

1 件。

M2009：738-39，作竹节状。中部有一周鼓起的棱脊，断面呈圆形。长 1.2、直径 0.7 厘米（图三三八，1）。

B. 鼓形管

2 件。形状、大小相同。近腰鼓形，两端细，中部粗。两端为对钻管孔。

标本 M2009：738-14，长 2.2、直径 1.1 厘米（图三三八，2）。

C. 圆形管

6 件。形状相同，长短、粗细不同。短圆形，中部微粗，两端稍细。

标本 M2009：738-9，为最长者。长 2.1、直径 0.8 厘米（图三三八，3）。

标本 M2009：738-4，为最短者。长 0.75、直径 0.65 厘米（图三三八，4）。

标本 M2009：738-55，为最粗者，一端略残。长 1.5、直径 0.9 厘米（图三三八，5）。

⑥ 玛瑙珠

6 颗。红色，半透明。分扁圆形和鼓形二种。

A. 扁圆形珠

3 件。制作粗糙，大小不一。断面呈椭圆形。

标本 M2009：738-29，高 1.3、断面径 0.85 厘米 × 1.1 厘米（图三三八，6）。

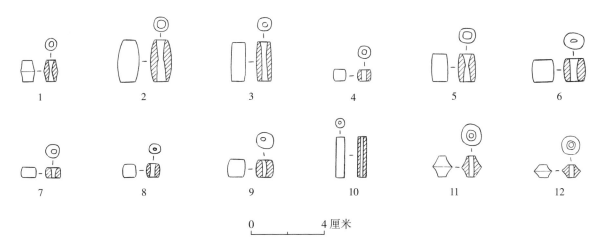

图三三八　M2009 玛瑙管、珠，料管、珠

1. 竹节形玛瑙管（M2009：738-39）　2. 鼓形玛瑙管（M2009：738-14）　3. 圆形玛瑙管（M2009：738-9）　4. 圆形玛瑙管（M2009：738-4）　5. 圆形玛瑙管（M2009：738-55）　6. 扁圆形玛瑙珠（M2009：738-29）　7. 扁圆形玛瑙珠（M2009：738-60）　8. 鼓形玛瑙珠（M2009：738-54）　9. 鼓形玛瑙珠（M2009：738-34）　10. 料管（M2009：738-59）　11. 料珠（M2009：738-18）　12. 料珠（M2009：738-10）

标本 M2009：738-60，高 0.7、断面径 0.5 厘米 ×0.6 厘米（图三三八，7）。

B. 鼓形珠

3 件。制作粗糙。断面呈圆形。

标本 M2009：738-34，高 0.9、直径 0.9 厘米（图三三八，9）。

标本 M2009：738-54，高 0.55、直径 0.7 厘米（图三三八，8）。

⑦ 料管

4 枚。淡蓝色。细长管形，表面粗糙。

标本 M2009：738-59，长 2、直径 0.5 厘米（图三三八，10）。

⑧ 料珠

20 颗。形状相同，大小不一。皆浅蓝色。大体似菱角形，两端有透穿孔。

标本 M2009：738-18，体较长。高 1.1、直径 1.1 厘米（图三三八，11）。

标本 M2009：738-10，体较短。高 0.6、直径 1 厘米（图三三八，12）。

（4）玛瑙珠（管）、料珠（管）、海贝与玉佩组合串饰

1 组，172 件（颗）。出于外棺外侧的东南角（图三三九）。

M2009：740，由 1 件扇形坠饰、1 件人纹佩、1 件夔龙形佩、1 件虎形佩、2 件鸟形佩、34 件鱼形佩、1 件蚱蜢形佩、1 件蚕形佩、6 件戈形佩、1 件条形坠饰、20 件浅黄色玛瑙管、16 颗浅黄色玛瑙珠、21 颗红色玛瑙珠、11 件料管、49 颗料珠和 6 件海贝相间串联而成。其中以扇形坠饰为结合部，1 件人纹佩、1 件夔龙形佩、1 件虎形佩、2 件鸟形佩、34 件鱼形佩、1 件蚱蜢形佩、1 件蚕形佩、6 件戈形佩和 1 件条形坠饰分为 24 组，每两件为一组，每两组之间以数量不等的玛瑙管（珠）、料珠（管）与海贝单行相间串系（出土时少部分料珠、管和海贝因破碎严重，无法提取和串联）（图三四〇；彩版二四四）。串系所用各器分别介绍如下：

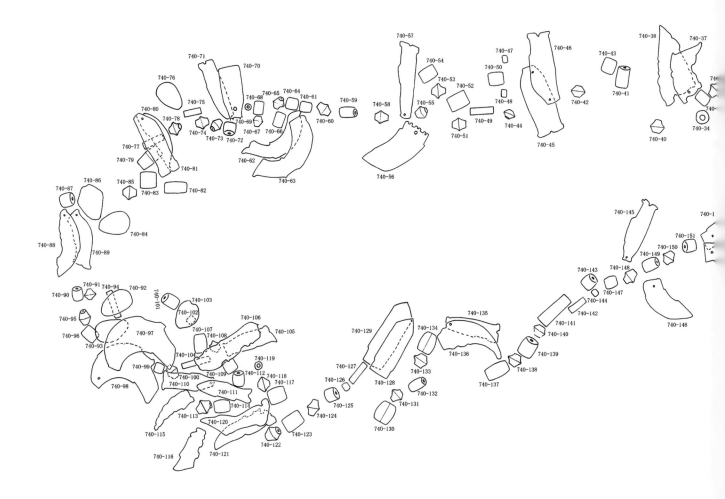

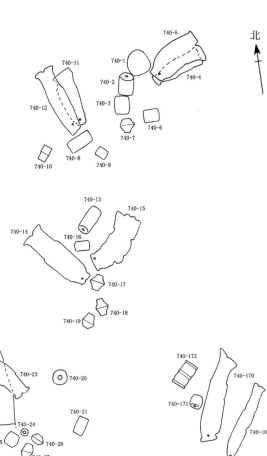

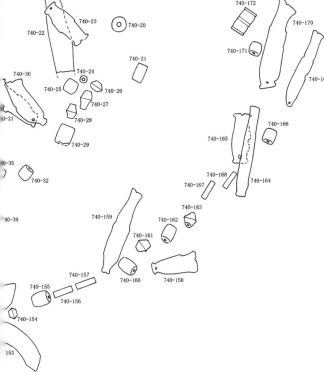

图三三九　M2009玛瑙珠（管）、料珠（管）、海贝与玉佩组合串饰（M2009：740）出土情况

740-1.扇形坠玉饰　740-2、740-13、740-21、740-35、740-41、740-50、740-59、740-64、740-66、740-82、740-96、740-101、740-123、740-147、740-162.圆形玛瑙管　740-3、740-6、740-16、740-20、740-25、740-36、740-43、740-54、740-61、740-72、740-83、740-87、740-90、740-114、740-117、740-125、740-132、740-137、740-139、740-141、740-149、740-160、740-166、740-171.鼓形玛瑙珠　740-4、740-11、740-12、740-14、740-22、740-23、740-31、740-45、740-46、740-57、740-71、740-81、740-105、740-110、740-111、740-116、740-135、740-145、740-158、740-159、740-164、740-165、740-169、740-170.长条鱼形玉佩　740-5、740-30、740-62、740-63、740-80、740-88、740-89、740-97、740-98、740-136.弓背鱼形玉佩　740-7、740-9、740-17 ~ 740-19、740-26 ~ 740-28、740-33、740-34、740-39、740-40、740-42、740-44、740-51、740-53、740-58、740-60、740-65、740-67、740-73、740-74、740-78、740-85、740-91、740-95、740-100、740-108、740-113、740-118、740-122、740-124、740-131、740-133、740-138、740-140、740-148、740-150、740-154、740-161、740-163.菱形料珠　740-8.扁方形玛瑙管　740-10、740-79、740-172.竹节形玛瑙管　740-15.夔龙形玉佩　740-24、740-47、740-48、740-69、740-102、740-119、740-126、740-143.鼓形料珠　740-29、740-107、740-109、740-151.扁圆形玛瑙珠　740-32、740-68、740-99、740-112、740-144.圆形玛瑙珠　740-37、740-38.鸟形玉佩　740-49、740-75、740-77、740-94、740-104、740-127、740-142、740-156、740-157、740-167、740-168.料管　740-52.扁圆形玛瑙管　740-55.菱形玛瑙珠　740-56、740-146、740-153.弧形戈形佩　740-70.条形坠玉饰740-76、740-84、740-86、740-92、740-93、740-103.海贝　740-106.虎形玉佩　740-121.人纹玉佩　740-130、740-134、740-155.龟背形玛瑙珠　740-115.蚕形玉佩　740-120.蚱蜢形玉佩　740-128、740-129、740-52.扁圆形玛瑙管　740-152.直援戈形玉佩

0　　　　　　　　　10厘米

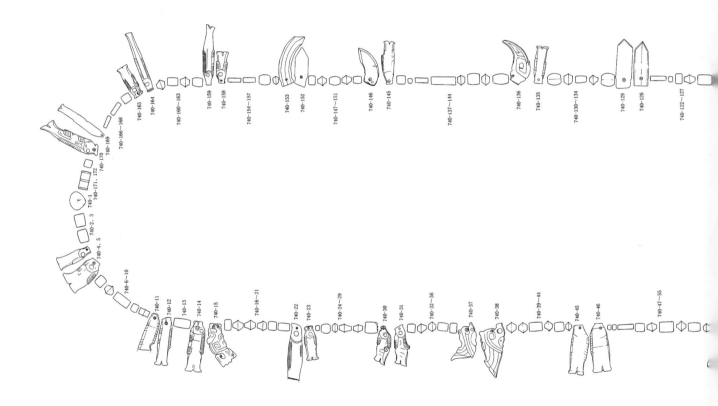

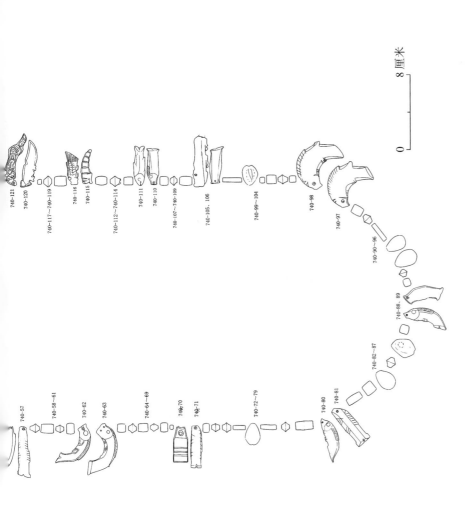

图三四〇　M2009 玛瑙珠（管）、料珠（管）、海贝与玉佩组合串饰（M2009：740）复原图

740-1. 扇形坠玉饰　740-2、740-13、740-21、740-35、740-41、740-50、740-59、740-64、740-66、740-82、740-96、740-101、740-123、740-147、740-162. 圆形玛瑙管　740-3、740-6、740-16、740-20、740-25、740-36、740-43、740-54、740-61、740-72、740-83、740-87、740-90、740-114、740-117、740-125、740-132、740-137、740-139、740-141、740-149、740-160、740-166、740-171. 鼓形玛瑙珠　740-4、740-11、740-12、740-14、740-22、740-23、740-31、740-45、740-46、740-57、740-71、740-81、740-105、740-110、740-111、740-116、740-135、740-145、740-158、740-159、740-164、740-165、740-169、740-170. 长条鱼形玉佩　740-5、740-30、740-62、740-63、740-80、740-88、740-89、740-97、740-98、740-136. 弓背鱼形玉佩　740-7、740-9、740-17 ~ 740-19、740-26 ~ 740-28、740-33、740-34、740-39、740-40、740-42、740-44、740-51、740-53、740-58、740-60、740-65、740-67、740-73、740-74、740-78、740-85、740-91、740-95、740-100、740-108、740-113、740-118、740-122、740-124、740-131、740-133、740-138、740-140、740-148、740-150、740-154、740-161、740-163. 菱形料珠　740-8. 扁方形玛瑙管　740-10、740-79、740-112、740-172. 竹节形玛瑙管　740-15. 夔龙形玉佩　740-24、740-47、740-48、740-69、740-102、740-119、740-126、740-143. 鼓形料珠　740-29、740-107、740-109、740-151. 扁圆形玛瑙珠　740-32、740-68、740-99、740-104、740-127、740-142、740-156、740-157、740-167、740-168. 圆形玛瑙珠　740-37、740-38、740-52. 扁圆形玛瑙管　740-49、740-75、740-77、740-94、740-106. 虎形玉佩　740-70. 条形坠玉佩　740-76、740-84、740-86、740-92、740-93、740-103. 海贝　740-130、740-134、740-155. 鸟形玉佩　740-55. 菱形玛瑙珠　740-56、740-146、740-153. 弧形戈形佩　740-129、740-152. 直援戈形玉佩　740-115. 蚕形玛瑙珠　740-120. 蚌蜓形玉佩　740-128、740-144. 人纹玉佩　740-121. 龟背形玛瑙珠

①扇形坠饰

1件。

M2009：740-1，青玉，有黄褐斑。玉质温润光洁，半透明。顶端有一个对穿孔。长1.7、宽1.9、厚1.1厘米（图三四一，1、2；彩版二四五，1）。

②人纹佩

1件。

M2009：740-121，青玉。玉质细腻，微透明。系用旧玉改制而成。正面饰一人纹，臣字目，直鼻梁，手臂弯曲；背面纹样尚未完成。头上部有一小圆穿。高5.6、宽1.5、厚0.6厘米（图三四一，3～5；彩版二四五，3、4）。

③夔龙形佩

1件。

M2009：740-15，青玉，有黄褐斑。质地细腻，透明度好。夔龙俯首张口，菌状角贴背，圆目，一足前曲而卧，尾部上翘回卷。头部有二个小圆穿，龙尾和后下角各有一个小圆穿。长4.7、宽2、

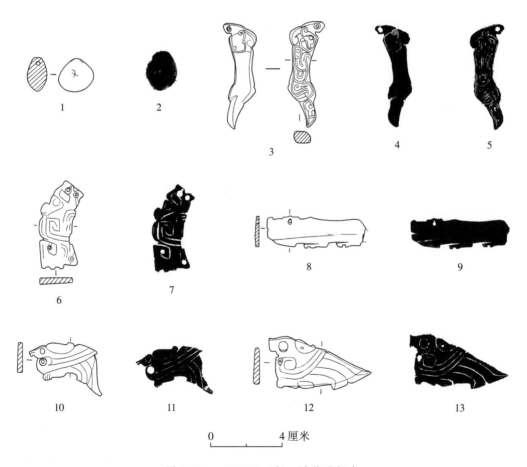

图三四一　M2009玉佩、坠饰及拓本

1.扇形坠饰（M2009：740-1）　2.扇形坠饰（M2009：740-1）纹样拓本　3.人纹佩（M2009：740-121）　4.人纹佩（M2009：740-121）正面纹样拓本　5.人纹佩（M2009：740-121）背面纹样拓本　6.夔龙形佩（M2009：740-15）　7.夔龙形佩（M2009：740-15）纹样拓本　8.虎形佩（M2009：740-106）　9.虎形佩（M2009：740-106）纹样拓本　10.鸟形佩（M2009：740-37）　11.鸟形佩（M2009：740-37）纹样拓本　12.鸟形佩（M2009：740-38）　13.鸟形佩（M2009：740-38）纹样拓本

高 0.35 厘米（图三四一，6、7；彩版二四五，2）。

④ 虎形佩

1 件。

M2009：740-106，尾残缺。青玉，有棕褐斑。质地细腻，透明度较好。虎作俯卧状，口微张，四肢曲而俯地。头部有一圆穿。残长 5.4、宽 1.6、高 0.2 厘米（图三四一，8、9；彩版二四五，5）。

⑤ 鸟形佩

2 件。

M2009：740-37，青玉。玉质较细，半透明。体作卧姿，长冠向后贴背，尖喙，圆眼，挺胸，双翅收敛上翘，尾下垂，曲爪附地。双翅饰阴线羽毛纹。正、背面纹样相同。胸部有一细小斜穿。高 2.6、长 3.6、宽 0.3 厘米（图三四一，10、11；彩版二四五，6）。

M2009：740-38，青玉，有黄褐斑。玉质细腻，透明度好。体作卧姿，昂首前视，冠向后贴背，丁字嘴，圆眼，双翅收敛，大尾分叉，曲爪伏地。双翅饰阴线羽毛纹。正、背面纹样相同。胸部有一细小斜穿。高 2.6、长 5.3、宽 0.4 厘米（图三四一，12、13；彩版二四六，1）。

⑥ 鱼形佩

34 件。大小、形状、纹样、厚薄互不相同。除 M2009：740-159 与 M2009：740-164 为圆雕外，余皆为片雕，正、背面纹样相同。另外，M2009：740-63 鱼的头端有两个穿孔，其余鱼的头端均只有一个穿孔。以鱼形状的不同，分为长条鱼形佩和弓背鱼形佩二种。

A. 长条鱼形佩

24 件。鱼身呈长条形。

M2009：740-4，青玉。玉质细腻，透明度好。鱼圆眼，背腹各一鳍，宽尾微分叉。长 3.6、宽 1.2、厚 0.3 厘米（图三四二，1、2；彩版二四六，2）。

M2009：740-11，尾残缺。灰白玉，有黄褐斑。玉质细腻，半透明。系旧玉改制而成。鱼的头、鳍俱全，腹部有一半圆形豁口。残长 4.1、宽 1.5、厚 0.5 厘米（图三四二，3、4；彩版二四六，3）。

M2009：740-12，青玉。玉质较细，半透明。鱼的头、鳍、尾俱全，尾分叉。长 5.1、宽 1.4、厚 0.3 厘米（图三四二，5、6；彩版二四六，4）。

M2009：740-14，青白玉，有黄褐斑。温润细腻，透明度好。鱼的头、眼、鳍、尾俱全，张口，尾分叉。长 5.3、宽 1.6、厚 0.3 厘米（图三四二，7、8；彩版二四六，5）。

M2009：740-22，尾部残缺。青玉。玉质较细，半透明。鱼的头、眼、鳍俱全。残长 5.9、宽 1.7、厚 0.2 厘米（图三四二，9、10；彩版二四六，6）。

M2009：740-23，青玉。玉质细腻，半透明。正面略鼓，背面平。鱼的头、眼、鳍、尾俱全，张口，尾略分叉。长 3.5、宽 1.3、厚 0.5 厘米（图三四二，11、12；彩版二四七，1）。

M2009：740-31，青玉。玉质较细，微透明。鱼的头、鳍、尾俱全，尾略分叉。长 4.3、宽 1.7、厚 0.4 厘米（图三四二，13、14；彩版二四七，2）。

M2009：740-45，青玉，有黄白斑。玉质较细，半透明。鱼身宽短肥大。鱼的头、鳍仅示意而已，尾分叉。长 5.2、宽 1.9、厚 0.25 厘米（图三四二，15、16；彩版二四七，3）。

M2009：740-46，青玉，有黄白斑和墨斑。玉质较粗，不透明。鱼身宽短肥大。鱼的头、鳍仅示意而已，尾分叉。长 5.1、宽 2.1、厚 0.3 厘米（图三四二，17、18；彩版二四七，4）。

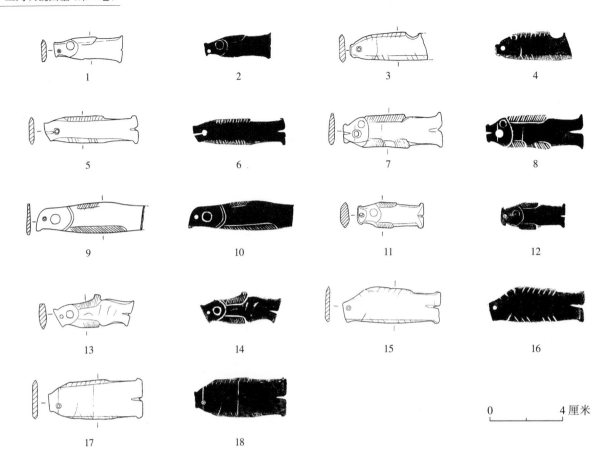

图三四二　M2009 长条鱼形玉佩及拓本

1. 长条鱼形佩（M2009：740-4）　2. 长条鱼形佩（M2009：740-4）纹样拓本　3. 长条鱼形佩（M2009：740-11）　4. 长条鱼形佩（M2009：740-11）纹样拓本　5. 长条鱼形佩（M2009：740-12）　6. 长条鱼形佩（M2009：740-12）纹样拓本　7. 长条鱼形佩（M2009：740-14）　8. 长条鱼形佩（M2009：740-14）纹样拓本　9. 长条鱼形佩（M2009：740-22）　10. 长条鱼形佩（M2009：740-22）纹样拓本　11. 长条鱼形佩（M2009：740-23）　12. 长条鱼形佩（M2009：740-23）纹样拓本　13. 长条鱼形佩（M2009：740-31）　14. 长条鱼形佩（M2009：740-31）纹样拓本　15. 长条鱼形佩（M2009：740-45）　16. 长条鱼形佩（M2009：740-45）纹样拓本　17. 长条鱼形佩（M2009：740-46）　18. 长条鱼形佩（M2009：740-46）纹样拓本

　　M2009：740-57，青玉。玉质温润，半透明。鱼身的头、鳍、尾俱全。口微张，尾分叉。长5.3、宽1.3、厚0.35厘米（图三四三，1、2；彩版二四七，5）。

　　M2009：740-71，青玉。质密较细，半透明。鱼的头、鳍仅示意而已，尾分叉。长4.5、宽1.3、厚0.2厘米（图三四三，3、4；彩版二四七，6）。

　　M2009：740-81，青玉，有黄褐斑和墨斑。玉质细腻，半透明。鱼的头、鳍、尾俱全，尾分叉。长4.9、宽1.5、厚0.3厘米（图三四三，5、6；彩版二四八，1）。

　　M2009：740-105，青玉。微透明。鱼的头、鳍仅示意而已，尾微分叉。长3.8、宽1.3、厚0.2厘米（图三四三，7、8；彩版二四八，2）。

　　M2009：740-110，青玉。玉质细腻，半透明。鱼的头、眼、鳍、尾俱全。长3.8、宽1.4、厚0.35厘米（图三四三，9、10；彩版二四八，3）。

　　M2009：740-111，青玉。玉质较细，微透明。口微张，圆眼，背有一鳍，腹有二鳍，尾分叉。

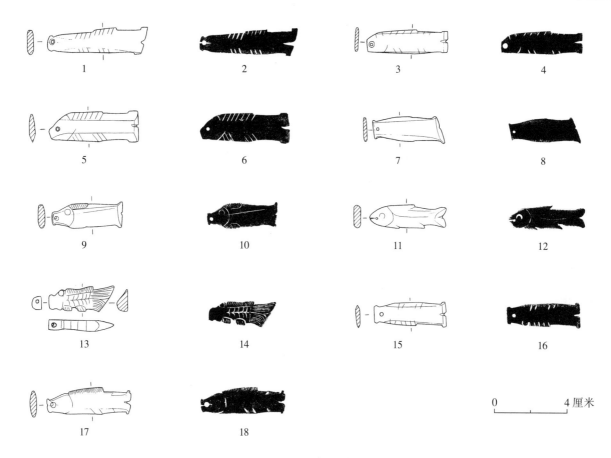

图三四三　M2009 长条鱼形玉佩及拓本

1. 长条鱼形佩（M2009：740-57）　2. 长条鱼形佩（M2009：740-57）纹样拓本　3. 长条鱼形佩（M2009：740-71）　4. 长条鱼形佩（M2009：740-71）纹样拓本　5. 长条鱼形佩（M2009：740-81）　6. 长条鱼形佩（M2009：740-81）纹样拓本　7. 长条鱼形佩（M2009：740-105）　8. 长条鱼形佩（M2009：740-105）纹样拓本　9. 长条鱼形佩（M2009：740-110）　10. 长条鱼形佩（M2009：740-110）纹样拓本　11. 长条鱼形佩（M2009：740-111）　12. 长条鱼形佩（M2009：740-111）纹样拓本　13. 长条鱼形佩（M2009：740-116）　14. 长条鱼形佩（M2009：740-116）纹样拓本　15. 长条鱼形佩（M2009：740-135）　16. 长条鱼形佩（M2009：740-135）纹样拓本　17. 长条鱼形佩（M2009：740-145）　18. 长条鱼形佩（M2009：740-145）纹样拓本

长 4.2、宽 1.2、厚 0.5 厘米（图三四三，11、12；彩版二四八，4）。

　　M2009：740-116，青玉。玉质细腻，微透明。鱼的头、眼、鳍、鳞、尾俱全。圆嘴，斜尖尾。长 3.5、宽 1.4、厚 0.6 厘米（图三四三，13、14；彩版二四八，5）。

　　M2009：740-135，青玉，有棕褐斑。玉质较粗，半透明。鱼的头、鳍仅示意而已，尾分叉。长 4、宽 1.2、厚 0.2 厘米（图三四三，15、16；彩版二四八，6）。

　　M2009：740-145，青玉，有棕褐斑。玉质较粗，半透明。鱼背略弧，头、鳍、尾俱全。张口，尾分叉。长 4.5、宽 1.4、厚 0.4 厘米（图三四三，17、18；彩版二四九，1）。

　　M2009：740-158，青玉。玉质较细，微透明。鱼的头、眼、鳍、尾俱全，尾略分叉。长 3.3、宽 1.2、厚 0.5 厘米（图三四四，1、2；彩版二四九，2）。

　　M2009：740-159，青玉。玉质细腻，微透明。鱼的头、眼、鳍、尾俱全，圆嘴，尾分叉。长 6.4、宽 1.2、厚 0.7 厘米（图三四四，3、4；彩版二四九，3）。

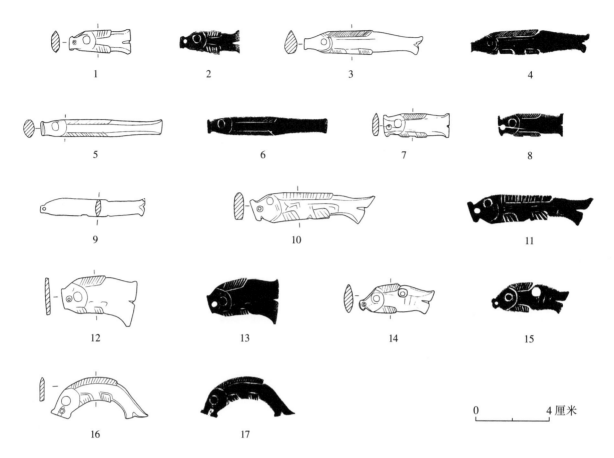

图三四四　M2009 鱼形玉佩及拓本

1. 长条鱼形佩（M2009：740-158）　2. 长条鱼形佩（M2009：740-158）纹样拓本　3. 长条鱼形佩（M2009：740-159）　4. 长条鱼形佩（M2009：740-159）纹样拓本　5. 长条鱼形佩（M2009：740-164）　6. 长条鱼形佩（M2009：740-164）纹样拓本　7. 长条鱼形佩（M2009：740-165）　8. 长条鱼形佩（M2009：740-165）纹样拓本　9. 长条鱼形佩（M2009：740-169）　10. 长条鱼形佩（M2009：740-170）　11. 长条鱼形佩（M2009：740-170）纹样拓本　12. 弓背鱼形佩（M2009：740-5）　13. 弓背鱼形佩（M2009：740-5）纹样拓本　14. 弓背鱼形佩（M2009：740-30）　15. 弓背鱼形佩（M2009：740-30）纹样拓本　16. 弓背鱼形佩（M2009：740-62）　17. 弓背鱼形佩（M2009：740-62）纹样拓本

　　M2009：740-164，青白玉。玉质温润细腻，半透明。圆雕。鱼身细长，鱼的头、眼、鳍俱全，圆嘴。长 6.6、宽 0.9、厚 0.6 厘米（图三四四，5、6；彩版二四九，4）。

　　M2009：740-165，青白玉。玉质温润，透明度好。鱼的头、眼、鳍、尾俱全，尾微分叉。正面有一道切割痕。长 3.6、宽 1.2、厚 0.35 厘米（图三四四，7、8；彩版二四九，5）。

　　M2009：740-169，青玉。玉质细腻，半透明。鱼身略鼓，鱼的头、鳍仅示意而已，尾分叉。长 5.7、宽 0.9、厚 0.3 厘米（图三四四，9；彩版二四九，6）。

　　M2009：740-170，青白玉，有黄褐色斑纹。玉质温润，微透明。鱼的头、眼、鳍、尾俱全。头较大，尾分叉。长 6.8、宽 1.5、厚 0.6 厘米（图三四四，10、11；彩版二五〇，1）。

　　B. 弓背鱼形佩

　　10 件。鱼身呈弓背状。

　　M2009：740-5，青玉，背鳍有一黄褐斑。玉质细腻，透明度很好。鱼身宽短。鱼的头、眼、鳍、尾俱全，大尾略分叉。长4.1、宽1.9、厚0.25厘米（图三四四，12、13；彩版二五〇，2）。

　　M2009：740-30，青白玉，有黑墨斑和黄褐斑。玉质温润，半透明。鱼的头、眼、鳍、尾俱全，口微张，尾分叉。背中部有一个圆孔。长4、宽1.5、厚0.5厘米（图三四四，14、15；彩版二五〇，3）。

　　M2009：740-62，青玉。玉质细腻，透明度好。鱼的头、眼、鳍俱全，尾分叉。长5.3、宽1.2、厚0.25厘米（图三四四，16、17；彩版二五〇，4）。

　　M2009：740-63，青玉。玉质温润细腻，透明度好。鱼的头、眼、鳍、尾俱全。长5.7、宽1.5、厚0.18厘米（图三四五，1、2；彩版二五〇，5）。

　　M2009：740-80，青玉。玉质较粗，微透明。鱼身拱背，鱼的头、眼、鳍、尾俱全，尾微分叉。

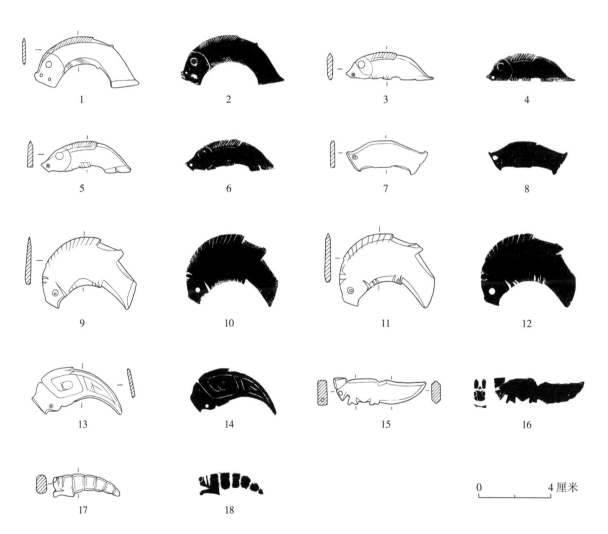

图三四五　M2009玉佩及拓本

1. 弓背鱼形佩（M2009：740-63）　2. 弓背鱼形佩（M2009：740-63）纹样拓本　3. 弓背鱼形佩（M2009：740-80）　4. 弓背鱼形佩（M2009：740-80）纹样拓本　5. 弓背鱼形佩（M2009：740-88）　6. 弓背鱼形佩（M2009：740-88）纹样拓本　7. 弓背鱼形佩（M2009：740-89）　8. 弓背鱼形佩（M2009：740-89）纹样拓本　9. 弓背鱼形佩（M2009：740-97）　10. 弓背鱼形佩（M2009：740-97）纹样拓本　11. 弓背鱼形佩（M2009：740-98）　12. 弓背鱼形佩（M2009：740-98）纹样拓本　13. 弓背鱼形佩（M2009：740-136）　14. 弓背鱼形佩（M2009：740-136）纹样拓本　15. 蚱蜢形佩（M2009：740-120）　16. 蚱蜢形佩（M2009：740-120）纹样拓本　17. 蚕形佩（M2009：740-115）　18. 蚕形佩（M2009：740-115）纹样拓本

长 4.8、宽 1.5、厚 0.3 厘米（图三四五，3、4；彩版二五〇，6）。

M2009：740-88，青玉。玉质细腻，透明度好。鱼呈弧形，头、眼、鳍俱全，尾部分叉。长 4.9、宽 1.5、厚 0.3 厘米（图三四五，5、6；彩版二五一，1）。

M2009：740-89，青玉，有棕褐斑。玉质细腻，透明度好。鱼呈弧形，头、鳍仅示意而已，宽尾微分叉。长 4.4、宽 1.5、厚 0.3 厘米（图三四五，7、8；彩版二五一，2）。

M2009：740-97，青玉，有黄褐斑。玉质较细，半透明。鱼身呈弯曲状，头、鳍俱全，以圆穿代眼，尖尾。长 5.1、宽 2.6、厚 0.3 厘米（图三四五，9、10；彩版二五一，3）。

M2009：740-98，青玉。玉质较细，半透明。鱼身呈弯曲状，头、鳍俱全，以圆穿代眼，尖尾。长 5.3、宽 2.6、厚 0.3 厘米（图三四五，11、12；彩版二五一，4）。

M2009：740-136，青玉。玉质晶莹温润，透明度高。鱼呈弧形，头、鳍仅示意而已，无目，尖尾。身饰卷云纹和三角形纹。长 4.9、宽 2、厚 0.2 厘米（图三四五，13、14；彩版二五一，5）。

⑦ 蚱蜢形佩

1 件。

M2009：740-120，青玉。温润细腻，半透明。圆眼，曲腿伏地，长尾上翘。前腿下有一细小斜穿。高 1.4、长 5.1、宽 0.55 厘米（图三四五，15、16；彩版二五一，6）。

⑧ 蚕形佩

1 件。

M2009：740-115，青玉，有黄褐斑。玉质温润，微透明。圆雕。体略弯曲，圆睛凸目，前足伏地，足部有一斜穿。以阴凹线表现体节，体分为七节。长 3.6、高 1.2、厚 0.5 厘米（图三四五，17、18；彩版二五二，1）。

⑨ 戈形佩

6 件。分为直援戈形佩和弧形戈形佩二种。

A. 直援戈形佩

3 件。

M2009：740-128，青白玉，有黄白斑。玉质细腻，透明度很好。三角形锋，直援，援脊直通内部，援两侧有双面钝刃；内近长方形，内部有一圆穿。通长 4.7、援宽 1.6、内长 0.7、内宽 1.5、厚 0.4 厘米（图三四六，1；彩版二五二，2）。

M2009：740-129，青白玉。玉质细腻，透明度很好。斜三角形锋，直援，中部略鼓，援两侧有双面钝刃；内近长方形，内部有一圆穿。通长 5.2、援宽 1.7、内长 1、内宽 1.6、厚 0.35 厘米（图三四六，2；彩版二五二，3）。

M2009：740-152，青玉。质地较细，半透明。戈的两面中部略鼓，偏三角形锋，援两侧有双面薄刃；内近长方形，内与援本部结合处的中部有一圆穿。通长 4.2、援宽 1.5、内长 1、内宽 1.25、厚 0.4 厘米（图三四六，3；彩版二五二，4）。

B. 弧形戈形佩

3 件。皆呈弧形弯曲状。

M2009：740-56，青玉，有黄褐斑和墨斑。质密细腻，半透明。偏三角形锋，援有脊，援两侧有双面薄刃；内近长方形，内中部有一圆穿，末端有鉏牙形。通长 4.5、援宽 2.2、内长 0.7、内

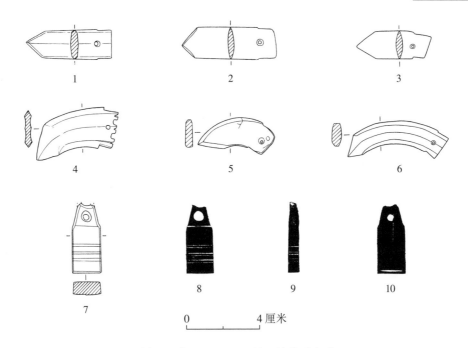

图三四六　M2009 玉佩、坠饰及拓本

1. 直援戈形佩（M2009：740-128）　2. 直援戈形佩（M2009：740-129）　3. 直援戈形佩（M2009：740-152）　4. 弧形戈形佩（M2009：740-56）　5. 弧形戈形佩（M2009：740-146）　6. 弧形戈形佩（M2009：740-153）　7. 条形坠饰（M2009：740-70）　8. 条形坠饰（M2009：740-70）正面纹样拓本　9. 条形坠饰（M2009：740-70）侧面纹样拓本　10.条形坠饰（M2009：740-70）背面纹样拓本

宽 2、厚 0.4 厘米（图三四六，4；彩版二五二，5）。

M2009：740-146，青白玉，内端一角有黄白斑。质温润细腻，半透明。柳叶锋，尖锐，内近长方形。内中部有一圆穿。通长 4.1、援宽 1.5、内长 1、内宽 1.4、厚 0.4 厘米（图三四六，5；彩版二五二，6）。

M2009：740-153，青玉。温润细腻，半透明。偏三角形锋，尖锐，援有脊直通内部，内近长方形。内中部有一圆穿。通长 5.5、援宽 1.3、内长 0.7、内宽 1.3、厚 0.55 厘米（图三四六，6；彩版二五二，7）。

⑩ 条形坠饰

1 件。

M2009：740-70，上端略残。青玉，有黄褐斑。玉质细腻，半透明。上端呈梯形，顶部有半圆形豁口，下中部有一单面钻圆孔；下部呈长方形，正面及两侧饰三组细凹弦纹。长 3.7、宽 1.6、厚 0.6 厘米（图三四六，7～10；彩版二五二，8）。

⑪ 玛瑙管

20 件。浅黄色，半透明。依形状不同，可分为竹节形管、圆形管、扁圆形管和扁方形管四种。

A. 竹节形管

3 件。形状基本相同，大小不一。皆作竹节状，中部有一周鼓起的棱脊，断面呈圆形。

M2009：740-79，体较长。长 1.8、直径 1 厘米（图三四七，1）。

M2009：740-172，体较粗。长 1.9、直径 1.1 厘米（图三四七，2）。

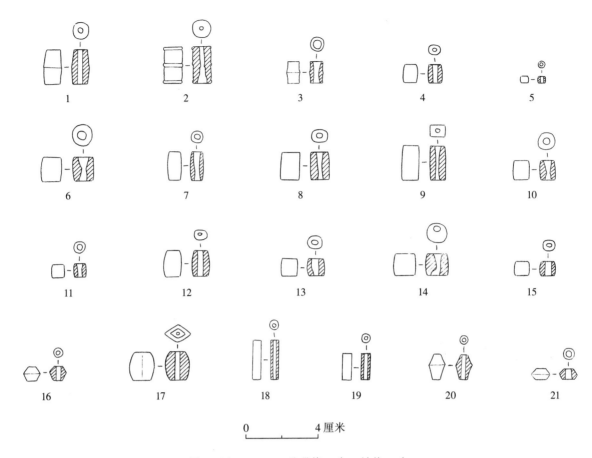

0 ——— 4厘米

图三四七 M2009 玛瑙管、珠，料管、珠

1. 竹节形玛瑙管（M2009：740-79） 2. 竹节形玛瑙管（M2009：740-172） 3. 竹节形玛瑙管（M2009：740-10） 4. 圆形玛瑙管（M2009：740-147） 5. 圆形玛瑙管（M2009：740-162） 6. 圆形玛瑙管（M2009：740-2） 7. 圆形玛瑙管（M2009：740-82）8. 扁圆形玛瑙管（M2009：740-52） 9. 扁方形玛瑙管（M2009：740-8） 10. 圆形玛瑙珠（M2009：740-68） 11. 圆形玛瑙珠（M2009：740-99） 12. 扁圆形玛瑙珠（M2009：740-107） 13. 扁圆形玛瑙珠（M2009：740-109） 14. 鼓形玛瑙珠（M2009：740-83） 15. 鼓形玛瑙珠（M2009：740-171） 16. 菱形玛瑙珠（M2009：740-55） 17. 龟背形玛瑙珠（M2009：740-130）18. 料管（M2009：740-104） 19. 料管（M2009：740-142） 20. 菱形料珠（M2009：740-27） 21. 菱形料珠（M2009：740-26）

M2009：740-10，体较短。长 1.2、直径 0.75 厘米（图三四七，3）。

B. 圆形管

15 件。形制基本相同。长短、粗细不同，短圆形。

标本 M2009：740-147，体较长，中部略粗，两端稍细。长 0.9、直径 0.7 厘米（图三四七，4）。

标本 M2009：740-162，为最短者。长 0.35、直径 0.4 厘米（图三四七，5）。

标本 M2009：740-2，为最粗者。长 1.3、直径 1.1 厘米（图三四七，6）。

标本 M2009：740-82，体较细。长 1.7、直径 0.8 厘米（图三四七，7）。

C. 扁圆形管

1 件。

M2009：740-52，呈扁圆形，断面呈椭圆形。长 1.5、断面 1 厘米 ×0.7 厘米（图三四七，8）。

D. 扁方形管

1 件。

M2009 ： 740-8，断面呈长方形。长 1.8、宽 0.9、厚 0.6 厘米（图三四七，9）。

⑫ 玛瑙珠

37 颗。皆半透明。其中红色玛瑙珠 21 颗，黄色玛瑙珠 16 颗。分圆形、扁圆形、鼓形、菱形和龟背形五种。

A. 圆形珠

5 颗。皆为浅黄色。短圆管形。

标本 M2009 ： 740-68，体较粗大。高 1、直径 0.9 厘米（图三四七，10）。

标本 M2009 ： 740-99，体较细小。高 0.7、直径 0.7 厘米（图三四七，11）。

B. 扁圆形珠

4 颗。皆红色。形状相同，大小不一，制作较粗糙。作短扁圆形管，断面呈椭圆形。

标本 M2009 ： 740-107，体较长。高 1.3、断面径 0.7 厘米 ×0.9 厘米（图三四七，12）。

标本 M2009 ： 740-109，体较短。高 0.9、断面径 0.75 厘米 ×0.9 厘米（图三四七，13）。

C. 鼓形珠。

24 颗。形状相同，大小不一。皆作短圆形管，断面呈圆形。其中红色鼓形珠 18 颗，浅黄色鼓形珠 6 颗。

标本 M2009 ： 740-83，体较粗大。高 1.2、直径 1.2 厘米（图三四七，14）。

标本 M2009 ： 740-171，体较短小。高 0.8、直径 0.85 厘米（图三四七，15）。

D. 菱形珠

1 颗。

M2009 ： 740-55，浅黄色。菱形，两端较尖，中部有凸起尖锐的外轮，中间有一圆穿孔。高 0.75、直径 0.9 厘米（图三四七，16）。

E. 龟背形珠

3 颗。形状、大小相同。皆浅黄色。似龟背形，两面较鼓，中间有一圆穿孔。

标本 M2009 ： 740-130，高 1.5、宽 1.4、厚 1 厘米（图三四七，17）。

⑬ 料管

11 件。出土时有少部分料管破碎严重，无法提取。形状相同，长短不一。皆淡蓝色。细长管形，表面粗糙。

标本 M2009 ： 740-104，体较长。长 2.1、直径 0.5 厘米（图三四七，18）。

标本 M2009 ： 740-142，体较短。长 1.4、直径 0.5 厘米（图三四七，19）。

⑭ 料珠

49 颗。皆浅蓝色。依形状不同，可分为菱形珠与鼓形珠二种。

A. 菱形珠

41 颗。出土时有两颗破碎严重。形状相同，大小不一。大体似菱角形，两端有透穿孔。

标本 M2009 ： 740-27，体较长。高 1.3、直径 0.9 厘米（图三四七，20）。

标本 M2009 ： 740-26，体较短。高 0.5、直径 1 厘米（图三四七，21）。

B. 鼓形珠

8 颗。出土时有少部分料珠破碎严重，无法提取。皆呈浅蓝色。大小不一，制作粗糙。

⑮ 海贝

6 件。皆为海贝形，均残甚。

2. 单佩

174 件。大多数为片雕，少数为圆雕或透雕。可分为人形、动物形、器物形和其他四类。其中人形佩计有人龙合纹佩 4 件，人形佩 4 件；动物形佩计有龙纹佩 1 件，龙凤纹佩 1 件，兽面形佩 12 件以及猪龙、龙、虎、象、鹿、兔、牛首、牛、羊、鹅、鹦鹉、鸟、燕、鸮、凤、龟、鳖、鱼、蛇、鼠、蚕、蝉、蜻蜓和蜘蛛共 27 种 121 件；器物形佩计有玦、戈、鼓、锤等 4 种 5 件；另有环、珠、管、扇形饰、坠形饰、束绢形饰和勾云形饰等佩饰 40 件，归于其他类。所有玉器各具特点。其所处的年代多不相同，尤其是玉器的制作年代差异极大。

（1）人龙合纹佩

4 件。形状、纹样及大小各不相同。

M2009：159，出于内棺盖板上。出土时人足略残。青玉，有黄褐斑。玉质温润光洁，透明。器整体为一蹲踞侧面人，头戴冠，菱形眼，云纹耳，口微张，胸部饰龙纹；龙张口，椭圆形眼。高 5.1、宽 1.8、最厚处 0.55 厘米（图三四八，1～3；彩版二五三，1、2）。

M2009：869，出于棺内殓衾之上。青玉，有黄褐斑。玉质细腻，半透明。整体为一蹲踞的侧面人，

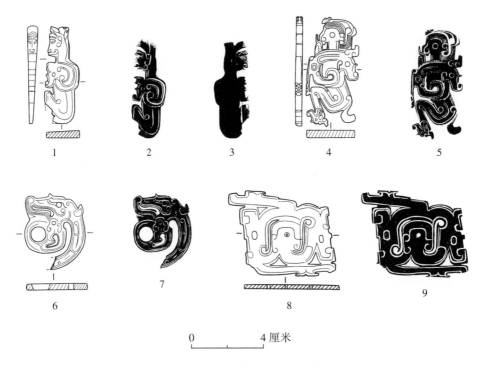

0 ————— 4厘米

图三四八　M2009 人龙合纹玉佩及拓本

1. 人龙合纹佩（M2009：159）　2. 人龙合纹佩（M2009：159）正面纹样拓本　3. 人龙合纹佩（M2009：159）背面纹样拓本　4. 人龙合纹佩（M2009：869）　5. 人龙合纹佩（M2009：869）纹样拓本　6. 人龙合纹佩（M2009：907）　7. 人龙合纹佩（M2009：907）纹样拓本　8. 人龙合纹佩（M2009：756）　9. 人龙合纹佩（M2009：756）纹样拓本

头戴高冠，圆形眼，云纹耳，身体雕刻成一条龙；龙头及下部卷曲成人的胸部，左侧有一侧视龙首，右侧为一稍小的俯视龙首。卷曲为人的下肢部分为一回首侧视龙首。高5.7、宽2.7、厚0.35厘米（图三四八，4、5；彩版二五三，3、4）。

　　M2009：907，出于棺内殓衾之上。出土时龙尾残损。青玉，有黄褐斑。玉质较细腻，半透明。透雕。龙呈弯曲弧形，长鼻，角上卷，正面刻出龙目呈臣字，正中饰一抽象人面纹，下颌部有一圆孔。高4、宽3.3、厚0.3厘米（图三四八，6、7；彩版二五四，1）。

　　M2009：756，出于棺内殓衾之上。出土时一角略残。青玉。玉质细腻，透明。透雕。正面中部饰变形人面纹，云纹耳，人两侧饰缠体龙纹；圆眼，卷鼻，张口，曲爪。中部有一小圆穿。长6、宽4.6、厚0.2厘米（图三四八，8、9；彩版二五四，2）。

　　（2）人形佩

　　4件。

　　M2009：925，出于棺内殓衾之上。白玉。玉质温润细腻，透明。人头上有冠，口微张，臣字目，鼻微凸，双臂趋于胸前，下肢呈踞坐式，臀部刻有"⊕"符号，足下有短榫，榫上有一小穿。正、背两面纹样相同。高5、宽1.8、厚1厘米（图三四九，1～4；彩版二五四，3、4）。本器的制作年代为商代。

　　M2009：178，出于内棺盖板上。青玉，有黄褐斑。玉质较细腻，微透明。近四棱锥体，横断面呈梯形。上端较厚，下端薄而有刃。正、背两面纹样相同。头上发丝细密，臣字目，额中部

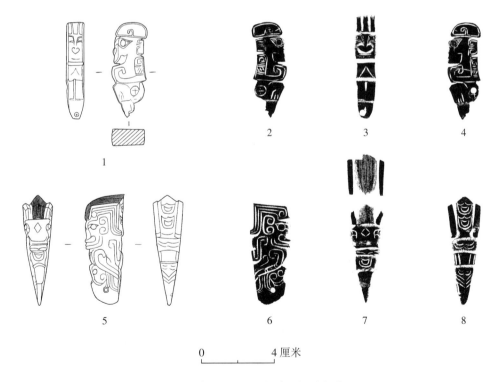

图三四九　M2009人形玉佩及拓本

1. 人形佩（M2009：925）　2. 人形佩（M2009：925）背面纹样拓本　3. 人形佩（M2009：925）侧面纹样拓本　4. 人形佩（M2009：925）正面纹样拓本　5. 人形佩（M2009：178）　6. 人形佩（M2009：178）正面纹样拓本　7. 人形佩（M2009：178）侧面纹样拓本　8. 人形佩（M2009：178）背面纹样拓本

饰棱形纹，卷云纹大耳，嘴微张，双唇稍凸，半圆形下颌。下端有一小圆穿。高 5.8、宽 2.1、厚 0.1 ~ 1.7 厘米（图三四九，5 ~ 8；彩版二五五，1、2）。

　　M2009：874，出于棺内殓衾之上。青玉。玉质细腻，透明。片雕。正、背两面雕刻一女子侧面头像，细长眉，臣字目，云纹耳，头顶阴刻细线长发，发梢向内卷，身上刻一站立状的小鸟。鸟为圆眼，勾喙，翘翅，垂尾。卷发处有一圆形穿孔，胸部为一裸露乳房，乳头上有一细小圆穿。发外侧及下部有鉏牙之饰。高 4.4、宽 3.3、厚 0.1 ~ 0.55 厘米（图三五〇，1、2；彩版二五五，3、4）。

　　M2009：190，出于内棺盖板上。青玉，有黄褐斑。玉质细腻，微透明。圆雕。作蹲坐状，头上有冠，柳叶眉，臣字眼，高鼻梁，扁嘴巴，下肢蜷曲，双手弯曲置于膝上。背部饰卷云纹。底部有单面圆孔。高 4.4、宽 2.2、厚 1.9 厘米（图三五〇，3 ~ 6；彩版二五六，1、2）。本器的制作年代为商代。

　　（3）龙纹佩

　　1 件。

　　M2009：816，出于棺内殓衾之上。青玉。玉质细腻，半透明。器身拱形，上窄下宽。正面饰四条缠体龙纹，张口，臣字眼。背部素面，上端有四个斜穿孔，下端有六个斜穿孔，分别透穿于上、下端平面上。高 4.1、上宽 4.3、下宽 5.6、厚 0.8 厘米（图三五一；彩版二五六，3、4）。

　　（4）龙凤纹佩

　　1 件。

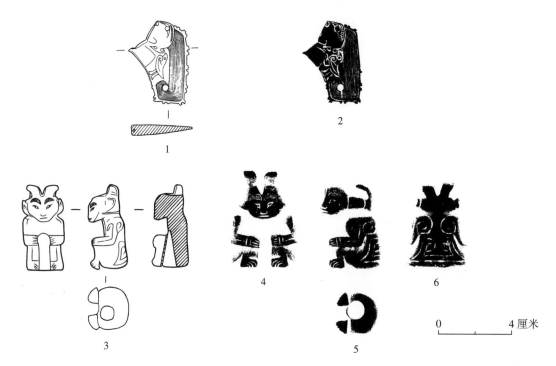

图三五〇　M2009 人形玉佩及拓本

1. 人形佩（M2009：874）　2. 人形佩（M2009：874）纹样拓本　3. 人形佩（M2009：190）　4. 人形佩（M2009：190）正面纹样拓本
5. 人形佩（M2009：190）侧面纹样拓本　6. 人形佩（M2009：190）背面纹样拓本

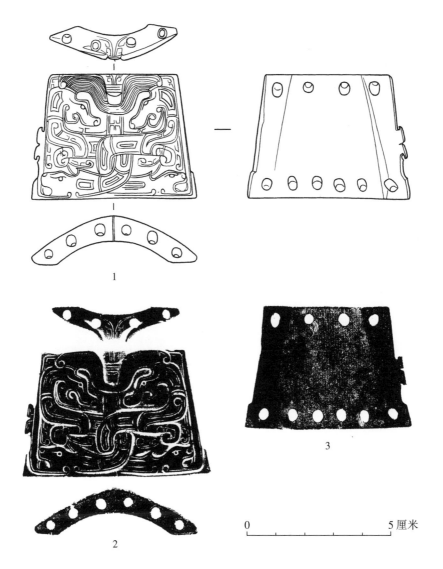

图三五一　M2009 龙纹玉佩（M2009：816）及拓本
1. 龙纹佩　2. 正面纹样拓本　3. 背面纹样拓本

　　M2009：796，出于棺内殓衾之上。出土时龙尾端与鸟喙残缺。青玉，有黄褐斑。龙首，宝瓶状角，臣字目，曲体蚕身，身分八节；龙背上有一站立凤鸟，昂首挺胸，尖喙，敛翅，翅尖上翘，尾端平直且分叉。龙口部有一圆穿。残长 6.2、宽 2.6、厚 0.65 厘米（图三五二，1、2；彩版二五七，1）。

　　（5）猪龙形佩

　　1件。

　　M2009：810，出于棺内殓衾之上。青玉。玉质细腻，晶莹润泽光洁，半透明。圆雕。整体呈"C"形，作回首卷尾猪龙状。双耳耸立，椭圆眼，鼻、口俱全，鼻间有皱纹。自头部向下贯一圆穿，颈部有一横向小穿孔。头顶部阴刻一似"田"字的纹样。本器的制作年代为商代，局部后期有改动。长 4.8、宽 3.1、厚 2 厘米（图三五二，3～6；彩版二五七，3、4）。

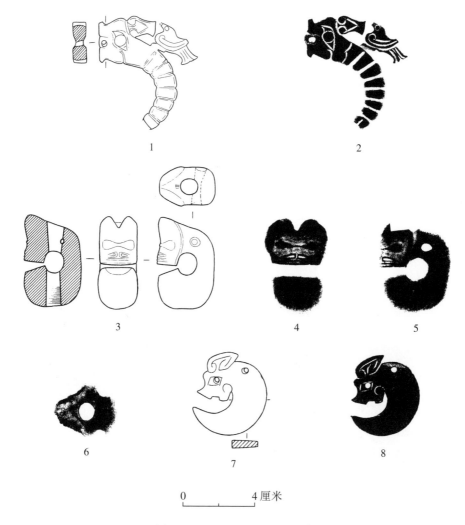

0   4厘米

图三五二　M2009玉佩及拓本

1. 龙凤纹佩（M2009：796）　2. 龙凤纹佩（M2009：796）纹样拓本　3. 猪龙形佩（M2009：810）　4. 猪龙形佩（M2009：810）
正面纹样拓本　5. 猪龙形佩（M2009：810）侧面纹样拓本　6. 猪龙形佩（M2009：810）顶部纹样拓本　7. 盘龙形佩（M2009：879）
8. 盘龙形佩（M2009：879）纹样拓本

（6）龙形佩

16件。可分为盘龙形佩、衔尾龙形佩、"C"形龙形佩、夔龙形佩、鱼尾龙形佩、环形龙形佩和有榫龙形佩七种。

① 盘龙形佩

1件。

M2009：879，出于棺内殓衾之上。青玉。玉质较细，半透明。素面。龙身盘起呈半环状，头上有角，张口，鼻上卷，眼部和背部各有一小圆穿。最大外径4.2、身宽1.4、厚0.35厘米（图三五二，7、8；彩版二五七，2）。

② 衔尾龙形佩

3件。形状基本相同。玉色、大小各不相同。器身皆为扁平体，龙身盘起呈圆环形或椭圆环形。

正、背面纹样相同。龙角贴背，上唇外卷，下唇下勾，尖尾衔于龙口内。

M2009：926，出于棺内殓衾之上。白玉，有黄褐斑。玉质细腻，半透明。龙口衔尾呈圆环形，臣字形目，眼角带勾，身饰单排重环纹。头顶部有一小斜穿，龙爪处蜷曲成一圆穿。最大外径5.2、身宽1.9、厚0.8厘米（图三五三，1、2；彩版二五八，1）。

M2009：892，出于棺内殓衾之上。青玉，有黄褐斑。玉质较细，半透明。龙口衔尾呈椭圆环形，臣字形目，眼角带勾，身饰三排变形重环纹。背部有一小斜穿，龙爪处蜷曲成一圆穿。最大外径4.2、身宽1.8、厚0.35厘米（图三五三，3、4；彩版二五八，2）。

M2009：833，出于棺内殓衾之上。出土时龙首上唇略残。青白玉，有黄褐斑。玉质细腻，半透明。龙口衔尾呈椭圆环形，椭圆形目，身饰单排重环纹。头顶部有一斜对穿。最大外径3.8、身宽1.3、厚0.6厘米（图三五三，5、6；彩版二五八，3）。

③ "C"形龙形佩

7件。形状基本相同。玉色、大小各不相同。龙身皆蜷曲成"C"形。

M2009：834，出于棺内殓衾之上。青玉，有黄褐斑。玉质细腻，半透明。大张口，臣字目，身饰单排重环纹。头顶部有一斜对穿。外径3、身宽1、厚0.55厘米（图三五三，7～9；彩版二五八，4）。

M2009：182，出于内棺盖板上。出土时正面有红色丝织物痕迹。青玉，有黄褐斑。玉质细腻，半透明。口微张，臣字目，眼角带勾，尖尾。腰部有一侧视回首人面纹。身上有爪，饰重环纹。嘴部为一圆穿。外径9.9、身宽1.8、厚0.6厘米（图三五四，1、2；彩版二五九，1）。

M2009：177，出于内棺盖板上。青玉，有黄褐斑、墨线斑或灰白斑。玉质细腻，半透明。

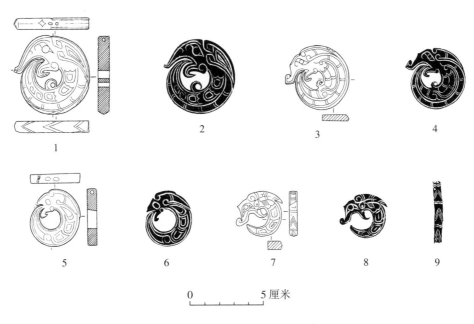

图三五三　M2009玉佩及拓本

1.衔尾龙形佩（M2009：926）　2.衔尾龙形佩（M2009：926）纹样拓本　3.衔尾龙形佩（M2009：892）　4.衔尾龙形佩（M2009：892）纹样拓本　5.衔尾龙形佩（M2009：833）　6.衔尾龙形佩（M2009：833）纹样拓本　7."C"形龙形佩（M2009：834）　8."C"形龙形佩（M2009：834）正面纹样拓本　9."C"形龙形佩（M2009：834）侧面纹样拓本

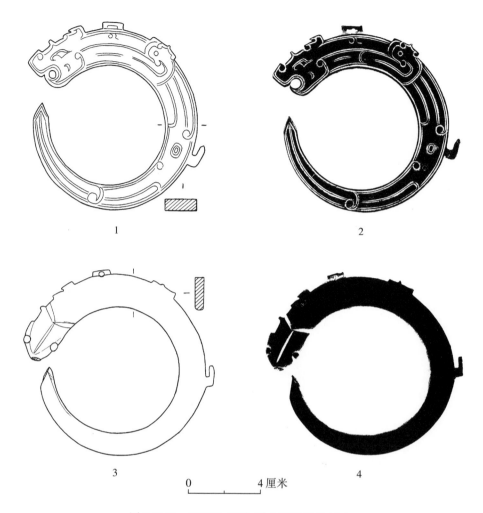

0 ————— 4 厘米

图三五四　M2009 "C" 形龙形玉佩及拓本

1. "C" 形龙形佩（M2009：182）　2. "C" 形龙形佩（M2009：182）纹样拓本　3. "C" 形龙形佩（M2009：177）
4. "C" 形龙形佩（M2009：177）纹样拓本

素面。三条阴线刻出头部，圆眼突出，背部有爪，斜尖尾。背部有一穿。外径 10.8、身宽 1.7、厚 0.5 厘米（图三五四，3、4；彩版二五九，2）。

M2009：789，出于棺内殓衾之上。青玉。玉质较细，微透明。素面。龙首张口，上唇外翻。身内侧较厚，外侧较薄如刃，尖尾。嘴下部有一圆穿。外径 4.7、身宽 1.2、最厚处 0.3 厘米（图三五五，1、2；彩版二六〇，1）。

M2009：896，出于棺内殓衾之上。青玉，有黄褐斑。玉质细腻，半透明。龙首长角贴背，嘴上唇外翻，臣字目，眼角带勾，口微张，尖尾内卷，身饰重环纹。口部为一小圆穿。外径 4.5、身宽 1.2、最厚处 0.45 厘米（图三五五，3、4；彩版二六〇，2）。

M2009：888，出于棺内殓衾之上。青玉，有黄褐斑。玉质较细，微透明。龙身盘起，臣字目，身饰弧形勾连云纹，尾部饰变形蝉纹。龙口部有一圆穿。外径 4.1、身宽 1.1、厚 0.8 厘米（图三五五，5、6；彩版二六〇，3）。

M2009：143，出于内棺盖板上。青玉。玉质细腻，半透明。扁平体，较薄。龙身盘起，龙

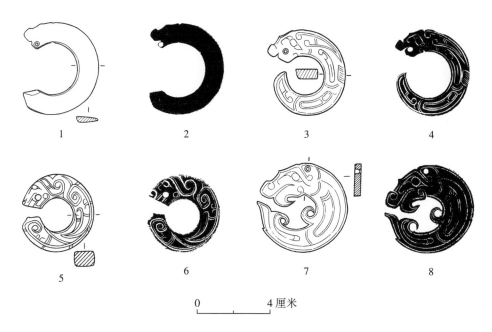

图三五五　M2009 "C"形龙形玉佩及拓本

1. "C"形龙形佩（M2009：789）　2. "C"形龙形佩（M2009：789）纹样拓本　3. "C"形龙形佩（M2009：896）　4. "C"形龙形佩（M2009：896）纹样拓本　5. "C"形龙形佩（M2009：888）　6. "C"形龙形佩（M2009：888）纹样拓本　7. "C"形龙形佩（M2009：143）　8. "C"形龙形佩（M2009：143）纹样拓本

口微张，上唇外卷，下唇下勾，臣字眼，眼角带勾，卷尾分叉。身饰鳞纹。颈上部有一小圆穿。外径4.8、身宽1.8、厚0.3厘米（图三五五，7、8；彩版二六〇，4）。

④夔龙形佩

2件。皆为片雕。龙头上有宝菌状角，单足伏地而卧，长尾后端上卷，应为文献所谓的一足之夔。

M2009：577，出于内棺盖板上。青玉。玉质较差，微透明。龙垂首，近菱形目，一足前曲而卧，尾部上翘回卷。正、背面纹样相同。身上有三个小圆穿，尾部有一穿孔。长4.6、宽2.1、厚0.3厘米（图三五六，1、2；彩版二六一，1）。

M2009：163，出于内棺盖板上。青玉，有黄斑。玉质较细，微透明。夔龙伏首，张口触地，近菱形目，一足前曲而卧，长尾拖地，后端上卷。口部和尾部各有一穿。长4.2、宽2.5、厚0.45厘米（图三五六，3、4；彩版二六一，2）。

⑤鱼尾龙形佩

1件。

M2009：1008，出于墓主人两股骨之间。正、背两面饰纹样相同的勾连云纹，背部饰菱形回字纹。背面残留有丝织品痕迹。青白玉，有黄褐斑和黄白斑。玉质细腻，半透明。圆雕。整体呈弧形，龙首，臣字目，口微张，鱼形尾。头部有一小穿。长7.2、宽0.6、厚0.7厘米（图三五六，5、6；彩版二六一，3）。

⑥环形龙形佩

1件。

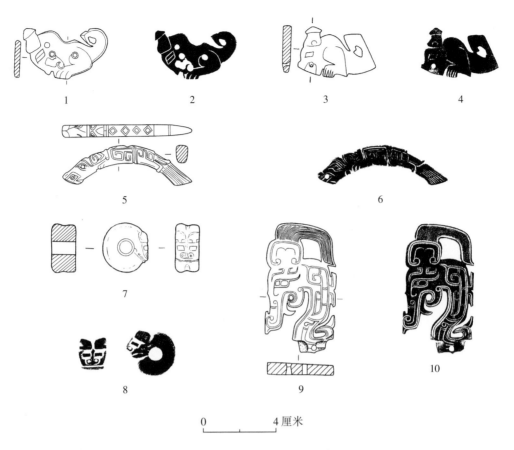

图三五六　M2009 玉佩及拓本

1. 夔龙形佩（M2009 ：577）　2. 夔龙形佩（M2009 ：577）纹样拓本　3. 夔龙形佩（M2009 ：163）　4. 夔龙形佩（M2009 ：163）
纹样拓本　5. 鱼尾龙形佩（M2009 ：1008）　6. 鱼尾龙形佩（M2009 ：1008）纹样拓本　7. 环形龙形佩（M2009 ：764）　8. 环形龙
形佩（M2009 ：764）纹样拓本　9. 有榫龙形佩（M2009 ：213）　10. 有榫龙形佩（M2009 ：213）纹样拓本

　　M2009 ：764，出于棺内殓衾之上。青玉。玉质细腻，微透明。整体呈圆环状，身中部有一
道浅凹槽。双宽状立耳，方形目微凸，吻部前伸，口微张。外径 2.6、孔径 0.7 ~ 0.9、厚 1.3 厘米
（图三五六，7、8；彩版二六一，4）。

　　⑦ 有榫龙形佩

　　1 件。

　　M2009 ：213，出于内棺盖板上。青白玉。玉质温润细腻，半透明。片雕。龙头上有云纹角，
鬃毛较细，后披弯曲，臣字目，眼角带勾，长鼻上卷，吐舌。身饰勾云纹。底端有一短榫，榫中
部有一圆穿。高 7、宽 3.7、厚 0.6 厘米（图三五六，9、10；彩版二六二，1）。

　　（7）兽面形佩

　　12 件。正面或两面饰兽面纹。

　　M2009 ：819，出于棺内殓衾之上。出土时器的上、下各有一角略残，器身有裂纹。青玉，
有黄褐斑。玉质温润，半透明。片雕。整体呈倒梯形。正、背两面均饰相同的兽面纹，犄角向内
弯曲，角上饰相对而视的鸟纹，额正中饰一桃形纹，倒八字眉，臣字目，阔鼻。鼻部有一穿。高 7.5、
上宽 5.5、下宽 3、厚 0.7 厘米（图三五七，1、2；彩版二六二，2）。

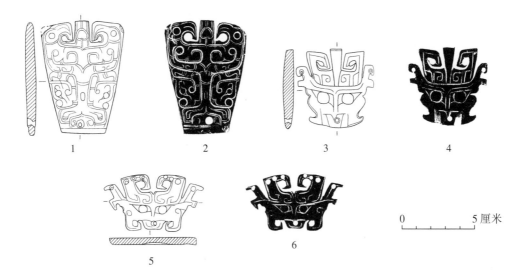

图三五七　M2009兽面形玉佩及拓本

1. 兽面形佩（M2009：819）　　2. 兽面形佩（M2009：819）纹样拓本　　3. 兽面形佩（M2009：814）　　4. 兽面形佩（M2009：814）
纹样拓本　　5. 兽面形佩（M2009：906）　　6. 兽面形佩（M2009：906）纹样拓本

　　M2009：814，出于棺内殓衾之上。青玉，有黄褐斑。玉质细腻，微透明。片雕。正面中部微鼓。
正面饰兽面纹，犄角内卷，倒八字眉，臣字目，口部有一对獠牙，上端两侧与口部各有一小圆穿。
高5.2、宽5.3、厚0.7厘米（图三五七，3、4；彩版二六二，3）。

　　M2009：906，出于棺内殓衾之上。出土时一侧耳部稍残。青白玉，有浅黄斑。玉质细腻，半透明。
片雕。正、背面饰兽面纹，犄角内卷，大口，臣字目，耳外张。上端有八个穿孔，下端有三个穿孔。
高3.7、宽6.7、厚0.5厘米（图三五七，5、6；彩版二六二，4）。

　　M2009：861，出于棺内殓衾之上。青玉，有黄褐斑。玉质细腻，半透明。片雕。整体呈弧形。
正面上部雕刻出兽面纹，头顶有宝瓶状角，额正中饰一菱形纹，臣字眼，阔鼻。上端中部有一小圆穿。
高5.3、宽2.5、厚0.6厘米（图三五八，1、2；彩版二六三，1）。

　　M2009：817，出于棺内殓衾之上。青玉，有黄褐斑或墨色斑点。玉质细腻，微透明。浅浮雕。
整体呈拱形。正面雕刻兽面纹，云纹大角，冠纹眉，额正中饰菱形纹，臣字眼，直鼻梁，方鼻，
口部有一对獠牙。额正中有一小圆穿，鼻梁下有一细小孔透穿于背面。高4.4、宽4.9、厚0.9厘米（图
三五八，3、4；彩版二六三，2）。

　　M2009：899，出于棺内殓衾之上。青玉，有黄褐色斑纹或斑点。玉质细腻，不透明。圆雕。
整体近四棱锥体。大于90°的正、背两面分别饰纹样相同的兽面纹，犄角向内卷曲，双角之间有
鬃毛，倒八字形眉，臣字眼带勾，直鼻梁，阔鼻。从头上端到下贯穿一圆孔。抛磨光洁，制作规整。
高4.1、宽4.6、厚2.9厘米（图三五八，5、6；彩版二六三，3、4）。

　　M2009：807，出于棺内殓衾之上。青玉，有灰白斑。玉质细腻，微透明。正面略鼓，背面平。
正面饰兽面纹，背部为素面。头上犄角耸立，臣字目，鼻端凸起。鼻下端有一孔穿透于背面。高3.6、
宽2.5、厚0.6厘米（图三五九，1~3；彩版二六四，1、2）。

　　M2009：155，出于内棺盖板上。背面有裂纹。青玉。玉质细腻，微透明。整体近梯形。正
面饰兽面纹，上有犄角，臣字眼，直鼻梁，阔鼻，鼻端微凸。中部有一单面钻圆穿。高2.7、上宽

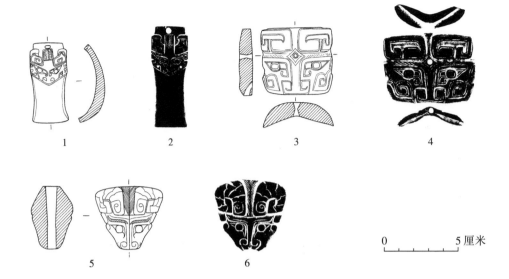

图三五八　M2009兽面形玉佩及拓本

1. 兽面形佩（M2009：861）　2. 兽面形佩（M2009：861）纹样拓本　3. 兽面形佩（M2009：817）　4. 兽面形佩（M2009：817）
纹样拓本　5. 兽面形佩（M2009：899）　6. 兽面形佩（M2009：899）纹样拓本

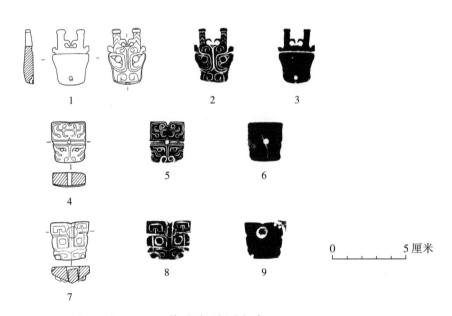

图三五九　M2009兽面形玉佩及拓本

1. 兽面形佩（M2009：807）　2. 兽面形佩（M2009：807）正面纹样拓本　3. 兽面形佩（M2009：807）背面纹样拓本　4. 兽面形佩
（M2009：155）　5. 兽面形佩（M2009：155）正面纹样拓本　6. 兽面形佩（M2009：155）背面纹样拓本　7. 兽面形佩（M2009：145）
8. 兽面形佩（M2009：145）正面纹样拓本　9. 兽面形佩（M2009：145）背面纹样拓本

2.4、下宽2、厚0.9厘米（图三五九，4～6；彩版二六四，3、4）。

　　M2009：145，出于内棺盖板上。正、背两面有裂纹，背面两对角略残。青玉，有黄褐色斑纹。玉质细腻，微透明。整体呈倒梯形。正面略鼓，背面平，顶端平面有一凹槽。正面饰兽面纹，背部为素面。兽首云纹角，椭圆目微凸，阔鼻，口部有一对獠牙。背面有一未钻透的圆孔，孔内尚存钻芯。高 2.5、上宽 2.7、下宽 2.1、厚 1.1 厘米（图三五九，7～9；彩版二六四，5、6）。

M2009：445，出于椁室西侧皮甲之下。青玉。整体呈倒梯形。正面略鼓，背面平，顶端平面有四道凹槽。正面饰兽面纹，背部为素面。兽首卷角，双角之间有鬃毛，倒八字眉，椭圆形眼微凸，高鼻梁，阔鼻，凹鼻孔，口部有一对獠牙。背面有一对穿。高 3.1、上宽 2.7、下宽 2.2、厚 1 厘米（图三六〇，1～3；彩版二六五，1、2）。

M2009：576，出于内棺盖板上。青白玉，有黄褐斑或斑纹。玉质温润细腻，半透明。整体略呈倒梯形，正面鼓，背面平。正面饰兽面纹，背部为素面。兽首犄角向上内卷，双角之间有鬃毛，倒八字眉，臣字眼带勾，高鼻梁，阔鼻，鼻端微凸。中部有一单面钻圆孔。高 2.6、上宽 2.3、下宽 1.4、厚 0.9 厘米（图三六〇，4～6；彩版二六五，3、4）。

M2009：1066，出于椁室东侧 M2009：604 麻制衣物之下。青白玉，有黄褐色斑。玉质温润光洁，半透明。片雕。整体略呈近倒梯形。正面饰兽面纹，背部为素面。兽首双角向上内卷，臣字目，圆睛。背部有一斜穿。高 2.2、上宽 2.1、下宽 1.6、厚 0.85 厘米（图三六〇，7～9；彩版二六五，5、6）。

（8）虎形佩

6 件。

M2009：758，出于棺内的殓衾之上。青玉，有墨斑。玉质较细，微透明。片雕。正、背面纹样相同。虎作奔跑状，张口，臣字目，云纹双耳贴于头部，凹背，虎爪着地，粗尾上卷，身饰

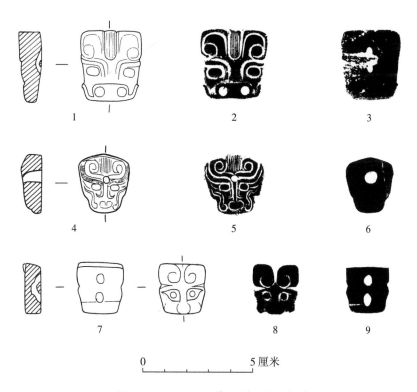

0　　　　　　　5 厘米

图三六〇　M2009 兽面形玉佩及拓本

1. 兽面形佩（M2009：445）　2. 兽面形佩（M2009：445）正面纹样拓本　3. 兽面形佩（M2009：445）背面纹样拓本　4. 兽面形佩（M2009：576）　5. 兽面形佩（M2009：576）正面纹样拓本　6. 兽面形佩（M2009：576）背面纹样拓本　7. 兽面形佩（M2009：1066）　8. 兽面形佩（M2009：1066）正面纹样拓本　9. 兽面形佩（M2009：1066）背面纹样拓本

虎斑纹。长9.3、高4、厚0.5厘米（图三六一，1、2；彩版二六六，1、2）。

M2009：898，出于棺内殓衾之上。出土时虎尾略残。青玉。玉质较细，微透明。圆雕。虎整体作匍匐状，臣字目，云纹双耳贴于头部两侧，背部饰虎斑纹，背左侧有一短瘤；腹部饰数条等距离水波纹，尾短粗。嘴下部有一圆穿孔。长5.3、宽2.4、厚1.1厘米（图三六一，3～5；彩版二六六，3、4）。

M2009：174，出于内棺盖板上。出土时尾部残缺。青白玉，有黄褐斑和斑纹。玉质温润，半透明。圆雕。虎整体作匍匐状，臣字目，近半圆形耳贴于头部两侧，口微张，曲肢前伸，背部饰虎斑纹，腹部饰数条等距离水波纹。口下部有一圆穿。残长5.3、宽2.3、高0.9厘米（图三六一，6～8；彩版二六七，1、2）。

M2009：173，出于内棺盖板上。青玉。玉质较细，透明度较差。厚片雕。正、背面纹样相同，虎俯首，口触地，张口露牙，臣字目，云纹大耳，背微凹，前、后足均前曲而卧，身上用阴线勾勒出虎斑纹，长尾拖地，尾端上卷成一圆穿孔，头部有一斜对穿。长5.6、高1.8、厚0.6厘米（图

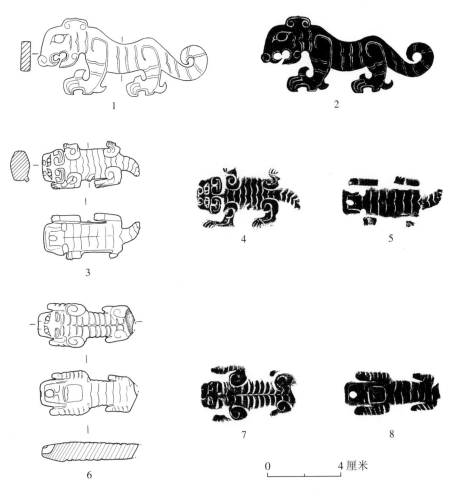

图三六一　M2009 虎形玉佩及拓本

1. 虎形佩（M2009：758）　2. 虎形佩（M2009：758）纹样拓本　3. 虎形佩（M2009：898）　4. 虎形佩（M2009：898）正面纹样拓本
5. 虎形佩（M2009：898）背面纹样拓本　6. 虎形佩（M2009：174）　7. 虎形佩（M2009：174）正面纹样拓本　8. 虎形佩
（M2009：174）背面纹样拓本

三六二，1、2；彩版二六七，3、4）。

M2009：575，出于内棺盖板上。青玉。玉质细腻，微透明。圆雕。虎作俯卧状，张口，菱形目，椭长方形耳，四肢曲而俯地，粗尾向上卷曲。身上用阴线勾勒出斑纹。口部、尾部各有一穿孔。长7.6、宽1.2、高0.7厘米（图三六二，3～5；彩版二六七，5、6）。

M2009：821，出于棺内殓衾之上。青玉，有黄褐色斑纹。玉质细腻，半透明。圆雕。整体呈弯曲三棱锥形，横断面呈三角形。虎首云纹大耳，椭圆形目，尖尾。头端顶部有一孔分别与棱两侧的小孔相互透穿。长4.5、宽0.9、高0.9厘米（图三六二，6～8；彩版二六八，1、2）。

（9）象形佩

1件。

M2009：761，出于棺内殓衾之上。青白玉，有黄褐斑。玉质细腻，微透明。圆雕。象作站立状，长鼻上扬后又下卷。口微张，臣字目，圆睛微凸，菱形大耳耸立于头部两侧，四肢扁平，短尾下垂。鼻有一圆穿，背部有一斜对穿。身两面饰云纹，背饰水波纹，尾饰草叶纹。高3.1、长5.8、厚2.25厘米（图三六三，1～3；彩版二六八，3、4）。此器的制作年代为商代。

（10）鹿形佩

10件。皆为片雕。

M2009：205，出于内棺盖板上。出土时鹿角已残损。青玉。玉质细腻，半透明。鹿昂首平视，口微张，臣字目，圆睛微凸，叶形大耳竖起，犄角较大且分权上翘，短尾微翘。前后腿曲肢跃起，作奔跑状。头上权角弯曲成一圆孔。正、背面纹样相同。高6.1、长5.6、厚0.4厘米（图三六三，4、5；彩版二六九，1）。

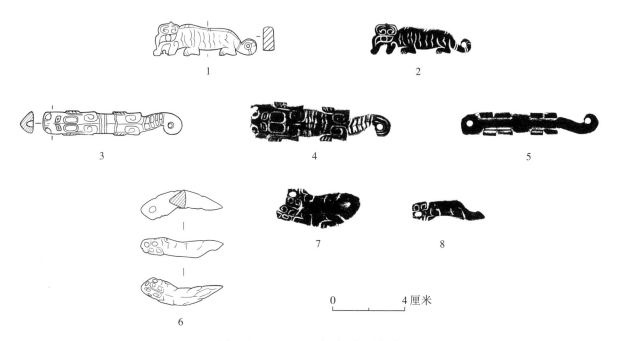

图三六二　M2009虎形玉佩及拓本

1. 虎形佩（M2009：173）　2. 虎形佩（M2009：173）纹样拓本　3. 虎形佩（M2009：575）　4. 虎形佩（M2009：575）正面纹样拓本　5. 虎形佩（M2009：575）底部纹样拓本　6. 虎形佩（M2009：821）　7. 虎形佩（M2009：821）上部纹样拓本　8. 虎形佩（M2009：821）侧面纹样拓本

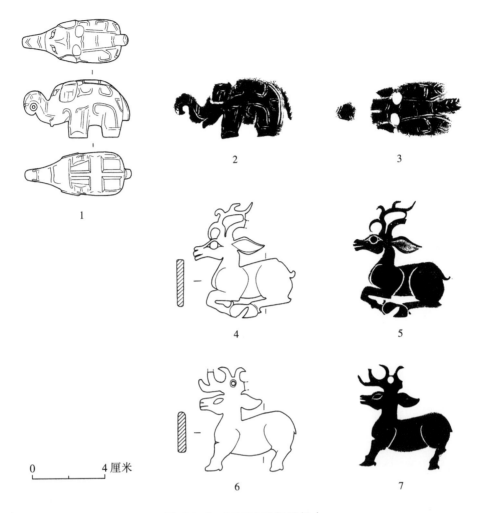

图三六三　M2009 玉佩及拓本

1. 象形佩（M2009：761）　2. 象形佩（M2009：761）侧面纹样拓本　3. 象形佩（M2009：761）背部纹样拓本　4. 鹿形佩
（M2009：205）　5. 鹿形佩（M2009：205）纹样拓本　6. 鹿形佩（M2009：162）　7. 鹿形佩（M2009：162）纹样拓本

　　M2009：162，出于内棺盖板上。出土时鹿角略残损。青玉。玉质较细，微透明。正、背面纹样相同。鹿作站立状，昂首挺胸。口微张，椭圆形目，耳向后竖起，枝杈状角向上耸立，短尾，前腿较粗，后腿较细。角上有一圆穿。高 5.5、长 5.4、厚 0.4 厘米（图三六三，6、7；彩版二六九，2）。

　　M2009：150，出于内棺盖板上。青玉，有灰白斑。玉质细腻，半透明。鹿作站立状，头上仰，方嘴，耳向后竖起，耸角似耙状，腿粗壮。头部背面有一切割痕迹，无穿孔。素面。高 4.8、长 4.1、厚 0.4 厘米（图三六四，1、2；彩版二六九，3）。

　　M2009：211，出于内棺盖板上。出土时鹿角尖略残。青玉。玉质较细，微透明。鹿作站立状，神态安详。昂首，竖耳，树杈状角向上耸立且十分硕大，粗腿，短尾。无穿孔。素面。高 4.7、长 5、厚 0.4 厘米（图三六四，3、4；彩版二六九，4）。

　　M2009：152，出于内棺盖板上。鹿角上部残损较甚。青玉，有黄白斑。玉质较细，微透明。正、背面纹样相同。鹿作回首伏卧状，口微张，臣字目，圆睛微凸，小竖耳，耸角，曲肢着地。

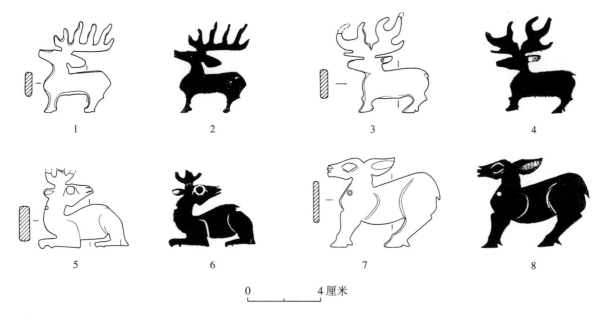

0 _____ 4厘米

图三六四　M2009 鹿形玉佩及拓本

1. 鹿形佩（M2009：150）　2. 鹿形佩（M2009：150）纹样拓本　3. 鹿形佩（M2009：211）　4. 鹿形佩（M2009：211）纹样拓本
5. 鹿形佩（M2009：152）　6. 鹿形佩（M2009：152）纹样拓本　7. 鹿形佩（M2009：749）　8. 鹿形佩（M2009：749）纹样拓本

颈部有一圆穿。残高4、长4.9、厚0.55厘米（图三六四，5、6；彩版二七○，1）。

M2009：749，出于棺内殓衾之上。青玉。玉质细腻，不透明。正、背面纹样相同。鹿作奔跑状，翘首，口微张，梭形眼，大叶形竖耳，短尾下垂，粗腿。胸部有一小圆穿。高4.8、长6.3、厚0.3厘米（图三六四，7、8；彩版二七○，2）。

M2009：175，出于内棺盖板上。出土时鹿角和前腿已残缺。青玉。玉质较细，透明度较差。正、背面纹样相同。鹿作回首站立状，口微张，棱形眼，叶状耳竖起，短尾。无穿。高6、长6.8、厚0.6厘米（图三六五，1、2；彩版二七○，3）。

M2009：171，出于内棺盖板上。出土时正面保留有朱砂和丝织物的痕迹。青玉。玉质较细，微透明。正、背面纹样相同。鹿作回首奔跑状，口微张，圆睛微凸，双叶状耳耸立，短尖尾下垂，腿较粗壮。胸部有一小圆穿。高3.4、长3.2、厚0.6厘米（图三六五，3、4；彩版二七○，4）。

M2009：161，出于内棺盖板上。青玉。玉质较细，微透明。鹿作回首奔跑状，口微张，圆睛微凸，双叶状耳耸立，短尖尾下垂，腿较粗壮。胸部有一小圆穿。高2.5、长4、厚0.5厘米（图三六五，5、6；彩版二七一，1）。

M2009：193，出于内棺盖板上。青玉，有棕褐斑或灰白斑。玉质较粗，不透明。正、背面纹样相同。鹿作卧姿，曲颈回首，张口，臣字目，圆睛，双耳竖起，曲肢着地。前足有一小圆穿。高3、长4.1、厚0.4厘米（图三六五，7、8；彩版二七一，2）。

（11）兔形佩

4件。

M2009：151，出于内棺盖板上。青玉，有黄褐斑或黄白斑。玉质细腻，半透明。片雕。正、背面纹样相同。兔作奔跑状，圆眼，长耳贴背，前腿稍曲，后腿蹬直，短尾，呈现兔子起跑的姿态。

图三六五　M2009 鹿形玉佩及拓本

1. 鹿形佩（M2009：175）　2. 鹿形佩（M2009：175）纹样拓本　3. 鹿形佩（M2009：171）　4. 鹿形佩（M2009：171）纹样拓本
5. 鹿形佩（M2009：161）　6. 鹿形佩（M2009：161）纹样拓本　7. 鹿形佩（M2009：193）　8. 鹿形佩（M2009：193）纹样拓本

口部有一圆穿。高 3.6、长 4.9、厚 0.45 厘米（图三六六，1、2；彩版二七一，3）。

　　M2009：798，出于棺内殓衾之上。青白玉。玉质细腻，半透明。片雕。正、背面纹样相同。兔曲体，垂首，椭方形目，大耳贴于背部，短尾上翘，曲肢。口部有一圆穿。高 2.3、长 3.7、厚 0.5 厘米（图三六六，3、4；彩版二七一，4）。

　　M2009：947，出于棺内殓衾之上。青玉，有棕褐斑。玉质细腻，半透明。片雕。正、背面纹样相同。兔作匍匐状，口微张，圆目，双耳贴背，短尾，曲肢附地。嘴部和背部各有一小圆穿。高 2.1、长 3.4、厚 0.4 厘米（图三六六，5、6；彩版二七一，5）。

　　M2009：990，出于墓主人面部之上。青白玉，有黄褐斑。玉质温润细腻，半透明。圆雕。正、背面纹样相同。兔作伏卧状，张口，圆睛微凸，双长耳贴于背上，曲肢附地，短尾。口部有一小圆穿。高 1.1、长 2.4、厚 0.8 厘米（图三六六，7 ~ 9；彩版二七一，6）。

　　（12）牛形佩

　　6件。

　　M2009：571，出于内棺盖板上。青玉。玉质细腻，微透明。片雕。正面鼓起，背面内凹。牛作跪卧状，牛首侧视，低头，梭形目，竖耳，双钝角耸立，短尾贴于两臀之间，两腿弯曲着地。正面以阴刻线勾勒出牛身轮廓部位。口部、背部各有一斜穿。高 3.1、长 4.5、厚 0.65 厘米（图三六六，10 ~ 12；彩版二七二，1、2）。

　　M2009：164，出于内棺盖板上。青玉，有黄褐斑或黄白斑。玉质细腻，微透明。厚片雕。

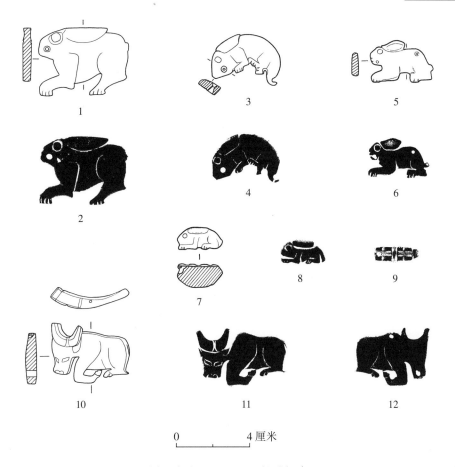

图三六六　M2009 玉佩及拓本

1. 兔形佩（M2009：151）　2. 兔形佩（M2009：151）纹样拓本　3. 兔形佩（M2009：798）　4. 兔形佩（M2009：798）纹样拓本
5. 兔形佩（M2009：947）　6. 兔形佩（M2009：947）纹样拓本　7 兔形佩（M2009：990）　8. 兔形佩（M2009：990）正面纹样
拓本　9. 兔形佩（M2009：990）底部纹样拓本　10. 牛形佩（M2009：571）　11. 牛形佩（M2009：571）正面纹样拓本　12. 牛形佩
（M2009：571）背面纹样拓本

作俯卧状，牛首侧视，低头，梭形目，竖耳，双钝角耸立，额部有一棱形纹，隆鼻，短尾贴于两
臀之间，前腿弯曲着地，后腿向前斜伸。正面以阴刻线勾勒出牛身轮廓部位。口部有一圆穿。高3.8、
长5.4、厚0.5厘米（图三六七，1～3；彩版二七二，3、4）。

　　M2009：169，出于内棺盖板上。青白玉，有黄褐斑或黄白斑。玉质细腻，微透明。片状浅浮雕，
正面隆起，背面平。体作半卧状，牛首侧视，低头，梭形目，竖耳，短尖角耸立，隆鼻，短粗尾，
前后肢向后曲而着地。正面以阴刻线勾勒出牛身轮廓。前腿处有一圆穿。高3.4、长5、厚1.1厘米（图
三六七，4～6；彩版二七二，5、6）。

　　M2009：165，出于内棺盖板上。青玉，有黄褐斑或黄白斑。玉质细腻，微透明。厚片雕。
牛作站立状，翘首平视，张口，梭形目，尖竖耳，耸角且长短不一，粗腿，尾紧贴于两臀之间。
两面以阴刻线勾勒出牛身轮廓。口部有一穿孔。高2.6、长4.3、厚0.65厘米（图三六七，7、8；
彩版二七三，1）。

　　M2009：895，出于棺内殓衾之上。青玉，有黄褐斑或灰白斑。玉质细腻，微透明。圆雕。
体作卧姿，平首前视，口微张，臣字目，尖耳，牛尖角向后弯曲，短尾贴于两臀之间。口部有一

图三六七　M2009 牛形玉佩及拓本

1. 牛形佩（M2009：164）　2. 牛形佩（M2009：164）正面纹样拓本　3. 牛形佩（M2009：164）背面纹样拓本　4. 牛形佩（M2009：169）
5. 牛形佩（M2009：169）正面纹样拓本　6. 牛形佩（M2009：169）背面纹样拓本　7. 牛形佩（M2009：165）　8. 牛形佩（M2009：165）
纹样拓本

斜圆穿。高 2.6、长 5.4、厚 2.3 厘米（图三六八，1～4；彩版二七三，2～4）。

　　M2009：877，出于棺内殓衾之上。青白玉，有黄褐斑或灰白斑。玉质细腻，微透明。圆雕。牛作站立状，平首直视，口微张，梭形目，尖耳，双角贴于头侧，短尾贴于两臀之间，短粗腿。口部有一斜圆穿。高 2、长 4.2、厚 1.7 厘米（图三六八，5～7；彩版二七三，5、6）。

　　（13）牛首形佩

　　1 件。

　　M2009：845，出于棺内殓衾之上。青玉，有土黄斑或褐斑。玉质细腻，微透明。正面作牛首形，背部光且素。牛头顶有双角耸立，两旁尖耳竖起，臣字目，背面有一纵向切割痕。自牛头顶端至嘴部纵向有一通透穿孔。高 3.1、最宽 1.9、厚 1.1 厘米（图三六九，1～3；彩版二七四，1、2）。

　　（14）羊形佩

　　1 件。

　　M2009：753，出于棺内殓衾之上。青玉，有黄白斑。玉质较粗，透明度较差。圆雕。羊作卧姿，仰首，张口，近长方形目，细线睫毛，角弯曲盘起，两旁有双尖耳呈凹面状，前肢作向前爬伏，

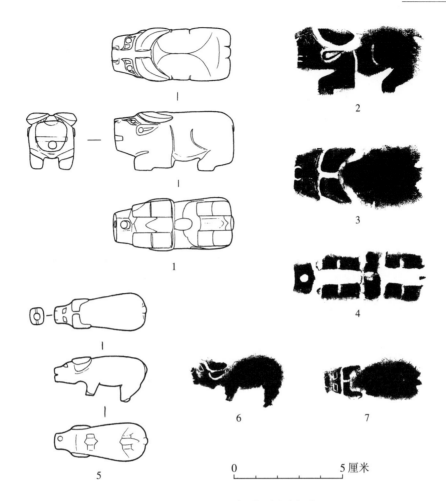

图三六八　M2009 牛形玉佩及拓本

1. 牛形佩（M2009：895）　2. 牛形佩（M2009：895）侧面纹样拓本　3. 牛形佩（M2009：895）背面纹样拓本　4. 牛形佩（M2009：895）底部纹样拓本　5. 牛形佩（M2009：877）　6. 牛形佩（M2009：877）正面纹样拓本　7. 牛形佩（M2009：877）背面纹样拓本

后肢收于臀下，尾下垂贴于臀部。身饰卷云纹。前腿之间有一圆穿。高 3.6、长 5.3、宽 2.4 厘米（图三六九，4、5；彩版二七四，3）。此器的制作年代为商代。

（15）鹅形佩

1 件。

M2009：765，出于棺内殓衾之上。青白玉，有黄褐斑。玉质温润，半透明。圆雕。作站立状，曲颈，垂首，嘴微张，圆目微凸，双翅收敛。两面以阴刻线勾勒出鹅的羽毛。胸部有一圆穿。高 2.3、身长 3.5、厚 0.9 厘米（图三六九，6、7；彩版二七四，4）。

（16）鸬鹚形佩

1 件。

M2009：904，出于棺内殓衾之上。青玉，有黄褐或黄白色斑纹。玉质细腻，微透明。曲颈回首，低头，尖喙内勾，圆目微凸，双翅收敛，短尾下垂分叉。双翅表面阴刻细线纹。腹下部有一未钻穿的孔洞，胸部有一细小对穿。高 3.6、长 4.3、厚 1.5 厘米（图三六九，8、9；彩版二七四，5）。

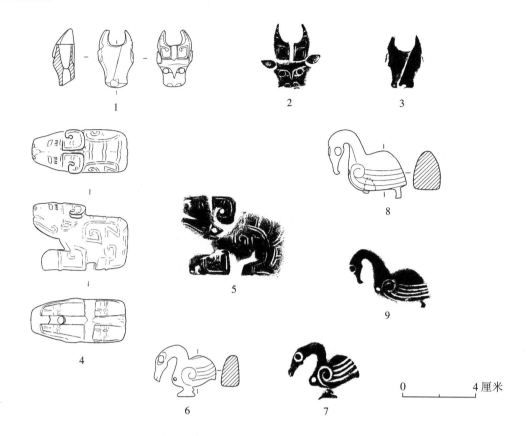

图三六九　M2009 玉佩及拓本

1. 牛首形佩（M2009：845）　2. 牛首形佩（M2009：845）正面纹样拓本　3. 牛首形佩（M2009：845）背面纹样拓本　4. 羊形佩（M2009：753）5. 羊形佩（M2009：753）纹样拓本　6. 鹅形佩（M2009：765）　7. 鹅形佩（M2009：765）纹样拓本　8. 鸬鹚形佩（M2009：904）　9. 鸬鹚形佩（M2009：904）纹样拓本

（17）凤形佩

2 件。皆为片雕。均作站立状，昂首挺胸，尖喙，圆目微凸，头上有冠，直立足。正、背两面所饰纹样相同，以阴线刻出羽纹。

M2009：141，出于内棺盖板上。青玉。玉质较细，微透明。丁字嘴，尖喙内勾，头顶有三冠，冠端均分叉，翘尾下垂。尖喙处有一圆穿。高 13.9、宽 2.1、厚 0.5 厘米（图三七〇，1、2；彩版二七五，1）。

M2009：871，出于棺内殓衾之上。出土时足部略残。青玉，有黄褐斑。玉质细腻，半透明。尖喙微勾，头顶有双冠，翘尾，尾末端分叉。冠上饰细如发丝的阴线羽纹，身饰卷云纹，尾部饰阴线羽纹。无穿。残高 10.7、宽 3、厚 0.4 厘米（图三七〇，3、4；彩版二七五，2）。

（18）鹦鹉形佩

6 件。

M2009：183，出于内棺盖板上。青玉。玉质温润光洁，透明。片雕。正、背两面纹样相同。作站立状，尖嘴勾喙，臣字目，长尾向下触地，立足。身饰卷云纹，尾部饰阴线羽纹。外边缘有牙齿形扉棱，头上部有一圆穿。高 7.8、宽 4、厚 0.4 厘米（图三七一，1、2；彩版二七四，6）。此器的制作年代为商代。

图三七〇　M2009 凤形玉佩及拓本

1. 凤形佩（M2009：141）　2. 凤形佩（M2009：141）纹样拓本　3. 凤形佩（M2009：871）　4. 凤形佩（M2009：871）纹样拓本

M2009：144，出于内棺盖板上。青玉，有土黄斑。玉质细腻，半透明。片雕。正、背面纹样相同。立姿，尖喙下勾，圆目，云纹耳，头上有巨冠，冠边有钮牙形饰，长尾分叉，曲爪。颈部饰火焰纹，翅饰卷云纹。冠上有一穿。高2、长7.2、厚0.35厘米（图三七一，3、4；彩版二七六，1）。

M2009：170，出于内棺盖板上。青玉，有黄褐斑。玉质细腻，半透明。片雕。正、背两面纹样相同。作立姿，勾喙，圆目，头上有冠，敛翅，翘尾，足下端呈三角形。颈部饰火焰纹，翅饰细线卷云纹。嘴处有一个小圆穿，脑后飘带上有二个小圆穿孔。高3.3、长8.4、厚0.45厘米（图三七一，5、6；彩版二七六，2）。

M2009：762，出于棺内殓衾之上。青玉，有黄褐斑及土黄斑。玉质较粗，微透明。片雕。正、背两面纹样相同。作卧姿，丁字嘴，尖喙内勾，圆目，头上有冠，敛翅，长尾下垂，尾端似刻刀形。翅饰细线卷云纹，尾饰成组平行阴刻细线纹。眼部有一圆穿。高3、长11.7、厚0.35厘米（图三七一，7、8；彩版二七六，3）。

M2009：172，出于内棺盖板上。出土时下端榫部残损。青白玉，有黄褐斑。玉质温润，半透明。片雕。正、背两面纹样相同。作卧姿，昂首，尖喙下勾，圆目，头上有锯齿形冠，敛翅，垂尾，曲爪，爪下有短榫。翅饰细线羽纹。无穿孔。残高2.1、长2.3、厚0.4厘米（图三七一，9、10；彩版二七六，4）。

M2009：142，出于内棺盖板上。青玉，有黄褐斑或黄白斑。玉质细腻，半透明。薄片雕。正、背面纹样相同。作卧姿，昂首，丁字嘴，尖喙下勾，曲爪附地，圆目，头上有冠，敛翅上翘，尾下垂分叉。颈部饰火焰纹，翅饰细线卷云纹，尾部饰粗线纹。嘴部和冠上各有一小圆穿。高3.8、长5.7、厚0.4厘米（图三七二，1、2；彩版二七七，1）。

（19）鸟形佩

15件。

图三七一　M2009 鹦鹉形玉佩及拓本

1. 鹦鹉形佩（M2009：183）　2. 鹦鹉形佩（M2009：183）纹样拓本　3. 鹦鹉形佩（M2009：144）　4. 鹦鹉形佩（M2009：144）纹样拓本　5. 鹦鹉形佩（M2009：170）　6. 鹦鹉形佩（M2009：170）纹样拓本　7. 鹦鹉形佩（M2009：762）　8. 鹦鹉形佩（M2009：762）纹样拓本　9. 鹦鹉形佩（M2009：172）　10. 鹦鹉形佩（M2009：172）背面纹样拓本

　　M2009：204，出于内棺盖板上。青白玉，有黄褐斑。玉质细腻，微透明。圆雕。鸟昂首前视，短尖喙，圆眼微凸，敛翅，短尾收敛，尾端分叉，曲足附地。双翅饰浅浮雕状羽毛纹样。胸部有一小斜穿。高2.7、长4.7、宽2.8厘米（图三七二，3、4；彩版二七七，2），此器的制作年代为商代。

　　M2009：823，出于棺内殓衾之上。青玉，有黄褐斑。玉质细腻，微透明。圆雕。鸟作卧姿，昂首前视，尖喙，圆眼，双翅收敛，长尾。尾端分叉，曲爪附地。双翅饰阴线羽毛纹。胸部有一细小斜穿。高1.5、长4.8、宽1.2厘米（图三七二，5～8；彩版二七七，3、4）。

　　M2009：569，出于内棺盖板上。青玉。玉质细腻，半透明。片雕。正面稍鼓，背面平。鸟短喙，圆眼，展翅，尾部开叉。正面双翅及尾部刻出羽毛纹样，腹下阴刻二个日字形符号以示鸟爪。喙部有一小圆穿。长4.4、宽3.7、厚0.8厘米（图三七二，9～11；彩版二七八，1、2）。

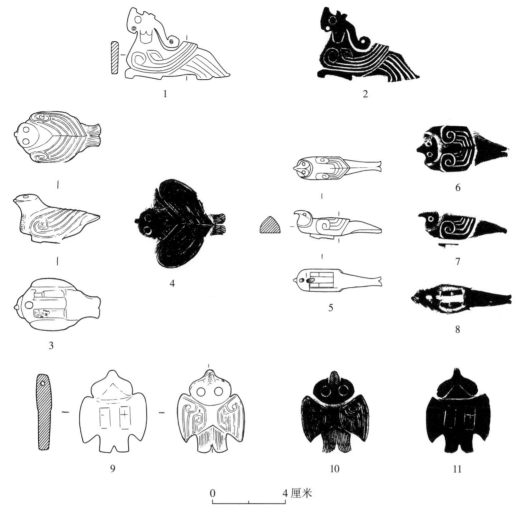

0   4厘米

图三七二　M2009玉佩及拓本

1. 鹦鹉形佩（M2009：142）　2. 鹦鹉形佩（M2009：142）纹样拓本　3. 鸟形佩（M2009：204）　4. 鸟形佩（M2009：204）纹样拓本
5. 鸟形佩（M2009：823）　6. 鸟形佩（M2009：823）背面纹样拓本　7. 鸟形佩（M2009：823）侧面纹样拓本　8. 鸟形佩
（M2009：823）底部纹样拓本　9. 鸟形佩（M2009：569）　10. 鸟形佩（M2009：569）背面纹样拓本　11. 鸟形佩（M2009：569）
底部纹样拓本

M2009：847，出于棺内殓衾之上。青玉，有黄白斑。玉质细腻，半透明。浅浮雕。正面鼓起，背面平，横断面近三角形。正面鸟为近长方形目，双翅饰"C"形纹，尾饰细线纹；背面鸟为圆眼，鸟喙尖，展翅，宽尾，嘴短，嘴部有一斜对穿。双翅饰羽纹，尾部阴刻粗线纹。长4.7、宽4、高1厘米（图三七三，1～3；彩版二七八，3、4）。

M2009：824，出于棺内殓衾之上。青玉，有灰褐斑。玉质温润，半透明。片雕。鸟尖喙，圆目微凸，双翅伸展，尾端分叉。正面双翅饰羽纹，尾部饰粗线纹。背部素面，有一道切割痕。器正中部有一个较大圆孔，双翅上端各有一个斜对穿，下端各有一个小圆穿。长5.4、宽5.4、高0.6厘米（图三七三，4～6；彩版二七九，1、2）。

M2009：852，出于棺内殓衾之上。青玉，有棕褐色斑纹。玉质温润细腻，半透明。片雕。鸟喙尖，圆眼，展翅，短尾分叉。正面双翅饰羽毛纹，背面中部阴刻一类似"田"字形的符号，

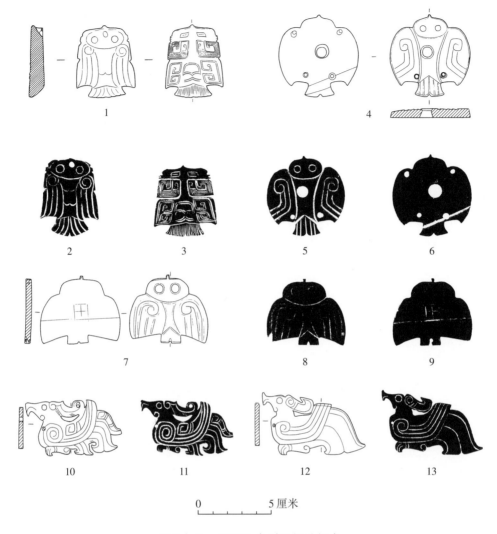

0   5厘米

图三七三　M2009 鸟形玉佩及拓本

1. 鸟形佩（M2009：847）　2. 鸟形佩（M2009：847）底部纹样拓本　3. 鸟形佩（M2009：847）背部纹样拓本　4. 鸟形佩（M2009：824）　5. 鸟形佩（M2009：824）背部纹样拓本　6. 鸟形佩（M2009：824）底部纹样拓本　7. 鸟形佩（M2009：852）　8. 鸟形佩（M2009：852）背部纹样拓本　9. 鸟形佩（M2009：852）底部纹样拓本　10. 鸟形佩（M2009：192）　11. 鸟形佩（M2009：192）纹样拓本　12. 鸟形佩（M2009：846）　13. 鸟形佩（M2009：846）纹样拓本

以示鸟爪。尾端有一斜对穿。长4.5、宽5.4、厚0.4厘米（图三七三，7～9；彩版二七九，3、4）。

　　M2009：192，出于内棺盖板上。青玉，有黄褐斑。玉质较细，半透明。正、背两面纹样相同。鸟作栖息状，丁字嘴微突，尖喙，圆眼，头上有冠卷曲成一小圆孔，缩颈，凸胸，大翅微上翘，尾下垂，尾端分叉，曲爪附地。翅上饰羽纹，尾、爪饰线纹。胸部有一小圆穿。高3.6、长6.5、厚0.3厘米（图三七三，10、11；彩版二八〇，1、2）。

　　M2009：846，出于棺内殓衾之上。出土时鸟喙略残。青玉，有黄褐斑或黄白斑。玉质细腻，半透明。薄片雕。正、背两面纹样相同。鸟作卧姿，丁字嘴，扬头，圆眼，卷冠，缩颈，凸胸，敛翅上翘，大尾下垂，尾端分叉，曲爪附地。翅上饰羽纹，尾、爪饰线纹。胸部有一小圆穿。高4、长7、厚0.3厘米（图三七三，12、13；彩版二八〇，3、4）。